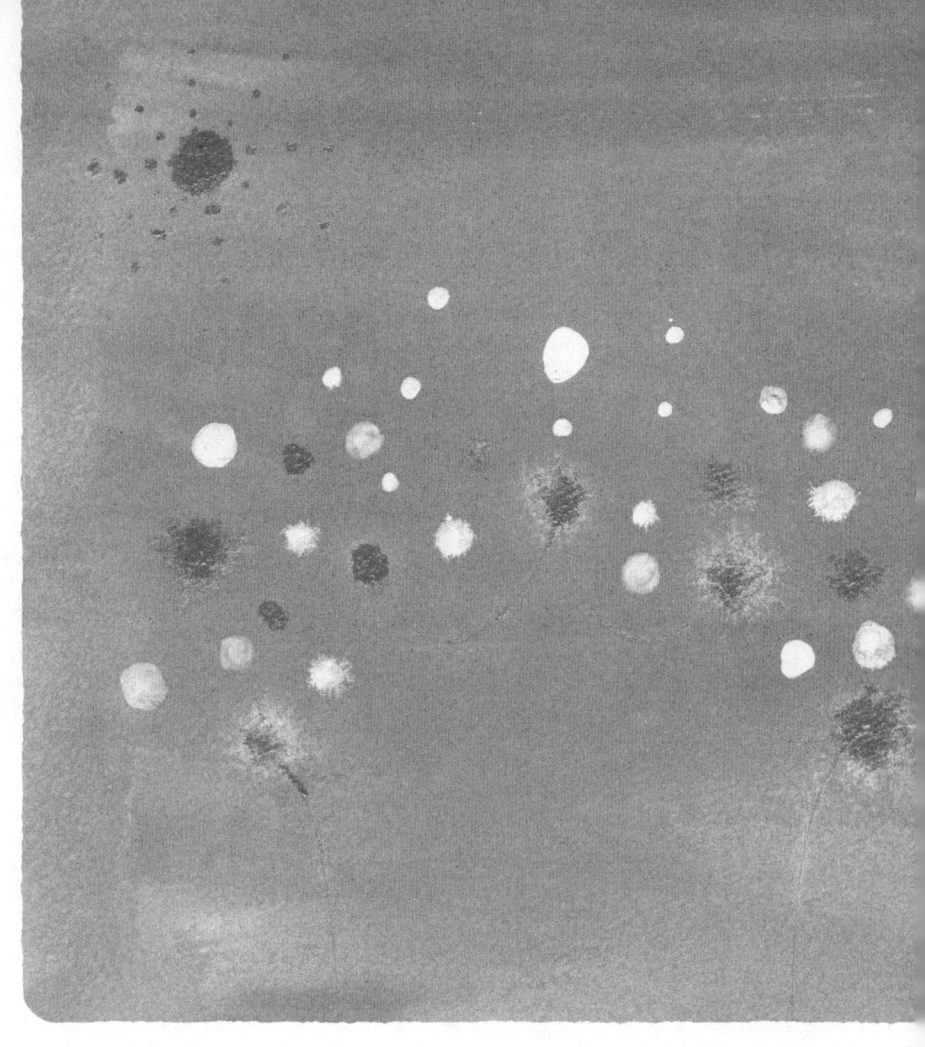

障害者の権利と法的諸問題

障害者自立支援法を中心に

現代人文社

九州弁護士会連合会・大分県弁護士会編

【巻頭言】迷走する障害者政策に司法の光を

1　1998年（平成10年）7月，大分市内で痛ましい無理心中事件が発生した。活動性結核を発症して入院を余儀なくされた70代の女性が，重度障害を負った40代の息子を殺めて自らの生命を絶とうとしたのである。致死量をはるかに超える睡眠薬を服用して昏睡状態で発見された母親は殺人犯として裁かれることになった。

弁護人となった私は，わが国の障害者政策の絶望的な状況を目のあたりにして絶句した。

動き回るわが子をベッドに拘束するだけの施設の対応に絶望して，自宅での介護を決意した彼女は，40年間にわたって，自らの力だけで養育・介護に当たってきたのだった。時折訪問する行政の担当者は，施設への入所を勧めるだけで，何一つとして具体的な援助を行うことはなかった。わが子が眠ったわずかな時間以外に自由に行動することを奪われた母は，世間とのつながりを絶ったまま40年の歳月をわが子の介護に費やして力尽きたのだった。

1993年（平成5年）に改定された障害者基本法は，「すべての障害者は，個人の尊厳が重んぜられ，その尊厳にふさわしい生活を保障される権利を有する」と規定するが，この世で信頼し得る唯一の存在である母の手で生命を奪われるに至った彼にとっての尊厳とは何であるのか。その尊厳にふさわしい生活とはどのようなものであるのか。法の文言をこれほどまでに絵空事だと感じたことはなかった。

2　中央社会福祉審議会の社会福祉構造改革分科会が「中間まとめ」を発表し，はじめて措置制度の廃止と利用制度の導入を改革の基調として強調したのが，この事件と同じ1998年（平成10年）の6月だった。地方において，措置制度の機能不全を実感していた私は，事件の衝撃もあって，この新たな利用制度にほのかな期待を抱いたものだった。

こうして2003年（平成15年）4月に導入された支援費制度は，措置から契約へ，施設から在宅へ，保護の客体から権利の主体への三大転換を謳い文

句に，主として在宅障害者の福祉サービス利用を爆発的に増大させるに至った。このことは，従来の措置制度が如何に障害者の福祉サービス利用を抑制してきたのかを示すものでもあった。

一方で，共同作業所をはじめとする零細・中小の事業者にとっても，支援費制度は，その経営基盤の安定化をもたらし，人材の確保や事業内容の拡大を可能にするものでもあった。

「親なき後」問題の解決のために，障害者の「自立」を可能にするためのネットワーク作りを始めていた私たちにとって，支援費制度は，多くの問題をかかえながらも，正しい方向性を指向しているように思われた。

3　ところが，厚生労働省は，制度発足から1年足らずで，支援費制度を打ち切る旨を表明した。理由は130億円もの赤字である。厚生労働省は，支援費制度の発足による障害者の福祉サービス利用の増大をまったく予測できていなかったのだ。

こうして登場したのが，「障害者自立支援法」である。

その法制定の最大の契機は財政事情にあり，そのために導入されたのが応益負担だった。応能負担を堅持し，障害者の自己負担が原則として免除されていた支援費制度とは，まったく異質な「自己責任」，「受益者負担」原理が導入されることとなった。

障害者や家族，零細・中小事業者そして様々な市民グループが，同法の制定に徹底的に反対したのはいうまでもない。1万人を超える車イスが日比谷公園を埋め尽くし，大分でも炎天下に300人を超える集会とパレードが再三展開される事態となり，同法案は，第162回通常国会で廃案となった。

ところが，郵政解散後の衆議院選挙での自民党圧勝を受けて，同法案が特別国会に再提案され，まともな審議もされないままに，同法は成立するに至ってしまったのだ。

しかしながら，同法に反対する障害者らの反対運動は，同法制定後もまったく衰えをみせず，このため，政府・与党は，法施行後1年足らずの間に，最も反対の強い応益負担制度について，負担軽減措置を重ねることを余儀なくされている。

4　こうした経過を振り返って指摘できることは，わが国の障害者福祉政

策がまさに迷走しているということである。

　「構造改革」と称して策定された政策が1年足らずの間に次々と見直され，異質な制度に変わったり，眼目となるはずの制度が変容していくという混乱は，このような「改革」なるものが，国の負担軽減という大目的のもとに，その効果的な遂行を実現するための場当たり的な対応として進められてきたことを示している。

　こうした迷走する政策変更に最も欠けているのは，障害者福祉政策のあり方を憲法や障害者基本法の理念に従って長期的に検討するという姿勢ではないかと思われる。その意味で，障害者自立支援法をはじめとする国の障害者政策に対し，今こそ司法による憲法的検証が求められているのではないだろうか。

　本書がそうした試みの一石となることを期してやまない。

九州弁護士会連合会
理事長　徳田靖之

はしがき

　本書は，大分県弁護士会に所属する会員によって，2008年10月に大分県で開催される九州弁護士会連合会第61回定期大会におけるシンポジウムの資料として執筆されました。本書では，障害者の人権に関する近年の最重要問題であると考えられる障害者自立支援法（2005年成立，2006年4月施行）の問題点を中心に論じており，同法成立に至る経緯を明らかにした上で，同法のかかえる問題点を，日本国憲法が要請する障害者福祉制度のあり方等から論じるとともに，障害者福祉に関する諸外国の法制度との比較や，2006年12月に開催された国際連合総会で採択された障害者の権利条約からも検討を加えています。

　また本書は，障害者自立支援法に限らず，障害者をめぐる諸問題として，障害者と参政権，障害者の損害賠償（特に逸失利益），知的障害者と証人尋問の問題点，さらには成年後見の問題等を幅広く扱っています。成年後見の問題については，2008年3月から4月にかけて，九州弁護士会連合会の管内の弁護士及び大分県司法書士会の司法書士に対し，成年後見に関するアンケートを実施し，その利用実態を明らかにするとともに，制度の仕組み，利用上の問題点等を分析しています。

　ところで，わが国の障害者福祉において，最も基本となる法律である障害者基本法（1993年）は，基本理念として，すべて障害者は，個人の尊厳が重んぜられ，その尊厳にふさわしい生活を保障される権利を有するとし（3条1項），障害者に社会参加の機会が与えられること，差別禁止などを規定しています（3条2項）。

　また，同法は，国・地方公共団体の責務として，障害者の権利擁護及び障害者に対する差別禁止を図りつつ，障害者の自立及び社会参加を支援することなどにより，障害者の福祉を増進することを規定しています（4条）。同法は，まさに日本国憲法13条，25条を障害者福祉分野に具体化したものとして，文字どおり障害者福祉に関する法制度の基本となるものであり，障害者に関するすべての法律，施策は憲法及び障害者基本法に基づいたものでなけ

ればならないと考えられます。

　第二次大戦後に定められたわが国の社会福祉制度全般が社会の変化と福祉ニーズの普遍化に対応できなくなったとのことで，1990年代に社会福祉制度全般の改革が議論されるなか，障害者福祉分野においても，従前の措置制度から契約制度への転換が図られ，支援費制度が発足することとなりましたが，同制度は発足後間もなくして財政難に直面したことから，同制度を改正するものとして，障害者自立支援法が成立するに至りました。

　しかしながら，こうして成立した同法は，日本国憲法13条，25条及びこれらを具体化した障害者基本法からみても多くの問題を有しており，本書では，こうした点について検討を加え，同法のあるべき姿等について言及しています。

　本書の出版及び本シンポジウムの開催を契機に，たくさんの司法関係者が障害者の人権と障害者自立支援法の問題点等について問題意識を深め，今後の議論が活発になされることを願ってやみません。

　　　　　　　　　　　　　　　　九州弁護士会連合会第61回定期大会
　　　　　　　　　　　　　　　　シンポジウム実行委員会
　　　　　　　　　　　　　　　　委員長　　平　山　秀　生

目　次

【巻頭言】迷走する障害者政策に司法の光を　1
はしがき　4

第1部　障害者の権利と障害者自立支援法

第1章　障害者自立支援法成立に至る経緯　15

第1　はじめに ………………………………………………………………… 15
第2　社会福祉基礎構造改革 ………………………………………………… 15
　1　社会福祉基礎構造改革とは　16
　2　社会福祉基礎構造改革の流れ　18
　3　社会福祉基礎構造改革の評価　20
第3　障害者福祉法制と制度改変 …………………………………………… 21
　1　障害者基本法　21
　2　社会福祉基礎構造改革下における障害者福祉改革　22
　3　支援費制度　24
　4　障害者グランドデザインと障害者自立支援法の成立　27

第2章　障害者自立支援法の概要　32

第1　障害者自立支援法の特徴 ……………………………………………… 32
第2　目的・関係者の責務等 ………………………………………………… 33
　1　法の目的　33
　2　関係者の責務　33
第3　障害福祉サービス等の概要 …………………………………………… 33
　1　障害福祉サービスの内容　33
　2　サービス実施の問題点　37
第4　自立支援給付 …………………………………………………………… 38
　1　介護給付費（特例介護給付費）　38
　2　訓練等給付費（特例訓練等給付費）　39
　3　自立支援医療費　40
　4　補装具費　40
　5　その他　41
第5　地域生活支援事業 ……………………………………………………… 42
　1　市町村地域生活支援事業　42
　2　都道府県地域生活支援事業　43
第6　利用手続 ………………………………………………………………… 43
　1　介護給付費・訓練等給付費の利用手続　43
　2　自立支援医療費の利用手続　46
　3　補装具費の利用手続　46
　4　地域生活支援事業の利用手続　46

第7	利用者負担 ……………………………………………………………… 46
1	介護給付費・訓練等給付費の利用者負担　46
2	自立支援医療費の利用者負担　51
3	補装具費の利用者負担　51
第8	事業及び施設 …………………………………………………………… 52
1	事業者の指定　52
2	事業体系の再編　52
3	基準・報酬　53
第9	障害福祉計画 …………………………………………………………… 54
第10	不服申立て制度 ………………………………………………………… 55
1	審査請求　55
2	行政訴訟　55
第11	特別対策 ………………………………………………………………… 56
1	特別対策の骨子　56
2	利用者負担の更なる軽減措置　56
3	事業者に対する激変緩和措置　56
4	新法への移行のための緊急的な経過措置　57
第12	障害者自立支援法見直しの動向 ……………………………………… 57
1	抜本的見直しに向けた緊急措置　57
2	民主党の改正法案　59

第3章　障害者自立支援法の政策的問題点　63

第1	はじめに ………………………………………………………………… 63
第2	支援費制度の導入に至る経緯 ………………………………………… 63
第3	支援費制度の評価 ……………………………………………………… 64
第4	支援費制度の介護保険制度への統合論 ……………………………… 65
1	介護保険法改正の動向　65
2	支援費制度の財政問題　66
3	統合案に対する批判　66
4	改正介護保険法の成立　66
第5	障害者自立支援法の成立 ……………………………………………… 67
第6	障害者自立支援法の介護保険制度への統合論 ……………………… 68
1	介護保険制度への統合論の再浮上　68
2	介護保険との統合論の問題点　69

第4章　障害者自立支援法の法的問題点　72

第1	憲法の要請する障害者福祉制度のあり方―障害者の人権の視点から― ……… 72
1	はじめに　72
2	憲法25条による生存権保障　73
3	憲法13条による保障　75
4	「人間の尊厳」の原理による保障　78
5	平等原則による保障　79
6	生存権の実現と実務的課題　81

第2　福祉サービス請求権の法的意義と障害者自立支援法 ……………………… 83
　　1　福祉サービス請求権の法的意義　84
　　2　措置制度における福祉サービス請求権　87
　　3　障害者自立支援法と福祉サービス請求権　88
　第3　障害者自立支援法の法的問題点と憲法 ……………………………………… 90
　　1　応益負担制度とその問題点　90
　　2　障害程度区分制度とその問題点　94
　　3　事業者の報酬にかかわる問題点　98
　　4　サービス基盤整備の問題点　99
　第4　障害者自立支援法に定められた福祉サービス請求権の内実と限界 ……… 102

第5章　障害者自立支援法を争う訴訟類型　108
　第1　はじめに ………………………………………………………………………… 108
　第2　障害者自立支援法等を争った具体的事件の概要 …………………………… 108
　　1　審査請求事件の概観　108
　　2　審査請求事件の状況　109
　　3　支援費制度下の「鈴木訴訟」判決　109
　第3　障害者自立支援法に基づく行政処分に対する行政訴訟のあり方 ………… 110
　　1　行政処分取消訴訟の意義と限界　110
　　2　義務付け訴訟の意義　111
　　3　義務付け訴訟の提起に伴う仮の処分　113
　第4　障害者自立支援法自体の違憲性を争う訴訟類型 …………………………… 114
　　1　はじめに　114
　　2　応益負担の免除を棄却する行政処分取消訴訟の意義　114
　　3　障害者自立支援法違憲国賠訴訟の可能性　115
　　【審査請求事件概要一覧表】　122

第2部　障害者福祉に関する国際的潮流

第1章　スウェーデン　127
　第1　スウェーデンの社会保障制度 ………………………………………………… 127
　　1　スウェーデン・モデル　127
　　2　障害者福祉の法制度　127
　第2　社会サービス法 ………………………………………………………………… 128
　　1　社会サービス法の特徴　128
　　2　援助を受ける権利　129
　第3　機能障害を対象とする援助及びサービスに関する法律（LSS法） ……… 130
　　1　LSS法の特徴　130
　　2　対象者　131
　　3　援助を受ける権利　131
　　4　サービス内容　131.
　　5　パーソナル・アシスタンス制度　132
　第4　介護手当に関する法律（LASS法） ………………………………………… 133
　第5　援助を受ける者の関与等 ……………………………………………………… 133

　　　　1　利用手続　133
　　　　2　利用者負担　134
　　第6　わが国の制度との比較 ……………………………………………………… 135

第2章　イギリス　138
　　第1　イギリスの「社会サービス」の概念 …………………………………… 138
　　第2　社会保障（Social Security） …………………………………………… 138
　　　　1　はじめに　138
　　　　2　国民保険　138
　　　　3　無拠出制給付　139
　　　　4　資力調査付給付等　140
　　第3　国民保健サービス（National Health Service: NHS） ……………… 141
　　第4　対人社会サービス（Personal Social Services: PSS） ……………… 141
　　　　1　意義　141
　　　　2　沿革　142
　　　　3　障害者サービスの内容　142
　　　　4　障害児の家族　143
　　第5　その他関連する制度 ………………………………………………………… 144

第3章　ドイツ　146
　　第1　ドイツの障害者に対する社会保障制度の概要 ………………………… 146
　　　　1　ドイツの社会保障制度の全体像　146
　　　　2　障害者福祉の法制度　147
　　第2　介護保険制度 ………………………………………………………………… 147
　　　　1　介護保険法の特徴　147
　　　　2　基本原則　148
　　　　3　保険者・被保険者・受給資格者　149
　　　　4　介護保険給付の内容　150
　　　　5　サービス供給者　152
　　　　6　利用者負担等　152
　　第3　介護保険制度と他の制度との関係 ………………………………………… 153
　　　　1　医療保険による給付　153
　　　　2　社会扶助による介護扶助　153
　　　　3　社会参加給付　153
　　第4　その他の法制度 ……………………………………………………………… 155
　　　　1　重度障害者の雇用促進　155
　　　　2　障害者対等化法　155
　　第5　わが国の制度との比較 ……………………………………………………… 155
　　　　1　制度全般　155
　　　　2　介護保険制度　156

第4章　アメリカ　159
　　第1　はじめに ……………………………………………………………………… 159
　　第2　社会保障制度史 ……………………………………………………………… 159

目次　9

    1　1935年以後　159
    2　第2次世界大戦後　160
    3　その他障害者に関連する法制　160
  第3　アメリカの障害者福祉に関連する制度 …………………………………… 161
    1　はじめに　161
    2　所得保障　161
    3　医療制度と社会福祉サービス　162
    4　その他　164
  第4　ADA法（障害者差別禁止法） ……………………………………………… 164
  第5　「福祉から就労へ」の改革 ………………………………………………… 165
  第6　日本への示唆 ………………………………………………………………… 166

第5章　障害者の権利条約　168
  第1　障害者権利条約の策定経緯 ………………………………………………… 168
    1　現状　168
    2　条約の策定過程　168
  第2　障害者福祉政策の理念と条約の基本的意義 ……………………………… 170
    1　障害者福祉政策の理念　170
    2　条約の基本的意義　171
  第3　障害者権利条約の諸原則 …………………………………………………… 172
    1　一般原則　172
    2　障害に基づく差別の禁止と合理的配慮　172
    3　自立（自律）した生活及び地域社会へのインクルージョン　173
    4　教育，労働，生活水準，参政権　174
    5　条約の実効性を担保する規定　175
  第4　国内法への影響―特に，障害者自立支援法を中心として― …………… 176
    1　はじめに　176
    2　障害者自立支援法に関連して　176
    3　その他国内法の整備　178
  第5　まとめ ………………………………………………………………………… 180

第3部　障害者をめぐる実務上の諸問題

第1章　障害者と参政権　185
  第1　視点の設定 …………………………………………………………………… 185
  第2　選挙情報を得る過程でのバリア …………………………………………… 186
    1　はじめに　186
    2　選挙情報入手に関するバリア　186
    3　選挙情報に関する視覚障害者のバリアについての提言　188
  第3　投票箱にたどり着く過程でのバリア ……………………………………… 189
    1　投票所まで　189
    2　移動支援の対象者と費用　190
    3　投票所入り口から投票箱まで　191
    4　有権者でなく投票できる場所を移動する　192

10

5　提言　192
第4　投票をする過程でのバリア …………………………………… 195
　　1　はじめに　195
　　2　投票用紙に書き込む際のバリア　195
　　3　電子投票の場合　196
　　4　改正への提言　197
　　5　小括　199
第5　視覚障害者以外の障害者のバリアと選挙運動のバリア ………… 199
　　1　聴覚障害者　199
　　2　言語障害者　200
　　3　身体に重大な障害がある者　200
　　4　障害者が選挙運動に参加する場合のバリア　201
第6　まとめと提言 …………………………………………………… 202

第2章　知的障害者と証人（本人）尋問　206
第1　尋問における実務的な工夫 ……………………………………… 206
　　1　はじめに　206
　　2　知的障害者の証言の証拠評価に関する問題とその解決　207
　　3　小括　212
第2　証人尋問における工夫を行った一事例 ………………………… 212
　　1　事案の概要　212
　　2　証拠の状況　212
　　3　採証活動　212
　　4　証人尋問実施にあたっての留意点　213
　　5　尋問に際しての工夫　215
　　6　尋問の実施状況　216
　　7　証人の状況　217
　　8　判決における評価　218
　　【第一審判決要旨】　221

第3章　障害者の損害賠償額の算定—逸失利益を中心に—　225
第1　逸失利益に関する判例等の動向と障害者の逸失利益 ………… 225
　　1　問題の所在　225
　　2　逸失利益に関する判例法理の変遷　225
　　3　障害者の逸失利益の問題に関する下級審判例の状況　227
　　4　障害者の逸失利益に関連する学説の状況　230
　　5　まとめ　232
第2　実体経済を前提とする逸失利益論 ……………………………… 233
　　1　問題提起　233
　　2　逸失利益についての一般論　233
　　3　賃金センサスの実体　234
　　4　全体経済の実相　236
　　5　損害額の算定基準　244

目次　11

第4章　成年後見制度の現状と課題　247
- 第1　成年後見制度の役割 …………………………………………… 247
- 第2　アンケート調査の結果等を中心として …………………………… 248
  1　序論　248
  2　最高裁の統計及び福岡高裁管内の家庭裁判所に対するアンケートの分析　248
  3　九弁連管内の各単位会所属の弁護士及び大分県内の司法書士へのアンケート　253
  4　各種施設へのアンケート結果　266
  5　社会福祉士へのアンケート結果からみる成年後見制度の現状　270
- 第3　成年後見制度の課題をどう乗り越えるか …………………………… 273
  1　課題のまとめ　273
  2　各課題への対応　275

第5章　障害者の消費者被害とその予防・救済のための法制度　281
- 第1　障害者の消費者被害の実態 ……………………………………… 281
  1　知的障害等により判断能力が乏しいことによる消費者被害　281
  2　国民生活センターによる調査研究　281
  3　九弁連を構成する各弁護士会所属の弁護士による被害事例報告　282
- 第2　障害者による消費者被害の救済 …………………………………… 283
  1　判断能力不存在を理由とする契約の不存在または無効　283
  2　適合性の原則による救済　284
  3　不招請勧誘禁止による救済　286
  4　悪質業者と提携するクレジット会社の規制による被害の防止　287
- 第3　今後の課題—障害者の消費者被害の予防と救済のための法制度の整備— …… 288
  1　「福祉・介護の契約時代」に見合うセーフティネット作りの必要性　288
  2　知的障害等により判断能力を争う場合の訴訟上の立証責任の軽減　288
  3　適合性原則，不招請勧誘の禁止等の一般化　288
  4　消費者行政の一元化・強化　289

第6章　福祉サービス契約の諸問題　293
- 第1　契約方式の導入と福祉契約論 …………………………………… 293
  1　はじめに　293
  2　契約方式の導入と課題　293
- 第2　福祉サービス契約の特徴 ………………………………………… 294
  1　消費者契約の側面　294
  2　消費者契約と異なる側面　294
  3　福祉契約論の展開　295
- 第3　福祉サービス契約における利用者保護 …………………………… 295
  1　福祉サービス契約の特質と利用者保護の方策　295
  2　福祉サービス契約における情報提供　296
  3　契約の適正化　298
  4　契約の履行過程　300
- 第4　小括 ……………………………………………………………… 300

あとがき　302

第1部　障害者の権利と障害者自立支援法

第1章 障害者自立支援法成立に至る経緯

第1 はじめに

　障害者自立支援法が成立するまでの状況をみるには，大きく二つの観点からその経緯を概観することができる。

　ひとつは，高齢者福祉改革を端緒とする社会福祉制度全般の改革問題である。ここでは社会福祉基礎構造改革が標榜され，社会福祉制度全体において措置制度から利用制度への転換が図られることとなった。その高齢者福祉の分野における実現が介護保険制度である。

　もうひとつは，こうした社会福祉制度全般の改革論議のもとにおける障害者福祉分野の改革の状況である。

　社会福祉基礎構造改革において，介護保険制度や措置制度の廃止が論じられるようになっても，しばらくの間，障害者福祉分野では，依然として公費負担による従前の障害者福祉施策の継続が唱えられていた。しかし，その後，社会福祉基礎構造改革の強い議論に押される形で，障害者福祉分野においても他の社会福祉分野と同様に措置制度から利用制度への転換が図られ，支援費制度が発足することとなる。ところが，支援費制度は，制度発足後間もなくして財政難に直面し，制度の持続可能性に疑問が呈されることとなり，障害者自立支援法が成立するに至った。

　そこで，以下では，一方で，障害者福祉を含む社会福祉制度の大きな転換としての社会福祉基礎構造改革とその制度改正の観点と，他方で，障害者福祉の制度改正の観点の2つの視点から論じることとする。

第2 社会福祉基礎構造改革

1　社会福祉基礎構造改革とは

(1)　社会福祉基礎構造改革の意義

　社会福祉基礎構造改革とは，中央社会福祉審議会社会福祉構造改革分科会の議論を経て，社会福祉事業，社会福祉法人，措置制度など社会福祉の共通基盤制度について，今後増大・多様化が見込まれる福祉需要に対応するために行われた改革のことをいう[1]。ここで「基礎構造」とは，高齢者福祉，児童福祉，障害者福祉などの個別分野に共通する基本事項や制度を指す[2]。

　このような議論がなされた背景としては，社会の変化（少子高齢化社会と人口の減少）と福祉ニーズの普遍化の観点があるとされている。具体的には，以下のような説明がなされている。

　わが国の社会福祉制度は，第二次大戦後，生活困窮者の保護・救済を主要な目的としていたが，その後，少子・高齢化の進展，核家族化や女性の社会進出による家庭機能の変化，障害者の自立と社会参加の進展に伴って，これまでのような限られた者の保護・救済にとどまらず，すべての市民を対象とするサービスが期待されるようになり，国民の社会福祉に対する需要が増大・多様化した。このような社会福祉に対する需要は，今後もその度合いが一層高まると考えられるところ，社会福祉事業，社会福祉法人などの基礎構造は以前からの枠組みに大きな変化がなく，今日の時代の要請にそぐわない面も種々生じるようになった[3]。こうしたことから，従来の社会福祉の基礎構造を抜本的に改革する「社会福祉基礎構造改革」の動きが始まったとされている[4]。

(2)　社会福祉基礎構造改革の目的

　社会福祉基礎構造改革については，新世代の流れに沿った新しい社会福祉システムを構築するための基礎構造を新たに定めたという点で「日本の社会福祉制度の歴史的転換」であったといった積極的評価が一方でなされているし[5]，社会福祉基礎構造改革で議論された内容自体については今日的意義を認めるものもある[6]。

　また，社会福祉基礎構造改革は，一面として，利用者による「ケアの自律」を志向する方向に向けての「利用者本位」への転換であるとの意義を有しているともいえる[7]。

　しかし，他方では，この社会福祉基礎構造改革が提言された背景には，1990年代に入ってからの国の福祉費負担の増大を抑制しようとする目的が

あったとされている[8]。その最大の眼目とされたのは，措置制度の廃止と利用（契約）制度の創設であった。

(3) 措置制度の批判と評価

1990年代に入ると，バブル経済が崩壊して経済不況が顕著となり，国や地方自治体の財政赤字が顕在化した。国は，社会福祉費について1980年代から公費支出の抑制策をとっていたが，少子・高齢化の進展と，高齢者福祉においては新ゴールドプランによる福祉施設の整備などから，老人福祉措置費を中心に，福祉措置費が著しく増大した[9]。

措置制度は公費による費用負担という形で行われる制度である。したがって，措置制度を採用している以上，国の財政負担の増大は不可避といえる。そのため，この頃から，措置制度について制度疲労を起こしているといった批判が加えられ，措置制度とその運用が問題として指摘されるようになる[10]。

具体的には，①措置制度が行政処分であることから，その権力性が強調され，利用者の意向が措置内容に反映されない，②措置の実施は職権によるものとして利用者の申請権は否定され，サービスを受ける利益は反射的利益にすぎないとして権利性が否定されている，③物的・人的基盤の不十分さが，サービス供給量の不足を来たし，現実の福祉ニーズに対応できず，具体的なサービス供給に際しては，必要度・緊急度に応じた広範な行政裁量を認めざるを得なかった，④施設の最低基準や措置費の算定基準が画一的かつ低水準で，サービスの質の確保・向上の要請が軽視されている，等の問題点が指摘された[11]。

一方で，こうした措置制度を批判する立場とは異なり，措置制度の仕組みが戦後の社会福祉に果たした役割を評価する立場もある。

具体的には，措置制度の意義として，①憲法25条に基づき，高齢者や障害者などの社会的援助を必要とする者に対して，国や自治体の責任で必要なサービスを給付する仕組みであり，これらの要援助者の生活保障の要求を保障してきた，②財政責任も含めた公的責任が明確化され，社会福祉法人に対して財政的に安定的な措置委託費が支弁されることで，福祉サービスの提供の安定性と継続性が確保されてきた，③措置の最低基準が低く抑えられ，応能の利用者負担と最低基準の設定により，要援助者の負担能力にかかわりなく全国共通の福祉水準を確保し保障してきた，等が指摘されている。

第1章 障害者自立支援法成立に至る経緯　17

また，措置請求権が特に行政解釈で否定されていることに対しても，実際には，措置制度は，要援助者のサービス利用の申込み（申請）とそれに対する行政庁の応諾を前提としていたとされている[12]。
　この立場からは，措置制度に対する批判に対して，措置制度のもとでも，要援助者からの申込に基づいてサービス提供決定がなされていたなどの実態を無視した一面的なものであったとし，対策としては，措置制度を前提とした上で，ケアマネジメントの充実，要援助者のサービス過程への参加等を保障する方向も考えられたと指摘されている[13]。

2　社会福祉基礎構造改革の流れ

　このような社会福祉基礎構造改革の流れに関する具体的な政府関係の報告・法案等の発表経緯の概略は以下のとおりである。

(1)　95年勧告と介護保険法の成立

　1994年（平成6年）3月，厚生大臣の諮問機関である高齢社会福祉ビジョン懇談会が「21世紀福祉ビジョン－少子・高齢社会に向けて」と題する報告書をまとめ，現在の介護サービスが不足しているとして介護施策の充実を提言したが[14]，併せて，目指すべき福祉社会像として「適正給付と適正負担」という日本独自の福祉社会の実現を目指すことが示された[15]。

　その後，同年9月，社会保障制度審議会に設置された社会保障将来像委員会が「21世紀に向けての社会保障制度の見直し」と題する「第2次報告」を発表し，その中で介護保険の構想が初めて公式に明らかにされた。

　1995年（平成7年）7月には，社会保障制度審議会が「社会保障体制の再構築－安心して暮らせる21世紀の社会を目指して」と題する勧告（95年勧告）を発表した。ここでは社会保険の優位性と従来の措置制度の見直し，さらには介護保険制度の創設が提言された。また，社会保障制度を，「みんなのためにみんなでつくり，みんなで支えていくもの」と意義づけて，公的責任よりも社会連帯を社会保障の中心原理に据えているが，この点については，社会連帯が国民相互の助け合いを求めるもので，国の公的責任を回避する姿勢がみられるとの批判がなされた[16]。

　この95年勧告の後，介護保険制度の導入については，1996年（平成8年）4月の老人保健福祉審議会の「最終報告」を受けて厚生省を中心に法案がまとめられ，同年11月には臨時国会に法案が提出されて1997年（平成9年）

12月に介護保険法が成立し，2000年（平成12年）4月には介護保険制度が施行されることになる。

(2) 社会福祉事業法等改正法の成立

このような経緯の中で，介護保険法が審議中の1997年（平成9年）11月，厚生省社会・援護局長のもとに設置された「社会福祉事業等のあり方に関する検討会」が「社会福祉の基礎構造改革について（主要な論点）」を発表し，措置制度が制度疲労を起こしていることなどを指摘し，公式に社会福祉基礎構造改革の必要性を提言した[17]。

そして，これを受けて，中央社会福祉審議会に社会福祉構造改革分科会が設置されて改革に関する議論が開始され，1998年（平成10年）6月，「社会福祉基礎構造改革について（中間まとめ）」が発表された。この「中間まとめ」は，社会連帯と同時に自らの努力による自立した生活（自助）を強く訴える内容になっているとの指摘がなされている[18]。

「中間まとめ」における具体的な提言内容としては，①措置制度の廃止と利用制度の導入（これが改革の基調とされている），②社会福祉法人の改革（設立要件・会計基準の緩和，多角的な事業を展開する必要性等），③福祉労働の規制緩和（サービスの質と効率性の確保），④社会福祉協議会の地域福祉の推進役としての位置づけ，等が挙げられる[19]。

1999年（平成11年）1月には，障害者関係三審議会合同企画分科会も，「今後の障害者保健福祉施策のあり方について」という報告を公表し，一部の施設を措置制度から外すことは留保しつつも，障害者福祉においても措置制度を廃止し，福祉サービス費を支給する方式に転換することが提言された。

そうした上で，「中間まとめ」を受けて，2000年（平成12年）5月，「社会福祉の増進のための社会福祉事業法等の一部を改正する等の法律」（平成12年法律111号）が成立し，この法律の成立を契機に従来の社会福祉事業法が「社会福祉法」に改められた。改正された法律は，社会福祉事業法（社会福祉法），身体障害者福祉法，知的障害者福祉法，児童福祉法など8法で，身体障害者福祉法に関する部分（措置制止から支援費制度への転換）については，2003年（平成15年）4月から施行された。

このようにして社会福祉基礎構造改革が一応の実現をみることとなる。その改革内容としては，①利用者の立場に立った社会福祉制度の構築，②サービスの質の向上，③社会福祉事業の充実・活性化，④地域福祉の推進に大き

第1章　障害者自立支援法成立に至る経緯

く分類され，措置制度については，サービス内容を利用者が選択し契約する「利用（契約）制度」に変更されている。

3 社会福祉基礎構造改革の評価
(1) 社会福祉基礎構造改革の評価については，一方では，個人が尊厳をもってその人らしい自立した生活が送れるよう支えるという社会福祉の理念に基づいて推進されたとの肯定的評価がなされている[20]。
(2) しかし，他方では，このような社会福祉基礎構造改革によって，以下のような社会福祉分野に深刻な問題が生じていると指摘されている[21]。
　① サービス提供とその選択に関する問題
　措置制度のもとでは，行政判断によって緊急性の高い要援助者や低所得者に優先的にサービスが提供されてきたが，措置制度から契約制度への転換によって，サービス資源が不足した場合には，契約自由の原則を前提とすることから事業者や施設によって要援助者の選別を起こす可能性が高く，要援助者の生存権が十分に保障されないこととなる[22]。
　サービス利用契約は，利用者と事業者（施設）との間の契約関係となるため，他のサービス給付のニーズが切迫し，必要性の高い人に対して優先的にサービスを配分するといった第三者との調整が困難となる。そのため，緊急性の高い要援助者に対して，必要なサービスが行き渡らなくなる。
　② 行政責任の後退
　国や地方公共団体の責任が，福祉サービスの直接的な提供責任ではなく，サービス利用者の購買力の補完（サービス費の助成），サービスの調整といった間接的なものに縮小されている。
　③ 社会福祉法人の変容と地域福祉の後退
　社会福祉法人などの事業者は，従前の措置費（補助金）ではなく，利用者からの利用料とサービス費用の助成によって運営費を確保する独立採算の事業者となり，他方で，サービス提供の多元化を理由に，株式会社等の営利法人を含む多様な事業主体の参入が進められている。
　その結果，採算がとれなければ，当該地域から営利企業である事業者が撤退する可能性が強く，収益性の乏しい地域では安定したサービス提供が困難となる。
　④ 福祉労働の不安定雇用化とサービスの質の低下

社会福祉事業への市場原理の導入と一連の規制緩和によって，福祉労働の低賃金・不安定雇用化が進み，それに伴いサービスの質の低下が生じている。

社会福祉事業は，典型的な労働集約的事業でコスト削減は困難とされ，そのためには人件費を削減せざるを得ず，また，正規職員の非正規職員への置き換えや職員の不安定雇用化が急速に進んでいる。

(3) こうした問題点が生じたことから，社会福祉基礎構造改革に対して，国民の自助努力をうたい，公的責任の後退が意図されているとか[23]，サービスの提供が契約によって行われるため，サービス提供の有無・内容は契約当事者双方の自己責任に転嫁され，行政機関の責任を問うことが困難となる[24]といった強い批判もなされている。

特に，障害者福祉の分野では，障害者は，同じ障害で同じ能力があって同じ努力をしても，障害者となった原因により，始めから法律上差を設けられており，このような対等関係が成り立つはずがない法律関係を対等平等と擬制したところに種々の問題が生じるのは当然といった指摘もなされている[25]。

第3　障害者福祉法制と制度改変

1　障害者基本法

(1) わが国の障害者福祉において最も基本となる法律は障害者基本法である。この法律は，1970年（昭和45年）に制定された心身障害者対策基本法が，1993年（平成5年）に抜本的に改正され，障害者基本法と改称されたことにより成立した。

障害者自立支援法も，目的規定（1条）において，「障害者基本法の基本理念にのっとり，……障害者及び障害児の福祉の増進を図るとともに，障害の有無にかかわらず国民が相互に人格と個性を尊重し安心して暮らすことのできる地域社会の実現に寄与することを目的とする。」と規定し，障害者基本法が障害者福祉における基本法であることを明言している。

(2) 障害者基本法では，障害者を，身体障害，知的障害または精神障害があるため，継続的に日常生活または社会生活に相当な制限を受ける者と定義し（2条），基本的理念として，すべて障害者は，個人の尊厳が重んぜられ，その尊厳にふさわしい生活を保障される権利を有するとされ（3条1項），障害者

に社会参加の機会が与えられること，差別禁止などが規定されている（3条2項，3項）。

また，国・地方公共団体の責務として，障害者の権利擁護及び障害者に対する差別の防止を図りつつ，障害者の自立及び社会参加を支援することなどにより，障害者の福祉を増進する責務を有すると規定され（4条），障害者の施策に関する障害者基本計画を策定する義務が定められている（9条）。

このような国及び地方公共団体の責務は，障害者福祉施策の基本方針，基本計画，基本施策等などの実効性を担保するものであり，また，憲法13条，25条2項を障害者福祉分野に具体化するものであるとの指摘がある[26]。

さらに，法は，経済的負担の軽減として，国及び地方公共団体に対して，障害者の経済的負担軽減を図り，障害者の自立を促進するために必要な措置を構ずべき義務を定めている（21条）。

この点で，障害者自立支援法で規定する応益負担は，就労条件等で健常者との間で著しい相違があるにもかかわらず，経済負担について健常者と同様に応益負担を課すことは実質的に差別に該当し，また，経済的負担軽減義務に違反するとの見解がある[27]。

(3) このように，障害者基本法は現在でも障害者福祉制度の基本法として存在しているのであり，障害者自立支援法を含めた他の障害者福祉関連法令を解釈・運用するに当たって，この障害者基本法をどの程度踏まえた議論がなされているかといった点について検討の余地があるといえる。

2 社会福祉基礎構造改革下における障害者福祉改革

(1) 公費による障害者福祉制度論

社会福祉基礎構造改革の流れの中においては，1995年（平成7年）7月に出された95年勧告で措置制度の見直しや介護保険制度の創設が提言されたが，「障害者福祉」に限っては，公費によるサービス提供を維持する方向が比較的早くから打ち出されていた。95年勧告でも障害者福祉は高齢者福祉と同様に著しく遅れた分野とされているが，それでもこれまでの施策で対応していくとされていた[28]。

その後，1996年（平成8年）11月，介護保険法案が国会に提出され，翌1997年（平成9年）12月に介護保険法が成立する。この介護保険制度の創設に当たっては，当初，65歳未満の障害者も介護保険の適用対象に組み込むか

という問題（若年障害者の適用問題）が大きな焦点となったが，1996年（平成8年）10月になされた身体障害者審議会の意見具申が慎重な姿勢を示したこともあって，最終的には，障害者福祉分野では従来の障害者福祉施策により対応することとなり，介護保険法案では適用対象は高齢者のみに限定された[29]。

また，1997年（平成9年）に障害者関係三審議会合同企画分科会が，「今後の障害者保健福祉施策のあり方について（中間報告）」を公表したが，そこでは基本的な方向として，①障害者の地域生活支援策の充実，②障害保健福祉施策の総合化，③障害特性に対する専門性の確保，④障害の重度・重複化，高齢化への対応，⑤障害者の権利擁護と参画が提言され[30]，公費によるサービスの充実が求められていた[31]。

(2) 支援費制度の導入

ところが，介護保険法が成立した後，1998年（平成10年）6月に，中央社会福祉審議会社会福祉構造改革分科会の「中間まとめ」が発表され，措置制度の廃止と利用（契約）制度の導入が改革の基調として強調されるようになると，1999年（平成11年）1月，障害者関係三審議会合同企画分科会の「今後の障害者保健福祉施策のあり方について（最終報告）」では，一部の施設を措置制度から外すことは留保しつつも，障害者福祉において措置制度を廃止し，福祉サービス費を支給する方式に転換することが提言されることとなる。

この点に関しては，障害者福祉施策について税方式によるサービス提供を前提とした上で議論がなされていたものの，政府の社会福祉基礎構造改革の流れからすれば，障害者福祉分野においても措置制度から利用（契約）制度への転換は不可避であったとの指摘がなされている[32]。

こうした経緯を経て，2000年（平成12年）6月に，社会福祉事業法等改正法が成立し，2003（平成15年）4月からの支援費制度の導入が確定することになる。

(3) 障害者基本計画

一方，政府は，支援費制度が施行される前年の2002年（平成14年）10月に，障害者基本法に基づき，平成15年度から平成24年度までの10年間についての障害者施策の基本的方向性を示した新しい「障害者基本計画」を策定した。

ここでは全体のスローガンとして，「国民誰もが相互に人格と個性を尊重

し支え合う共生社会の実現」が掲げられ，社会構成員全体での取り組みが強調されている。また，施策の基本的方針として，①社会のバリアフリー化，②利用者本位の支援，③障害の特性を踏まえた施策の展開，④総合的かつ効果的な施策の推進を視点として示しつつも[33]，「障害関係の各種法令の見直し等による将来的に必要な法制的整備について検討する」とされている[34]。

3 支援費制度
(1) 支援費制度の概要

社会福祉事業法等改正法によって，障害者福祉分野において，措置制度から利用（契約）制度への変更として制度化された「支援費制度」が2003年（平成15年）4月に実施された。

支援費制度は，身体障害者福祉法，知的障害者福祉法の施設入所，居宅サービス，児童福祉法における障害児に対する児童居宅サービス等について，サービス利用者が福祉サービス提供者と直接契約を締結し，その費用については，市町村等が支援費として支給するものである（現金給付）。

支援費制度の財源は，社会保険方式をとる介護保険制度とは異なって公費（税金）であり，利用者負担についても所得に応じた応能負担が原則となっている。

(2) 利用手続[35]

給付内容は，①居宅生活支援費（ホームヘルプサービスなど居宅サービスに対する支援費），②施設訓練等支援費（障害者施設でのサービスに対する支援費）という区分になっている。

障害者が支援費の支給を市町村に申請すると，市町村は障害者の障害の種類及び程度，当該障害者の介護を行う者の状況その他の厚生労働省令で定める事項（勘案事項）を勘案して支援費の支給の要否を決定する。具体的な審査は，市町村職員が申請書類に基づいて，本人から勘案事項等に係るチェック項目について聞き取り調査を行う。障害の程度については，各サービスの種類ごとに支援の度合いがチェック項目で審査され，居宅生活支援費，施設訓練等支援費ともに3つの区分が設定されている。

聞き取り調査の後，市町村は，支援費の支給の要否を決定し，居宅生活支援については支給量と支給期間を，施設訓練等支援費については障害程度区分と支給期間を決定する。

市町村は，支援費の支給決定とともに，利用者負担額も決定する。利用者負担は利用者の負担能力に応じた応能負担で，まず利用者本人が負担し，その負担額が利用者本人に係る支援費基準により算定した額に満たない場合は，その不足分について，負担能力に応じて主たる扶養義務者からの負担を求めることとされている。

　市町村は，支援費の支給決定を行った障害者に受給者証を交付する。障害者は，この受給者証を提示して事業者と利用契約を結び，サービスを利用することになる。事業者の選定については，基本的に障害者本人が行うことになるが，介護保険と異なり，市町村は事業者のあっせん，調整，利用の要請を行うこととされており，市町村の窓口で紹介を受けることも可能である。

(3)　支援費制度の問題点

　支援費制度については，制度自体についての批判として，拙速な制度移行がなされたことによって，①制度移行がなされない例外が設けられたこと（例えば，障害児の施設サービス），②障害者に対する地域での総合的な支援を目的とするという制度の理念とは裏腹に，制度の統合・拡充が行われず，むしろ制度は二重三重の複雑なものとなったこと，が指摘されている[36]。

　また，支援費制度の問題点としては，①支援費支給申請や支給決定に関して，支給申請をサービスの種類や内容ごとに行う必要があるため，申請する障害者の側で，予めサービス利用のプランを有していないと申請自体が難しいとされている。しかも，障害者本人や家族のサービス利用のプランづくりを支援する障害者ケアマネジメントの仕組みは，介護保険制度の介護支援専門員（ケアマネージャー）のように制度化されていない。②市町村等のサービス提供にかかわる公的責任は支援費の支給に限定されることになる，といった指摘がなされている[37]。

(4)　支援費制度の積極的評価

　しかし，他方では，この制度については，サービス利用者が，自己の選択・決定で事業者と契約を締結することから，措置制度の場合と異なり，利用者と事業者の権利義務関係が明確になること[38]，障害者の自立支援のために障害者本人の自己決定を尊重し，権利擁護のためのシステムを構築することを掲げていることについて，新しい制度への優位性であるとして積極的意義が認められるとの指摘がある[39]。

　また，市町村が利用者の「求め」に応じてではなく，利用者の「必要に応じ

て」ケアマネジメントを行う制度になっており，しかも，市町村が職権で「確実に利用見込みのある」サービスを支給決定する責務を持つ制度になっていることについて，今後，制度に認められた裁量を活用してゆく可能性を示唆するものもある[40]。

さらには，支援費制度実施後，従来の措置制度のもとでサービスの利用ができなかった，あるいは利用を控えていた人々が，ホームヘルプサービスなどを中心に利用するようになり，利用が急速に増加したが，このことは従前の措置制度がサービス需要に応えるものでなかったことを示すとともに，支援費制度が障害者の潜在的需要の掘り起こしに貢献したものであるとの指摘もなされている[41]。

(5) 制度改正の動き

ところが，支援費制度は，制度発足後間もなくして制度の持続可能性について難問に直面することとなった。その問題としては，①支援費の急増による財政問題，②支援費制度の給付対象が，身体障害者及び知的障害者のみに限定されていた点，③支給決定に係る基準や尺度など個々人の公平な給付決定の仕組みが十分ではないこと等が挙げられているが[42]，最も重要な問題は財政問題である。

具体的には，前述したとおり，制度実施後に急速に利用量が増えて，実施初年度から約130億円もの支援費予算が不足する事態が生じた[43]。支援費制度は，財政的には，支援費の半分を国が負担する仕組みとなっているが，支援費のうち居宅生活支援費は，法的には国の裁量的経費となっていたため，国からの交付が不足する事態が生じたのである。

さらに，小泉政権のいわゆる「三位一体改革」による国の補助金4兆円の削減方針のもと，国の支援費負担分について，使途が特定された特定財源（国庫補助金）から一般財源（地方交付税）化される可能性が示された。特定財源と異なり一般財源となると，それが支援費として障害者福祉に使われるとは限らないため，自治体間の格差の拡大も懸念された。

こうして，制度実施後1年足らずで，何らかの財政支援策を講じることが喫緊の課題となり，財源を全額税としている支援費制度では安定した財源確保が困難で，保険料収入が見込める介護保険との統合が必要であるとの声が，政府のみならず障害者福祉関係者からもあがりはじめた[44]。即ち，介護保険制度と支援費制度の統合案が急浮上してくることとなる。

こうした財源不足は，支援費制度が，介護保険制度と異なり保険料という新たな財源の確保ができたわけではないことから，当初より予測されていたともいえる[45]。

(6) 介護保険制度との統合案

介護保険制度と支援費制度の統合案については，保険料の事業主負担の増大に反発する経済界，事務手続きや財政面（特に介護保険料の上乗せによる国保料の引上げと国保財政の悪化）の問題をかかえる市町村などから慎重論が噴出し，また，障害者団体からも慎重論が多かったこともあり，2004年（平成16年）7月30日に，社会保障審議会介護保険部会が発表した「介護保険制度見直しに関する意見」では，被保険者の範囲の拡大については賛否両論の併記となり，結論が先送りされた[46]。

4 障害者グランドデザインと障害者自立支援法の成立

(1) 障害者グランドデザイン

介護保険制度と支援費制度の統合の先送りが確定的となった2004年（平成16年）10月，厚生労働省は，社会保障審議会障害者部会に「今後の障害者保健福祉施策について（改革のグランドデザイン）」を試案として提示した。

ここでは，今後の障害者保健福祉施策の基本的な視点として，①障害保健福祉施策の総合化，②自立支援型システムへの転換，③制度の持続可能性の確保が示されている。この制度の持続可能性の確保の視点では，介護保険制度などに比べて支援費制度は脆弱な要素を有しており，それを長期的に持続可能なものに変え，制度を強化することが示されている。即ち，応益負担の導入である。

その上で，改革の基本的方向として，①現行の制度的課題を解決すること（市町村を中心とするサービス提供体制の確立，効果的・効率的なサービス利用の促進，公平な費用負担と配分の確保），②新たな障害保健福祉施策体系を構築すること，③介護保険との関係整理等が挙げられている[47]。

このグランドデザインは，一見すると，唐突に提示されたようにもみえる。しかし，この点については，グランドデザインから障害者自立支援法成立までの経緯は，厚生労働省が，障害者福祉の財源枠を国庫負担金という形で保持しつつ，将来的に支援費制度を介護保険に統合するための布石として打ち出したものであると指摘されている[48]。

(2) 障害者自立支援法の成立

　その後，2005年（平成17年），介護保険法の改正法案と同じ第162回通常国会に障害者自立支援法案が提出された。

　障害者自立支援法案については，応益負担の導入をめぐって，当事者である障害者や家族，障害者団体などから，福祉サービスの利用抑制につながる，福祉サービスを利用することが「利益」なのかといった強い反発が噴出し，一旦は，法案は廃案となった。しかし，2005年（平成17年）9月11日の解散後の衆議院選挙での自民党の圧勝という状況のもと，9月21日からの特別国会に再び法案が提出され，10月31日に可決・成立した[49]。

　この障害者自立支援法成立に至る一連の経緯については，社会福祉基礎構造改革で検討された理念が障害者自立支援法へ受け継がれようとしているとしつつ，そこで危惧されたサービス供給量の不足，自己負担の増大，関係者との合意形成，地方公共団体の実施体制の問題などが解決されないまま，受け継がれようとしているとの指摘がある[50]。

---

[1] 障害者福祉研究会編『障害者自立支援用語辞典』(中央法規, 2008) 74頁。

[2] 秋元美世ほか『現代社会福祉辞典』(有斐閣, 2005) 194頁。

[3] 社会福祉の動向編集委員会編『社会福祉の動向2008』(中央法規, 2008) 2頁。

[4] 金子光一『社会福祉のあゆみ―社会福祉思想の軌跡―』(有斐閣, 2005) 245頁。

[5] 武藤忠義ほか『福祉政策と福祉法制－理論と条文要約』(角川学芸出版, 第2版, 2007) 88頁。

[6] 山下俊幸「障害者自立支援法をどう読むか」岡崎伸郎ほか編『「障害者自立支援法」時代を生き抜くために』(批評社, 2006) 70頁。

　なお，この見解は，社会福祉基礎構造改革分科会が平成12年10月に公表した「社会福祉基礎構造改革を進めるに当たって（追加意見）」において，①改革の趣旨を関係者に十分周知しながら検討を進めること，②具体的な実施に当たる地方公共団体等の実施体制や財源保障に支障がないよう十分配慮すること，の2点が留意事項として示されていたことも踏まえてのものである。

[7] 岡部耕典『障害者自立支援法とケアの自律』(明石書店, 2006) 37頁。

[8] 伊藤周平『社会福祉のゆくえを読む』(大月書店, 2003) 23頁。

[9] 伊藤周平『権利・市場・社会保障―生存権の危機から再構築へ―』(青木書店, 2007) 210頁。

[10] 伊藤・前掲注 (9) 214頁。

[11] 西村健一郎『社会保障法入門』(有斐閣, 2008) 203頁。

[12] 伊藤・前掲注 (8) 18～22頁。

なお，措置制度において，申請主義でないことを根拠に措置請求権を否定する行政解釈に対しては，学説上は，措置請求権を実体的な給付請求権として位置づける見解や，居宅における介護等の措置についても請求権を認める見解などがあるとされている。

13　伊藤・前掲注 (9) 215頁。
14　伊藤・前掲注 (9) 212頁。
15　金子・前掲注 (4) 242頁。
16　伊藤・前掲注 (9) 213～214頁, 伊藤・前掲注 (8) 25頁, 金子・前掲注 (4) 243頁。
17　伊藤・前掲注 (8) 25頁。
18　金子・前掲注 (4) 243頁。
19　伊藤・前掲注 (8) 28頁。
20　金子・前掲注 (4) 248頁。
21　伊藤・前掲注 (8) 32頁以下。
22　措置制度は，要援助者が一定の要件を満たしている場合には，行政がサービス給付の責任と要援助者の生活を保障する義務を負わなければならない権利保障行為とされ，そのかぎりでは，要援助者の権利保障は，契約制度よりも措置制度のもとでの方が，国や自治体の行政責任（公的責任）が担保されていて強固であったとも指摘されている。以上につき，伊藤・前掲注 (8) 33頁。
23　瀧澤仁唱「福祉における『公的責任』とはなにか」障害者生活支援システム研究会編『障害者自立支援法と人間らしく生きる権利』（かもがわ出版, 2007）248頁。
24　塩見洋介「障害者福祉施策の動向と障害者運動の課題」障害者生活支援システム研究会編『障害者自立支援法と人間らしく生きる権利』（かもがわ出版, 2007）19頁。
　　ここでは，社会福祉の権利を負担の見返りとしての「受給権」に押し込めると評価した上で，「負担できない人」の無権利を当然視しているとの指摘もなされている。
25　瀧澤・前掲注 (23) 250頁。
26　相澤與一『障害者とその家族が自立するとき―「障害者自立支援法」批判―』（創風社, 2007）46頁。
27　相澤・前掲注 (26) 45頁。なお，この立場は，暫定的負担軽減特別対策についても，障害者基本法の円滑な運用を図るという趣旨からして，同法に違背するとする。
28　伊藤・前掲注 (8) 115頁, 伊藤・前掲注 (9) 263頁。
　　障害者福祉の分野では，在宅サービスや施設の整備が，高齢者福祉における特別養護老人ホームなどに比べて，大幅に遅れていたとされている。
29　伊藤・前掲注 (8) 116頁, 伊藤・前掲注 (9) 263頁。
　　もっとも，若年障害者が介護保険適用からはずされたのは，①高齢者の分野と比較して若年障害者の分野では，要介護認定基準の検討がまったく行われていなかったこと，②介護サービス計画をはじめケアマネジメントの取り組みが遅れていたこと，③障害者団体関係者の意見集約に時間がかかると考えられたこと，といった実務理由により，若年障害者を介護保険給付の対象にしようとすると，介護保険制度の成立が大幅に遅れることが懸念されたためとの指摘もあるとされている。
30　京極髙宣『障害者自立支援法の解説』（全国社会福祉協議会, 2005）24頁。

31 伊藤・前掲注 (8) 115頁, 伊藤・前掲注 (9) 263頁。
32 伊藤・前掲注 (9) 265頁。
33 新しい障害者基本計画は, 大部分が支援費制度に乗る形で実現されることが予定されていたとの指摘がある。この点について, 京極髙宣『介護保険改革と障害者グランドデザイン』(中央法規, 2005) 75頁参照。
34 京極・前掲注 (30) 25頁では, この点で, 障害者自立支援法制定の必要性についても, それとなく言及しているとされている。
35 伊藤・前掲注 (8) 121頁以下。
36 峰島厚「障害者福祉における支援費制度とは何か」賃金と社会保障1337・1338号115頁。
37 伊藤・前掲注 (8) 131頁以下。
38 西村・前掲注 (11) 204頁。
39 植田章・峰島厚『個別支援計画をつくる』(かもがわ出版, 2004) 4頁。
40 峰島・前掲注 (36) 131頁。
41 岩村正彦「総論—改革の概観—」ジュリスト1327号15頁。
42 西村・前掲注 (11) 219頁, 京極・前掲注 (30) 25頁, 津田小百合「介護保険と障害者福祉制度の将来」ジュリスト1327号41頁。
43 伊藤・前掲注 (9) 267頁, 津田・前掲注 (42) 41頁。
44 伊藤・前掲注 (9) 268頁。
45 福祉分野への公費支出の抑制・削減が社会福祉基礎構造改革の基本路線のひとつである以上, 支援費制度になったからといって, 公費負担を増やすという選択肢は政策的に取りえないとされる。こうしたことから, 支援費制度は, 予算増額による財政規模の拡大もなく, サービスの基盤整備もせず, 市町村間のサービス格差の是正もせず, ほとんど従来のサービス資源のままで制度移行がなされたとされている。以上につき, 伊藤・前掲注 (8) 118頁, 伊藤・前掲注 (9) 265頁参照。
46 伊藤・前掲注 (9) 269頁。
47 京極・前掲注 (30) 26頁, 京極・前掲注 (33) 83頁以下。
48 伊藤周平「障害者福祉の動向と福祉の権利」賃金と社会保障1398号10頁。
49 伊藤・前掲注 (9) 271頁。
50 山下・前掲注 (6) 71頁。

社会福祉施策等の動き

1989（平元）	「高齢者保健福祉推進10か年計画（ゴールドプラン）」厚生省
1990（平2）	福祉関係8法改正
1993（平5）	障害者基本法改正（心身障害者対策基本法を改正）
1994（平6）	「21世紀福祉ビジョン―少子・高齢社会に向けて」高齢社会福祉ビジョン懇談会
1994（平6）	「新・高齢者保健福祉推進10か年計画（新ゴールドプラン）」
1995（平7）	「障害者プラン―ノーマライゼイション7か年戦略―」
1995（平7）	「社会保障体制の再構築に関する勧告―安心して暮らせる21世紀の社会を目指して―」（95年勧告）社会保障制度審議会…介護保険制度を提言
1997（平9）	介護保険法成立（12月）
1998（平10）	「社会福祉基礎構造改革について（中間まとめ）」中央社会福祉審議会社会福祉構造改革分科会
1998（平10）	地方分権一括法成立
2000（平12）	介護保険施行（4月）
2000（平12）	社会福祉事業法等改正法成立（5月）
2002（平14）	「障害者基本計画」，「重点施策実施5か年計画（新障害者プラン）」
2003（平15）	支援費制度実施（4月）
2004（平16）	「今後の障害保健福祉施策について（改革のグランドデザイン）」厚生労働省障害保健福祉部
2005（平17）	障害者自立支援法成立
2006（平18）	障害者自立支援法施行（4月）

第2章 障害者自立支援法の概要

第1 障害者自立支援法の特徴

障害者自立支援法は，2005年（平成17年）10月31日に法案が可決成立した後，2006年（平成18年）4月1日からの一部施行を経て，同年10月1日から本格施行された[1]。

障害者自立支援法は従来の制度を抜本的に変更するものであるが，その特徴として，以下の5点が挙げられている[2]。

① 従来の障害者福祉制度は，身体障害者，知的障害者，精神障害者といった障害種別ごとに実施主体及び制度的な枠組みが異なっていた。そこで，障害の種別にかかわらず必要となるサービスを利用できるように，三障害を一元化し，施設やサービス体系を再編成することとした。

② サービスの実施主体を市町村に一元化した。これによって，障害者の身近な場所（例えば，小学校の空き教室や商店街の空き店舗など）を利用したサービスが可能になるとされている。

③ サービス利用者は，利用量と所得に応じた負担を行うこととし（応益負担），他方，国はこれまで補助金（裁量的経費）として支出していたが，自立支援給付（介護給付，訓練等給付）について義務的経費として負担することを明確にした。

④ 就労支援の抜本的な強化を図ることとした（就労移行支援，就労継続支援）。

⑤ サービスが公平に利用できるよう利用に関する手続や基準を明確化した。

以下では，このような特徴を有する障害者自立支援法の内容を概観する。

第2 目的・関係者の責務等

1 法の目的

　障害者自立支援法1条は，法の目的として，障害者の個人の尊厳と権利・完全参加・差別禁止という障害者基本法の基本理念（障害者基本法3条）にのっとり，障害福祉に関する各種の法律と相まって，障害者等が自立した日常生活または社会生活を営むことができるように必要な障害福祉サービスに係る給付その他の支援を行うこと等を規定している[3]。

　ここで，日常生活だけでなく，社会生活が掲げられていることは，「法における自立像の展開」を示すものであって，個々の障害者自立支援給付の支給決定や地域生活支援事業の実施の際の解釈運用にあっては，この目的原理に基づいてなされる必要があるとされている[4]。

　したがって，障害者自立支援法の解釈等に当たっては，障害者基本法の基本理念から検討することが必要となろう。

2 関係者の責務

　法は，市町村等の責務として，市町村については，自立支援給付，地域生活支援事業の実施主体としての責務を，都道府県については，市町村を援助する立場及び自立支援医療費の給付の実施主体としての責務を，国については，市町村及び都道府県を援助する立場としての責務をそれぞれ規定している（法2条）。しかし，この行政の責務は，障害者に対して直接福祉サービスを提供するといった具体的な責務まで負わせているものではない。

　また，サービスの実施には多様な実施主体が参加することが可能となったことから，サービス実施者の責務として，指定事業者（指定障害福祉サービス事業者，指定障害者支援施設の設置者，指定相談支援事業者）の責務（法42条），指定自立支援医療機関の責務（61条）についても規定している。

第3 障害福祉サービス等の概要

1 障害福祉サービスの内容

(1) 障害者自立支援法の規定するサービスには種々のものがある。これを大別すると，利用者個人に支給される「個別給付」と，個別給付以外の自治体等

が事業形式によってサービス提供を行う「地域生活支援事業」がある。個別給付は「自立支援給付」と総称されている[5]。

図1　総合的な自立支援システムの構築

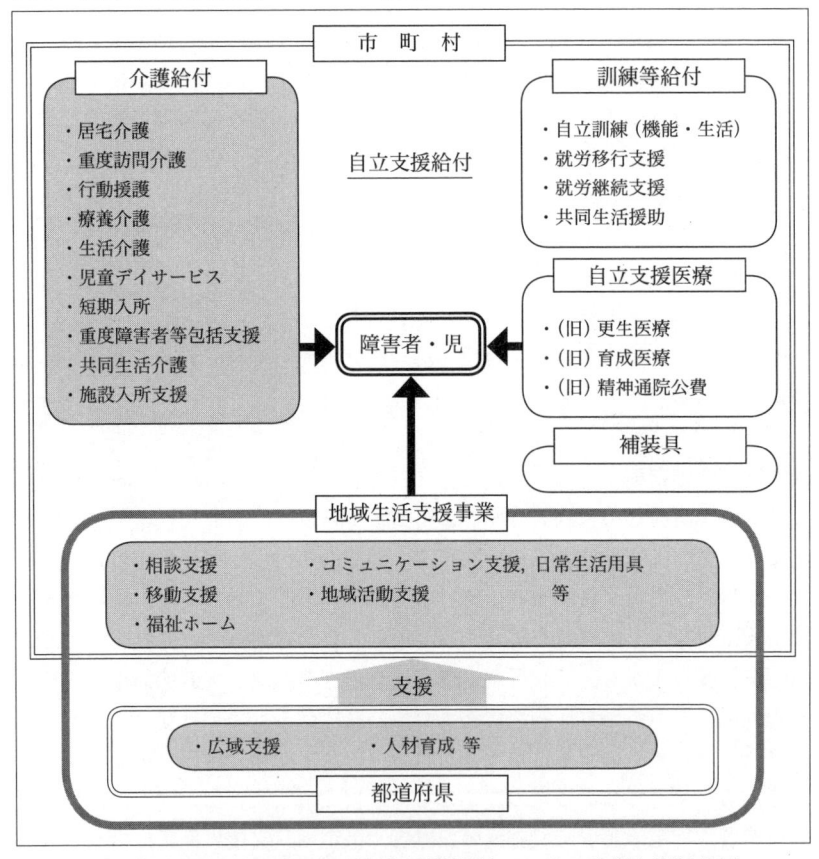

```
                          市　町　村
 ┌─────────────────────────────────────────────────┐
 │  ┌─介護給付─────┐              ┌─訓練等給付──────┐ │
 │  │・居宅介護      │              │・自立訓練(機能・生活)│ │
 │  │・重度訪問介護  │  自立支援給付 │・就労移行支援     │ │
 │  │・行動援護      │              │・就労継続支援     │ │
 │  │・療養介護      │              │・共同生活援助     │ │
 │  │・生活介護      │              └───────────────┘ │
 │  │・児童デイサービス│              ┌─自立支援医療────┐ │
 │  │・短期入所      │              │・(旧)更生医療    │ │
 │  │・重度障害者等包括支援│ → 障害者・児 ← │・(旧)育成医療    │ │
 │  │・共同生活介護  │              │・(旧)精神通院公費│ │
 │  │・施設入所支援  │              └───────────────┘ │
 │  └───────────┘                ┌─補装具─────┐    │
 │                                 └─────────┘    │
 │            ┌─地域生活支援事業──────────────┐      │
 │            │・相談支援  ・コミュニケーション支援,日常生活用具│
 │            │・移動支援  ・地域活動支援  等    │      │
 │            │・福祉ホーム                    │      │
 │            └───────────────────────────┘      │
 │                      ↑ 支援                       │
 │            ┌────────────────────────────┐      │
 │            │・広域支援   ・人材育成 等      │      │
 │            └───────────────────────────┘      │
 │                    都道府県                        │
 └─────────────────────────────────────────────────┘
```

出典）京極高宣『障害者自立支援法の解説』(全国社会福祉協議会, 2005) 49頁 (厚生労働省資料)。

(2)　自立支援給付は，障害者自立支援法の中核となっているもので，介護給付費 (特例を含む)，訓練等給付費 (特例を含む)，自立支援医療費，補装具費，サービス利用計画作成費，高額障害者福祉サービス費，特定障害者特別給付費 (特例を含む)，療養介護医療費，基準該当療養介護医療費が支給される (法6条)。

図2 自立支援給付の構造（自立支援医療費、補装具費を除く）

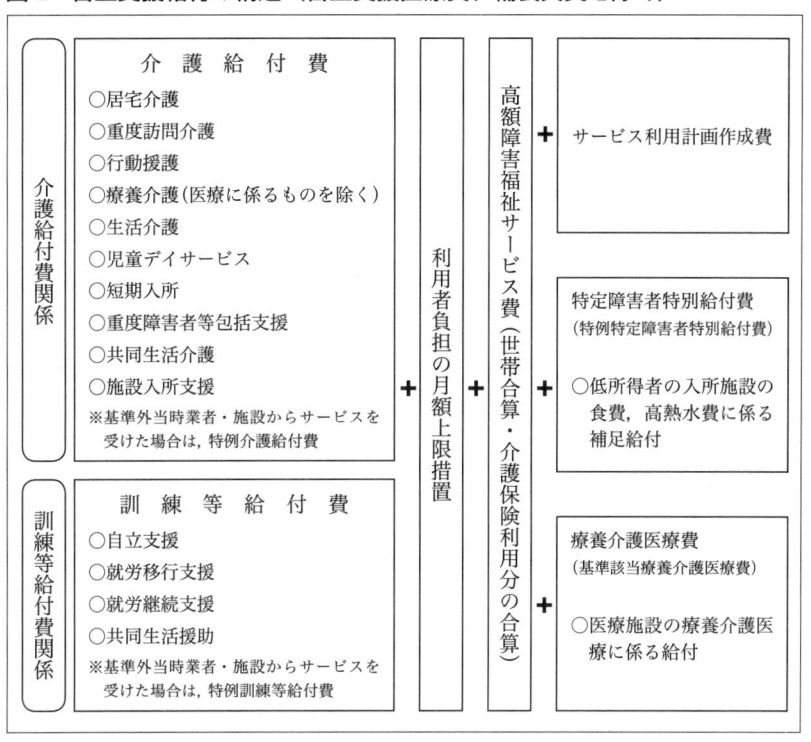

介護給付費関係	介 護 給 付 費 ○居宅介護 ○重度訪問介護 ○行動援護 ○療養介護（医療に係るものを除く） ○生活介護 ○児童デイサービス ○短期入所 ○重度障害者等包括支援 ○共同生活介護 ○施設入所支援 ※基準外当時業者・施設からサービスを受けた場合は，特例介護給付費	利用者負担の月額上限措置	高額障害福祉サービス費（世帯合算・介護保険利用分の合算）	サービス利用計画作成費
				特定障害者特別給付費 （特例特定障害者特別給付費） ○低所得者の入所施設の食費，高熱水費に係る補足給付
訓練等給付費関係	訓 練 等 給 付 費 ○自立支援 ○就労移行支援 ○就労継続支援 ○共同生活援助 ※基準外当時業者・施設からサービスを受けた場合は，特例訓練等給付費			療養介護医療費 （基準該当療養介護医療費） ○医療施設の療養介護医療に係る給付

出典）京極高宣『障害者自立支援法の解説』（全国社会福祉協議会，2005）51頁（厚生労働省資料）。

　自立支援給付によるサービス提供は，介護保険制度におけるサービス提供の仕組みと類似しているが，支給の要否決定に当たり，介護者の状況や利用者の意向等も考慮され，サービス支給量も利用者ごとに決定される点で介護保険とは異なる。また，現物給付化されるに当たり，介護保険ではケアプランの届出が条件の一つとされるのに対し，障害者自立支援法ではサービス利用計画の作成とリンクしていない[6]。

　自立支援給付の費用負担については，国や都道府県の義務的経費が伴い，国（2分の1）・都道府県（4分の1）・市町村（4分の1）の税金でまかなわれる。利用者負担は，サービス利用計画作成費，高額障害福祉サービス費，特定障害者特別給付費を除いて，原則として1割の応益負担である。

　地域生活支援事業は，国や都道府県の財政援助（裁量的経費）のもとに市

町村の責任で行われる多様な地域密着型のサービスであり，その内容としては，相談支援，手話通訳等のコミュニケーション支援，日常生活用具の支援，移動支援，地域活動支援，福祉ホームなどが含まれる（法77条）。利用者負担はない。

表1は，このような自立支援給付システムの負担割合等を鳥瞰したものである。

表1　自立支援給付システム一覧

自立支援給付（個別給付・義務的経費）	国50/100 都道府県25/100 市町村25/100	原則90/100（利用者負担1割）	障害福祉サービス	介護給付費（特例含む）	居宅介護（ホームヘルプ）
					重度訪問介護
					行動援護
					療養介護（医療部分は療養介護医療費として給付）
					生活介護
					児童デイサービス
					短期入所（ショートステイ）
					重度障害者等包括支援
					共同生活介護（ケアホーム）
					施設入所支援
				訓練等給付費（特例含む）	自立訓練
					就労移行支援
					就労継続支援（雇用・非雇用）
					共同生活援助（グループホーム）
		100/100	サービス利用計画作成費		
		100/100	高額障害福祉サービス費		
		100/100	特定障害者特別給付費（補足給付）		
	国50/100 都道府県50/100	原則90/100（利用者負担1割）	自立支援医療費	（更生医療）	
				（精神通院医療，育成医療）	
	国50/100 都道府県25/100 市町村25/100	原則90/100（利用者負担1割）	療養介護医療費（基準該当含む）		
			補装具費		

地域生活支援事業	国50/100以内 都道府県25/100以内 （補助することができる）		市町村事業	必ず行う事業	相談支援事業
					コミュニケーション支援事業日常生活用具給付事業
					移動支援事業
					地域活動支援
				行うことができる事業	福祉ホーム
					その他必要な事業
	国50/100以内 （補助することができる）		都道府県事業	必ず行う事業	専門性の高い相談支援事業等の広域的な事業
				行うことができる事業	人材育成その他必要な事業

出典）京極高宣『障害者自立支援法の解説』（全国社会福祉協議会、2005）55頁（全社協作成）。

(3) 法は，個別給付のうち支給決定や事業者の指定において共通する典型的な福祉サービスを「障害福祉サービス」として規定している（法5条）[7]。

2 サービス実施の問題点[8]

(1) サービスの不足

施設などのサービス整備が不十分なため，多くの障害者がサービスを利用できていないという問題が指摘されている。しかも，法は市町村等の責務を規定しているが，福祉サービス提供体制の確保にとどまり，福祉サービス提供の直接的な責任を負うわけではないことから，こうした問題について行政に対して責任を問うことも困難とされている。

(2) 契約によるサービス利用の問題

サービス利用は契約を前提とすることから，判断能力が不十分な障害者のサービス利用が制約されていると指摘されている。判断能力が不十分な障害者に対する支援もなれさているが，これらの仕組み，さらには成年後見制度，

第2章 障害者自立支援法の概要 37

市町村の権利擁護制度も十分ではないといわれている。

　その結果，サービス不足の現状と相まって，事業者・施設による利用者の逆選択のおそれが指摘されている。

　なお，成年後見制度，福祉サービス契約の問題等に関しては，第3部を参照されたい。

第4　自立支援給付

1　介護給付費（特例介護給付費）

　介護給付費及び特例介護給付費の支給は，次に掲げる障害福祉サービスに関して支給される給付である（法28条1項，29条，30条）。

　もっとも，介護給付の受給には障害程度区分の認定を受ける必要があり，この区分によって受給者（サービスの利用対象者）が決められることから，それによって対象者が制限される（特に，行動援護，重度訪問介護などの利用者）との指摘がある[9]。

① 居宅介護——ホームヘルプと呼ばれているサービスで，居宅において入浴，排泄，食事等の介護を提供する（法5条2項）。なお，ホームヘルプに位置づけられていたガイドヘルプについては，地域生活支援事業の市町村事業（移動支援）に位置づけられた。

② 重度訪問介護——重度の肢体不自由者であって常時介護を要する障害者につき，居宅における入浴，排泄，食事の介護，外出時の移動中の介護を総合的に提供する（法5条3項）。

③ 行動援護——知的障害または精神障害により行動上著しい困難を有する障害者等であって常時介護を要するものにつき，行動する際に生じ得る危険を回避するために必要な援護，外出時における移動中の介護等を提供する（法5条4項）。

④ 療養介護（医療に係るものを除く）——医療を要する障害者であって常時介護を要するものにつき，主として昼間に，病院や施設で機能訓練，療養上の管理，監護，医学的管理のもとの介護，日常生活上の世話等を提供する（法5条5項前段）。利用期限は定められていない。

⑤ 生活介護——常時介護を要する障害者で，主として昼間に，障害者支援施設等で入浴，排泄，食事の介護，創作的活動または生産活動の機会

等を提供する（法5条6項）。利用期限は定められていない。
⑥　児童デイサービス——障害児に対して，肢体不自由児施設等に通って，日常生活における基本的な動作の指導，集団生活への適応訓練等を提供する（法5条7項）[10]。
⑦　短期入所——居宅で介護を行う者が疾病等で介護できない場合に，障害者支援施設等へ短期間入所させ，入浴，排泄，食事の介護等を提供する（法5条8項）。
⑧　重度障害者等包括支援——常時介護を要する障害者等に対し，介護の必要度が著しく高い場合に，居宅介護等を包括的に提供する（法5条9項）。
⑨　共同生活介護——障害者につき，主として夜間に，共同生活を営む住居において入浴，排泄，食事の介護等を提供する（法5条10項）。一般的に，ケアホームのサービスを指している。利用期間は定められていない。
⑩　施設入所支援——施設に入所している障害者に対して，主として夜間に，入浴，排泄，食事の介護等を提供する（法5条11項）。

2　訓練等給付費（特例訓練等給付費）
(1)　給付内容
　訓練等給付費及び特例訓練等給付費の支給は，次に掲げる障害福祉サービスに関して支給される給付である（法28条2項，29条，30条）。
①　自立訓練——障害者につき，自立した日常生活または社会生活を営むことができるよう，一定期間，身体機能または生活能力の向上のための訓練等を提供する（法5条13項）。利用期間が定められている。
②　就労移行支援——就労を希望する障害者につき，一定期間，生産活動等の機会を提供することによって，就労に必要な知識や能力向上を図る訓練等を行う（法5条14項）。
③　就労継続支援——通常の事業所に雇用されることが困難な障害者につき，就労の機会や生産活動等の機会を提供することによって，その知識や能力向上を図る訓練等を行う（法5条15項）[11]。利用期間は定められていない。
④　共同生活援助——地域において共同生活を営むのに支障のない障害者につき，主として夜間に，共同生活を営むべき住居において相談や日常

生活上の援助を行う（法5条16項）。一般的に，グループホームでのサービスであり，利用期間は定められていない。

(2) 問題点[12]

訓練等給付費の問題点として，訓練効果によって利用者が制限されるという点が指摘されている。具体的には，訓練等給付費の支給に当たっては，後述のとおり，暫定支給決定の後，訓練効果が期待できるかを事業者に判定させて訓練効果が上がると見込まれた場合に本支給決定が行われる。そのため，訓練効果が期待できないと判断されれば，サービス種類の見直し等が必要になる。また，訓練等給付費の報酬には，成功報酬が取り入れられているため，一定期間内に訓練効果が期待できるか否かが事業者にとっても重要となり，その結果によって利用者の選別が行われるとされている。

また，共同生活援助（グループホーム）は，利用期限は設けられていないものの，日中就労している人や就労継続支援事業等の日中活動の場を利用している人が対象となるため，失業したり，日中活動の場がなくなったりすると，利用が継続できなくなるとされている。さらに，自立訓練，就労移行支援事業には利用期限が定められており，継続的な利用は難しく，就労が実現しなくても打ち切りになる可能性があるとされている。

3　自立支援医療費

自立支援医療費は，障害者等に対して，心身の障害の状態の軽減を図り，自立した日常生活または社会生活を営むために必要な医療について，障害者等が，支給認定の有効期間内に指定自立支援医療機関から自立支援医療を受けたときに支給される給付である（法58条1項）。

4　補装具費

補装具は，①障害者等の身体機能を補完し，代替するもので，障害者別に対応して製作されたもの，②身体に装着して日常生活，就学，就労に用いるもので，同一製品を継続して使用するもの，③医師等による専門的な知見または診断に基づき使用されることが必要とされるものであることの3つの要件をすべて満たすものである（法5条19項，施行規則6条の13）。

補装具費は，障害者等が，その障害の状態からみて，補装具の購入・修理を必要とする者であると認められるときに，申請のあった障害者または障害

児の保護者に対して，補装具の購入・修理に要した費用について支給される（法76条）。

5 その他
(1) サービス利用計画作成費

障害福祉サービスの利用を希望する障害児の保護者（支給決定障害者等）が，利用するサービスの種類や内容，担当者などについて事業者（指定相談支援事業者）に相談した場合，一定の要件を満たすときにその費用について支給される給付である（法32条）。

(2) 高額障害者福祉サービス費

同一の世帯に支給決定者が複数いる場合など，支給決定障害者等の属する世帯における対象サービスの利用に係る負担額が著しく高額であるときに支給される給付である（法33条）。

(3) 特定障害者特別給付費

障害者支援施設等から施設入所支援等の障害福祉サービスを受けた低所得者等に対し，当該施設等における食費や居住に要した費用について支給される給付である（法34条）。

(4) 特例特定障害者特別給付費

①支給決定の効力が生ずる前に，緊急やむを得ない理由により指定障害者支援施設等から施設入所支援を受けたときに，食費や居住に要する費用に対して支給される給付，②特定障害者が，基準該当障害福祉サービスを受けたときに支給される給付，の総称である（法35条）。

なお，現時点において基準該当施設は存在しないので，②に係る給付はない。

(5) 療養介護医療費

療養介護医療（療養介護のうち医療に係るもの）を受けたときに支給される給付である（法70条）。

(6) 基準該当療養介護医療費

特例介護給付費（療養介護に係るものに限る）に係る支給決定を受けた障害者が，基準該当事業所や基準該当施設から当該療養介護医療を受けたときに，厚生労働省令で定めるところにより，当該基準該当療養介護医療に要した費用について支給される給付である（法71条）。

なお，現行では，基準該当事業所・基準該当施設に関する基準は定められていないことから，実際に基準該当療養介護医療費が支給されることはない。

第5 地域生活支援事業

1 市町村地域生活支援事業

(1) 市町村が必ず行う事業として，①相談支援，関係機関との連絡調整，権利擁護援助事業，②意思疎通支援，日常生活用具給付（貸与）事業，③移動支援事業[13]，地域活動支援事業が規定されている（法77条1項）。

移動支援事業は，支援費制度では居宅介護（ホームヘルプ）事業のガイドヘルプに位置づけられていたが，障害者自立支援法では地域生活支援事業に位置づけられている。但し，移動支援と介護を一体的に提供する必要がある重度の障害者等については，行動援護，重度訪問介護，重度障害者等包括支援サービスの一部に位置づけられ個別給付となる[14]。

これらの必ず行う事業の他に「行うことができる事業」（福祉ホーム等）があるが，その事業内容や形態・財政支援などは，市町村でかなり自主的に決定されることになる。

費用負担は国から2分の1以内，都道府県から4分の1以内の補助を受けた残りを市町村が負担する。

(2) 移動支援については，支援費制度のもとでは個別給付とされていたところ，障害者自立支援法では「突発的なニーズへの対応や複数の者の移動の同時支援など柔軟性のある支援を行うため」との理由で地域生活支援事業とされたが，この点の問題性が指摘されている。

移動支援と介護を一体的に提供する必要がある一定程度以上の重度障害者については，重度訪問介護，行動支援などのサービスに移動支援が包摂されているが，これらのサービスの対象とならない多くの障害者にとっては，移動支援は個別給付では利用できない。そのため，地域生活支援事業が国の裁量的経費であることもあって，市町村の財政事情でサービス水準が切り下げられたり，市町村間格差が拡大する可能性が高いとされている[15]。

また，障害者が宿泊を伴う旅行等に出かける場合，特に，他の都道府県に移動する場合などでは，この事業の対象とならないとの課題も指摘されてい

る[16]。
(3) 地域生活支援事業の費用は，国の義務的給付ではなく統合補助金（裁量的給付）であるので，市町村にとっては財政的な問題をかかえることとなる。財政的な基盤が弱い自治体は，必須事業を実施するだけにとどまる可能性があり，地域の実情に合った創意工夫した事業を展開することは困難といえる[17]。

2　都道府県地域生活支援事業

　都道府県が必ず行う事業として，市町村事業のうち，特に専門性の高い相談支援事業や広域にわたる対応が必要な事業が規定されている（法78条1項）。
　この事業として，具体的に新規創設される事業としては，①高次脳機能障害支援普及事業，②都道府県相談支援体制整備事業，③サービス管理責任者研修事業等がある[18]。
　また，上記の必須事業の他に，市町村の相談支援事業，コミュニケーション支援事業，日常生活用具給付事業，移動支援事業，地域活動支援センター事業，人材育成事業，その他必要な事業を行うことができる（法78条2項）。
　費用負担は国から2分の1以内の補助を受けた残りを都道府県が負担する。

第6　利用手続

1　介護給付費・訓練等給付費の利用手続

(1) 利用手続の流れ
　介護給付費・訓練等給付費を受けようとする障害者等は，居住地の市町村の支給決定を受けることになる。
　具体的には，障害者等から支給申請がなされ（法20条1項），これを受けて市町村（または委託を受けた指定相談事業者）が障害者等の心身の状況，置かれている環境等について調査する（法20条2項）。その上で，障害程度区分の認定（介護給付の場合のみ）及び支給要否決定を行うとともに（法21条1項，22条1項），支給決定した場合には，支給量等を定める（法22条4項）。そして，支給量等を記載した「障害福祉サービス需給者証」を障害者等

に交付する（法22条5項）。
(2) 障害程度区分の認定

　市町村が支給決定をするに当たっては，障害者の福祉サービスの必要性を総合的に判定するため，全国共通の106項目からなる心身の状況等に関する認定調査を実施する。介護給付費では，この認定調査結果に基づきコンピュータ・ソフトによる一次判定が行われる。その後，市町村審査会の審査判定（二次判定）を経て障害程度区分が認定される[19]。

　この106項目は，介護保険における要介護認定調査項目79項目に，支援費制度の障害程度区分のチェック項目等に自閉症，行動援護，精神障害の行動特徴等を把握する項目を加えた27項目となっている。

　障害程度区分については，障害程度区分基準時間（1日当たりの介護等の支援に要する時間を一定の方法により推計したものであるが，これは障害程度区分認定のために設定された基準時間であり，実際の介護サービスに要する時間とは一致しない）とこれに相当すると認められる状態ごとに6段階の区分を設けている。

表2　障害程度区分

区分1	障害程度区分基準時間が25分以上32分未満である状態又はこれに相当すると認められる状態
区分2	障害程度区分基準時間が32分以上50分未満である状態又はこれに相当すると認められる状態
区分3	障害程度区分基準時間が50分以上70分未満である状態又はこれに相当すると認められる状態
区分4	障害程度区分基準時間が70分以上90分未満である状態又はこれに相当すると認められる状態
区分5	障害程度区分基準時間が90分以上110分未満である状態又はこれに相当すると認められる状態
区分6	障害程度区分基準時間が110分以上である状態又はこれに相当すると認められる状態

※　障害程度区分基準時間は，1日当たりの介護等の支援に要する時間を一定の方法により推計したものであるが，これは障害程度区分認定のために設定された基準時間であり，実際の介護サービスに要しているないしは，要すると見込まれる時間とは一致しない。
出典）障害者福祉研究会編『逐条解説　障害者自立支援法』（中央法規出版，2007）87頁。

　障害程度区分の認定後に，市町村は社会活動や介護者，居住等の状況の支給決定案を作成するための勘案事項調査を実施するとともに，サービスの利

用意向の聴取を行う。その後，市町村審査会の支給要否に係る意見を参考にした上で支給決定を行う。
(3) 暫定支給決定

訓練等給付費では，実際的には障害者の希望によってサービスを受ける内容が決められるので，障害程度区分認定は行わず，そのサービスが適当かどうかを判断するために暫定支給決定がなされる。

暫定支給決定の後，一定期間，訓練効果の期待の可能性や本人の利用意思などを確認し，個別支援計画を策定するための訓練・就労に関する評価がなされる。そして，この評価に基づき，サービス事業者が成果目標，訓練期間の見込み，期間中支援計画等を盛り込んだ個別支援計画案を策定し，この計画案をもとに支給期間等を設定した上で本支給決定がなされる。
(4) 支給決定後のサービスの流れ

相談支援事業者は，支給決定を受けた障害者の依頼を受けて，サービス利用計画を作成する。また，サービス利用開始後も，モニタリング等の継続的な支援を行う。

なお，特に計画的な支援を必要とする者に対して行われる支援については，サービス利用計画作成費が支払われる。
(5) 問題点[20]

まず，障害程度区分の認定がなされることによって，支給量に上限が設定され，事実上，上限付きの給付となる可能性が懸念されている[21]。支援費制度では，サービスの種類ごとに支援費支給量が設定されていたが，基本的に支給量に上限は設定されていなかった。これに対し，障害者自立支援法では，支援費制度では勘案事項とされていなかった障害程度区分が勘案されることになり，この区分に基づいて支給量に上限が設定されると考えられており，この支給量の上限を超えた障害福祉サービスの利用は全額自己負担となる。

障害程度区分の認定については，身体的自立度を主な基準とする介護保険の要介護認定基準が障害程度区分の基準に採用されているため，身体的自立度の高い精神障害者や知的障害者の多くが，利用困難となったり利用時間が削られたりする事態が生じているとの指摘がなされている。さらに，障害程度区分の認定や支給決定の利用手続が，障害者や家族にとって複雑で判りにくい内容となっており，判断能力の不十分な知的障害者や精神障害者のための申請を支援する仕組みが機能していないとされている。

二次判定については，介護保険における介護認定審査会と同様，形骸化し，ほぼコンピュータ判定どおりの認定結果となっているとの指摘もある。

2　自立支援医療費の利用手続

　自立支援医療費は，従来の更生医療，育成医療，精神通院医療を統合したものであり，利用手続は従来の手続と変わっていない。旧育成医療と旧精神通院医療は，都道府県が実施主体であり支給決定を行う。旧更生医療は市町村が実施主体である。

　具体的な支給認定は，自立支援医療費認定実施要綱に基づいてなされる。支給認定に当たっては，支給認定の有効期間，指定自立支援医療機関を定めて，それを記載した自立支援医療受給者証を交付する（法54条）。

3　補装具費の利用手続

　補装具の購入・修理を希望する者は，市町村に費用支給の申請を行う。市町村は，更生相談所等の意見をもとに補装具費の支給を行うことが適当であると認められるときは，補装具費の支給決定を行う（法76条1項）。但し，所得に応じた月額上限額が設定されており，一定所得以上の世帯に属する者には支給されない（法76条1項但書）[22]。

4　地域生活支援事業の利用手続

　地域生活支援事業は市町村ごとに事業内容が定められるため，利用手続も市町村で異なる。したがって，具体的にどのような事業をどのような人を対象に提供しようとしているのかを含め，市町村窓口に問い合わせるほかない[23]。

第7　利用者負担

1　介護給付費・訓練等給付費の利用者負担

(1)　応益負担（定率負担）の原則[24]

　障害福祉サービスを受けたときは，食費，光熱水費を除いてサービスに要した費用の1割負担となる（法29条3項）。但し，利用者の自己負担額が高額とならないように自己負担額の上限額が定められている（法29条4項）。

また，通所施設における食費，入所施設における食費・光熱水費・個室利用料の実費は全額自己負担となる。

　具体的な負担上限額については，**図3・表3**を参照されたい。

図3　障害福祉サービスの利用者負担の見直し―サービス量と所得に着目―

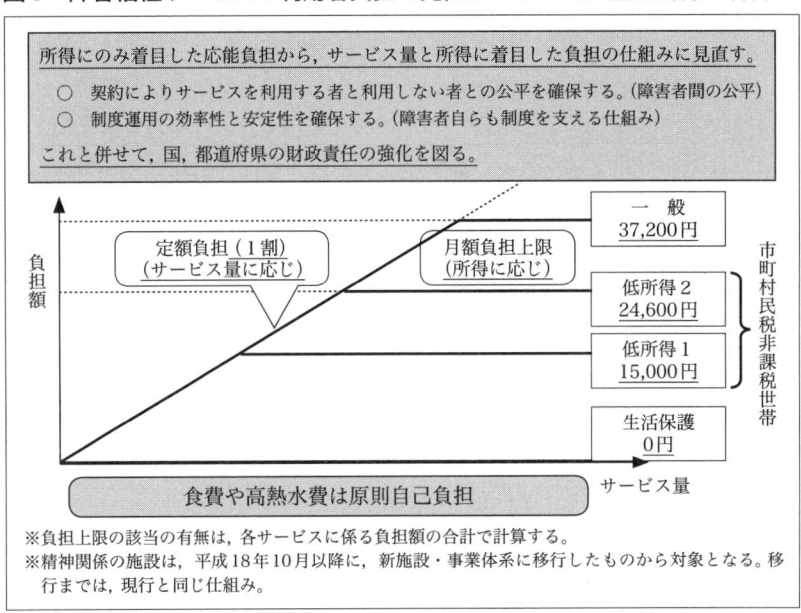

所得にのみ着目した応能負担から，サービス量と所得に着目した負担の仕組みに見直す。
- ○　契約によりサービスを利用する者と利用しない者との公平を確保する。(障害者間の公平)
- ○　制度運用の効率性と安定性を確保する。(障害者自らも制度を支える仕組み)

これと併せて，国，都道府県の財政責任の強化を図る。

- 定額負担（1割）（サービス量に応じ）
- 月額負担上限（所得に応じ）
- 一般　37,200円
- 低所得2　24,600円
- 低所得1　15,000円
- 生活保護　0円
- 市町村民税非課税世帯
- 食費や高熱水費は原則自己負担

※負担上限の該当の有無は，各サービスに係る負担額の合計で計算する。
※精神関係の施設は，平成18年10月以降に，新施設・事業体系に移行したものから対象となる。移行までは，現行と同じ仕組み。

出典）京極高宣『障害者自立支援法の解説』(全国社会福祉協議会，2005) 112頁 (厚生労働省資料)。

表3　利用者の世帯の収入状況と月額負担上限

区分	世帯の収入状況	月額負担上限
生活保護	生活保護世帯に属する者	0円
低所得1	市町村民税均等割非課税世帯であって，支給決定に係る障害者又は障害児の保護者の収入が80万円以下の者	15,000円
低所得2	市町村民税均等割非課税世帯に属する者 〔例〕⇒障害者を含む3人世帯で障害基礎年金1級を受給している場合，概ね300万円以下の収入に相当 〔例〕⇒障害者単身世帯で，障害基礎年金以外の収入が概ね125万円以下の収入に相当	24,600円
一般	市町村民税課税世帯	37,200円

出典）京極高宣『障害者自立支援法の解説』(全国社会福祉協議会，2005) 112頁 (厚生労働省資料)。

(2) 負担軽減措置

　稼得機会が少なく負担能力の乏しい者に対して，利用者負担に関する配慮措置（軽減措置）が講じられているが，この配慮措置は，「応益負担（定率負担）に対する軽減措置」と「食費・光熱水費に対する軽減措置」に大きく分けることができる。

　応益負担に対する軽減措置としては，①所得階層に応じた負担上限額の設定，世帯合算・介護保険利用分の合算を行う高額障害福祉サービス費，②入所者等の個別減免，③生活保護への移行防止がある。一方，食費・光熱水費の実費負担に対する軽減措置としては，①入所施設における補足給付，②通所施設等における食費負担軽減措置，③生活保護への移行防止がある[25]。

(a) 利用者負担の上限額措置

　利用者本人の属する世帯の所得に着目し，所得段階に応じて4区分に設定されている。

　しかし，障害者自立支援法の施行に伴い，①在宅の障害者は，稼得能力のある家族と同居している人が多く，軽減の適用が少ない，②授産施設などの工賃収入のある利用者の場合，工賃より利用料が大きくなる，③障害児のいる世帯は若年世帯が多く，在宅・施設を問わず家庭の負担感が大きい，といった問題点が指摘されており，厚生労働省は，さらに特別対策〔後述〕として利用者負担の軽減措置を段階的に講じることとしている[26]。

(b) 高額障害福祉サービス費

　同一世帯に障害福祉サービスを利用する者や介護保険を合わせて利用する者がいる場合，世帯の負担を軽減する趣旨から，償還払い方式によって高額障害福祉サービス費が支払われ，世帯における利用者負担は月額上限額まで軽減される（法33条1項）。

(c) 個別減免

　個別減免の対象となるのは，施設入所支援利用者（20歳以上），グループホーム・ケアホーム入居者，重度障害者等包括支援利用者で，低所得1，2区分に該当する者であって，本人の預貯金等が500万円以下の者である。

　なお，施設入所支援利用者については工賃控除が以前は3,000円であったが，現在は，手元金が年間28万8,000円まで残るように控除額が引き上げられている[27]。

(d) 生活保護への移行防止

図4 利用者負担に係る配慮措置1

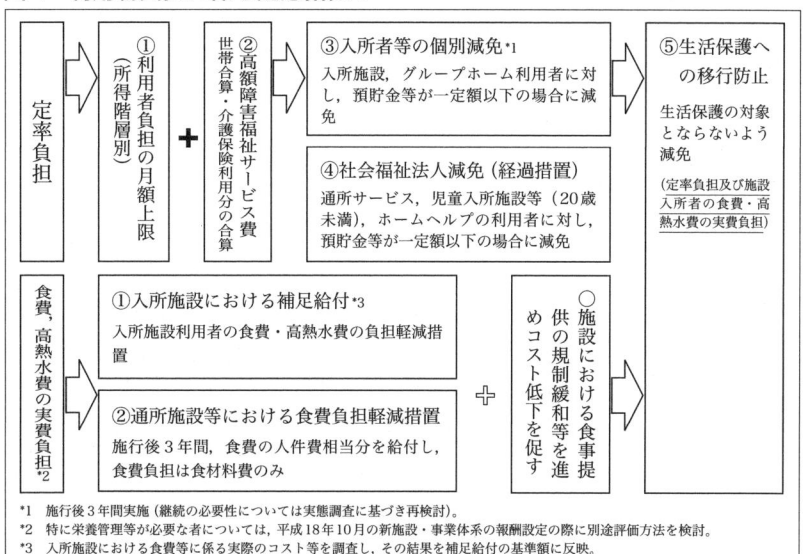

定率負担

①利用者負担の月額上限（所得階層別）
＋
②高額障害福祉サービス費（世帯合算・介護保険利用分の合算）

③入所者等の個別減免*1
入所施設、グループホーム利用者に対し、預貯金等が一定額以下の場合に減免

④社会福祉法人減免（経過措置）
通所サービス、児童入所施設等（20歳未満）、ホームヘルプの利用者に対し、預貯金等が一定額以下の場合に減免

⑤生活保護への移行防止
生活保護の対象とならないよう減免
（定率負担及び施設入所者の食費・高熱水費の実費負担）

食費、高熱水費の実費負担*2

①入所施設における補足給付*3
入所施設利用者の食費・高熱水費の負担軽減措置

②通所施設等における食費負担軽減措置
施行後3年間、食費の人件費相当分を給付し、食費負担は食材料費のみ

＋

○施設における食事提供の規制緩和等を進めコスト低下を促す

*1 施行後3年間実施（継続の必要性については実態調査に基づき再検討）。
*2 特に栄養管理等が必要な者については、平成18年10月の新施設・事業体系の報酬設定の際に別途評価方法を検討。
*3 入所施設における食費等に係る実際のコスト等を調査し、その結果を補足給付の基準額に反映。

出典）京極高宣『障害者自立支援法の解説』（全国社会福祉協議会，2005）113頁（厚生労働省資料）。

図5 利用者負担に係る配慮措置2

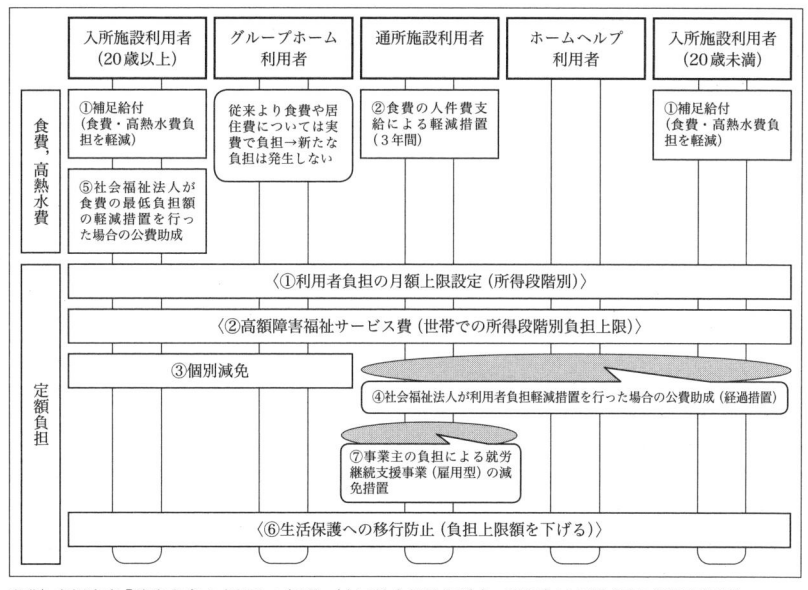

	入所施設利用者（20歳以上）	グループホーム利用者	通所施設利用者	ホームヘルプ利用者	入所施設利用者（20歳未満）
食費、高熱水費	①補足給付（食費・高熱水費負担を軽減）　⑤社会福祉法人が食費の最低負担額の軽減措置を行った場合の公費助成	従来より食費や居住費については実費で負担→新たな負担は発生しない	②食費の人件費支給による軽減措置（3年間）		①補足給付（食費・高熱水費負担を軽減）
定額負担	〈①利用者負担の月額上限設定（所得段階別）〉 〈②高額障害福祉サービス費（世帯での所得段階別負担上限）〉 ③個別減免　④社会福祉法人が利用者負担軽減措置を行った場合の公費助成（経過措置） ⑦事業主の負担による就労継続支援事業（雇用型）の減免措置 〈⑥生活保護への移行防止（負担上限額を下げる）〉				

出典）京極高宣『障害者自立支援法の解説』（全国社会福祉協議会，2005）113頁（厚生労働省資料）。

利用者負担の結果，生活費がなくなってしまい生活保護の受給者になることを防止するために，本来適用される上限額をそのまま適用すると生活保護の受給対象となる者については，生活保護の受給対象に該当しなくなるまで負担上限額を引き上げる。

(e) 実費負担の軽減（補足給付）

生活保護，低所得1，2区分の世帯の利用者を対象に，食費や居住費以外の「その他生活費」として一定額が残るように，食費・光熱水費について特定障害者特別給付費の支給という補足給付が行われる（法34条1項）。

補足給付を行う際の尺度として，食費は4万8,000円，光熱水費は1万円の合計5万8,000円を設定している。また，「その他生活費」は2万5,000円とされる。これらについては3年ごとに見直すこととされている。

(3) 応益負担のサービス利用への影響

障害者生活支援システム研究会が，2006年（平成18年）に実施した「障害者自立支援法のサービス利用に関する全国影響調査」によると，負担軽減措置にもかかわらず，ホームヘルプ20.3％，ガイドヘルプ32.2％，行動援護15.6％，ショートステイ24.8％，デイサービス19.7％と，いずれもサービス利用量が減少している。

他方，利用者の負担増については，支援費制度時の3月時点と障害者自立支援法施行後の5月時点との差額が，3,000円未満10.3％，3,000〜5,000円未満21.5％，5,000〜1万円未満12.3％，1万〜2万円未満23.3％，2万〜3万円未満21.5％，3万〜5万円未満8.8％，5万〜10万円未満1.7％，10万円以上0.1％，負担増なし14.4％で，8割以上が負担増となっている[28]。

(4) 軽減措置の問題点[29]

利用者負担の軽減措置は，きめ細かく低所得者に配慮したものといわれているが，非常に複雑であり，障害者のみならず家族や施設職員等も仕組みを理解し活用することが難しいとされている。そのため，市町村などの行政側から支援の仕組み等についての情報提供の徹底周知が不可欠であるとの指摘がなされている。

グループホーム等の個別減免の場合には，一種の資産調査が行われるが，この資産調査に疑問を述べるものがある。

利用者負担上限額では，本人ではなく世帯収入に応じて設定されていることから，実質的に世帯の負担能力が問われることになる点について，介護の

必要等からやむなく家族と同居している障害者にとって扶養義務者への精神的負担が生じるといった指摘がなされている。

また，収入認定に関し，障害者年金の額は生活保護基準よりも低額であるにもかかわらず，これを収入認定に組み入れたことを問題視するものがある[30]。

2 自立支援医療費の利用者負担

医療費に応じて1割負担とし，但し，所得等に応じて月額負担上限額を設けることとしている（法58条3項）。なお，入院時の食費（標準負担相当額）については原則自己負担となる。

また，「一定所得以上」（所得税額30万円以上）で「重度かつ継続」に該当しない者は対象外となる（医療保険の一部負担と同様3割負担）。

図6 自立支援医療の対象者，自己負担の概要

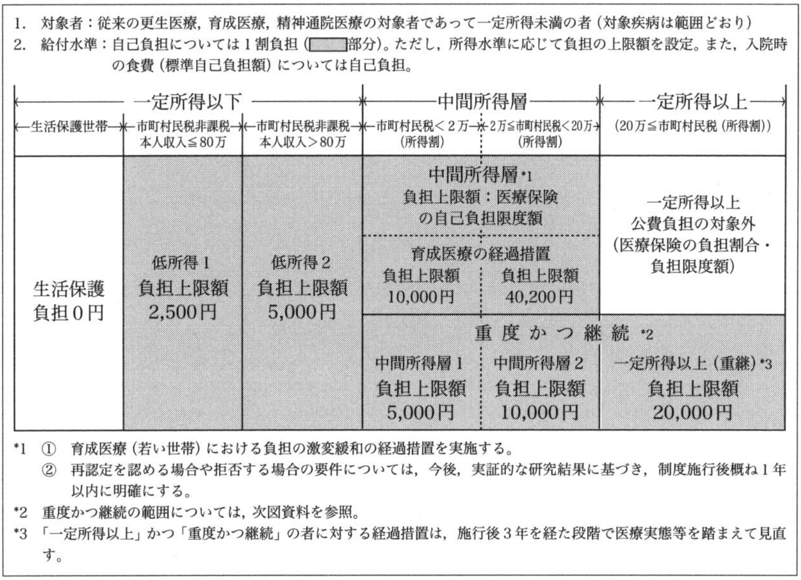

1. 対象者：従来の更生医療，育成医療，精神通院医療の対象者であって一定所得未満の者（対象疾病は範囲どおり）
2. 給付水準：自己負担については1割負担（□部分）。ただし，所得水準に応じて負担の上限額を設定。また，入院時の食費（標準自己負担額）については自己負担。

一定所得以下			中間所得層		一定所得以上
生活保護世帯	市町村民税非課税 本人収入≦80万	市町村民税非課税 本人収入>80万	市町村民税<2万 (所得割)	2万≦市町村民税<20万 (所得割)	(20万≦市町村民税(所得割))
生活保護 負担0円	低所得1 負担上限額 2,500円	低所得2 負担上限額 5,000円	中間所得層*1 負担上限額：医療保険の自己負担限度額		一定所得以上 公費負担の対象外 (医療保険の負担割合・負担限度額)
			育成医療の経過措置 負担上限額 10,000円	負担上限額 40,200円	
			重度かつ継続*2		
			中間所得層1 負担上限額 5,000円	中間所得層2 負担上限額 10,000円	一定所得以上(重継)*3 負担上限額 20,000円

*1 ① 育成医療（若い世帯）における負担の激変緩和の経過措置を実施する。
　② 再認定を認める場合や拒否する場合の要件については，今後，実証的な研究結果に基づき，制度施行後概ね1年以内に明確にする。
*2 重度かつ継続の範囲については，次図資料を参照。
*3 「一定所得以上」かつ「重度かつ継続」の者に対する経過措置は，施行後3年を経た段階で医療実態等を踏まえて見直す。

出典）京極高宣『障害者自立支援法の解説』（全国社会福祉協議会，2005）61頁（厚生労働省資料）。

3 補装具費の利用者負担

補装具費の1割の応益負担とし，所得等に応じて自己負担の月額上限額が

第2章　障害者自立支援法の概要　51

設けられている（法76条2項）。但し，一定所得以上の世帯に属する者は補装具費の支給の対象としないこととされている。

第8 事業及び施設

1 事業者の指定

障害者自立支援法における事業者指定は，多くが介護保険法と同様であり，指定事業者としてふさわしくない事業者を制度から排除する仕組みとなっている[31]。

事業者の指定は，事業者の申請により，①障害福祉サービス，②障害者支援施設，③相談支援事業ごとに都道府県知事が行う。これらの事業については，それぞれ厚生労働省令によって人員，設備，運営基準等が定められている（省令43～45条）。

2 事業体系の再編[32]

(1) 事業体系見直しの視点

事業体系の見直しは，①「地域生活支援」，「就労支援」といった新たな課題に対応するため，自立訓練や就労移行支援等の地域生活への移行に資する機能を強化するための事業を実施すること，②入所期間の長期化など本来の施設の機能と入所施設の実体の乖離を解消するため，サービス体系を機能に着目して再編し，効果的・効率的にサービスが提供できる体系を確立すること，といった視点で行われたとされている。

そして，再編後のサービスは，「居宅における生活の支援」，「日中活動事業」，「居住支援事業」の3つに分類されることになる。

具体的には，「居宅支援事業」としては，①居宅介護，短期入所，児童デイサービス，②重度訪問介護，③行動援護，④重度障害者等包括支援，⑤移動支援が，「日中活動事業」としては，①療養介護，②生活介護，③自立訓練，④就労移行支援，⑤就労継続支援，⑥地域活動支援センターが，「居住支援」としては，①施設入所支援，②共同生活介護（ケアホーム），③共同生活援助（グループホーム），④福祉ホーム，⑤居住サポート事業，が挙げられる。

(2) 従前の制度からの変更点

再編された施設・事業体系と従前の制度との大きな変更点としては，以下

の5点が指摘されている。
① これまで通所授産施設においては一定枠の範囲で相互利用制度が認められていたが，入所型の施設では認められていなかった。これが，すべての事業・施設において一つの施設・事業で異なる障害のある人にサービスを提供できるようになった。
② 日中活動事業（療養介護，生活介護，自立訓練，就労移行支援，就労継続支援，地域活動支援センター）と，居住支援事業（施設入所支援，共同生活介護，共同生活援助，福祉ホーム等）を分離し，日中活動の場と住まいの場をそれぞれ選択できるようになった。
③ 障害者支援施設以外は，第2種社会福祉事業に位置づけられたことから，経営主体が多様化され，NPO法人等でも経営が可能となった。
④ これまで施設訓練等支援等の施設サービスは，月単位の支給決定であり，週ごとや日ごとの選択は想定されていなかったが，これを医療サービスと同様に利用者のニーズに応じて日ごとに違う日中活動の場を選択することが可能となった（サービスの日単位の利用）。
⑤ 複数の事業を組み合わせて実施する多機能型のサービス提供が認められた。

3 基準・報酬

2006年（平成18年）10月から，新しい障害福祉サービス体系の基本となる基準・報酬が導入された。その基本的な考え方として，①三障害共通の報酬単価，基準，②利用者像，障害程度区分，サービス内容に応じた報酬単価，基準，③個別支援の重視，④重度障害者への配慮，⑤複数のサービスを組み合わせた実施，⑥目標の達成度に応じた評価，⑦規制緩和を通じたサービスの提供の拡充，⑧事業者の定員規模に応じた報酬単価，⑨利用実態に応じた支払方式への転換，の9点が示されている[33]。

「個別支援の重視」では，各事業者に対して，サービス管理責任者を配置し，個々の利用者についてアセスメント，個別支援計画の作成，継続的な評価を行い，サービス内容と実施の手順に対して責任を明確にした。

「複数のサービスを組み合わせた実施」では，事業の運営を多機能型にすることによって，利用者のニーズに対応した小規模な形式で複数の事業を一体的に運用できることとした。

「目標の達成度に応じた評価」では，就労支援を積極的に推進するために，就労移行支援事業及び就労継続支援事業において，一般就労等への移行率が高い場合，報酬が加算される。なお，2008年度（平成20年度）からは算定要件が緩和された新たな目標工賃達成加算が導入される。

「利用実態に応じた支払方式への転換」は，月払い方式から利用実績払い（日払い方式）に転換して報酬を支払うことになった。

第9　障害福祉計画

障害者自立支援法では，障害福祉サービス及び相談支援事業，地域生活支援事業の提供体制を整備し，自立支援給付及び地域生活支援事業の円滑な実施を確保するための行動計画を策定することとされている。

まず，国は，基本的な指針を策定し（法87条），この基本指針の中で，サービス量を見込むためのガイドラインを設定している。その上で，この基本指針に即して，市町村は「市町村障害福祉計画」(88条)，都道府県は「都道府県障害福祉計画」(89条) を策定することが義務づけられている。

この計画策定の主たる目的としては，①ニーズに応じた障害福祉サービス，相談支援及び地域生活支援事業等の必要量を的確に見込んで必要な費用を確保すること，②必要量に応じた均衡あるサービス基盤の整備，③計画的な人材の養成（特に，ケアマネジメントの制度化に伴うケアマネージャーの養成），が挙げられている[34]。

障害福祉計画では，障害福祉サービスや相談支援の具体的な必要性が量的に算出されるため，国の障害保健福祉施策に大きな影響をもたらすとされている。したがって，サービスのニーズ把握をどのように実施するかが大きな課題となり，調査方法次第では，利用実態と乖離した基礎データが出てくるおそれがあることから，ニーズを把握し専門家による的確な判断が必要とされる。なお，この点について，行政的には，事業評価を含めて，費用対効果まで検討できるような仕組みとなることが望ましいとする指摘がある[35]。

もっとも，障害福祉計画はあくまで計画にすぎず，計画が達成できなかった場合に市町村等の責任を追及することは困難である[36]。

第10 不服申立て制度

1 審査請求
(1) 市町村の介護給付費等に係る処分に不服がある障害者等は，都道府県知事に対して審査請求をすることができる（法97条1項）[37]。審査請求は時効の中断に関しては，裁判上の請求とみなされるため（法97条2項），審査請求をすれば審査請求に係る請求権の時効が中断する。

審査請求の対象となる処分は，「介護給付費等に係る処分」であり，具体的には，①障害程度区分に関する処分，②支給決定に関する処分，③利用者負担に係る処分がこれに該当する[38]。

審査請求は，原則として，処分があったことを知った日の翌日から起算して60日以内にしなければならない（法101条）。

(2) 審査請求に関しては，①都道府県知事の裁決がでるまでに相当の時間を有しており，簡易迅速な解決手段になっていない，②請求人の手続的権利の保障が不十分である，といった行政不服審査全般に通じる問題点に加え，③応益負担であることから，仮に支給量が増えてサービスが利用できるようになっても，それだけ利用者負担が増大するため，負担増が困難な障害者の場合には請求する実益がないとの問題点が指摘されている[39]。

2 行政訴訟
(1) 支給決定等の処分や審査請求についての裁決に不服がある場合には，その処分の取消しを求めて訴訟を提起することができるが，当該処分についての審査請求の裁決を経る必要がある（法105条）。いわゆる審査請求前置主義を定めたものであるが，行政事件訴訟法8条2項の各号に該当するときは，裁決を経ずに取消訴訟を提起することができる[40]。

この取消訴訟などの行政訴訟では，厚生労働省令による障害程度区分基準の妥当性（一次判定のコンピュータ・プログラムの合理性）も司法審査の対象になるとされる。

(2) もっとも，取消訴訟を提起しても判決が確定するまでは当初の支給決定等の状態が継続しており，必要なサービス利用をできない状態となる。このことから，義務付け訴訟（行政事件訴訟法37条の2）の可能性を検討すべきとの指摘がなされている[41]。

第11　特別対策

1　特別対策の骨子

　障害者自立支援法は，法施行後に種々の諸問題が噴出したことにより，政府・厚生労働省は，2006年（平成18年）12月末に「障害者自立支援対策臨時特例交付金による特別対策事業」（特別対策）の実施を決定した[42]。

　主な内容は，2008年度（平成20年度）まで，①利用者負担の更なる軽減措置，②事業者に対する激変緩和措置，③新法への移行等のための緊急的な経過措置，の3つの柱からなる特別対策を実施するというものである。

　もっとも，この特別対策は，法の枠組みと応益負担の原則は堅持しており，また，2009年（平成21年）3月までの経過措置でしかないという限界を有している[43]。

2　利用者負担の更なる軽減措置[44]

(1)　通所・在宅サービス利用障害者の減免措置

　低所得者（市町村民税非課税世帯）が社会福祉法人の提供するサービスを利用する場合，これまでは利用者負担額が原則の2分の1とされていたが，社会福祉法人に限らずNPO法人を利用する低所得者についても1割負担の上限額を4分の1とした。また，負担軽減を受けられる世帯は，市町村民税非課税世帯だけでなく，市町村民税の所得割16万円未満まで（収入ベースで概ね600万円まで）と拡大された。資産要件についても，従来の350万円から単身の場合は500万円，家族がいる場合は1,000万円まで拡大された。

(2)　入所施設の利用者等に対する減免措置

　入所施設の利用者については，工賃が年間28万8,000円（これを超えた部分の30％を含む）までは，1割負担と食費等の負担がまったくかからないよう，工賃控除を徹底することとされた。また，グループホームについても年間28万8,000円までの工賃控除が導入された。

3　事業者に対する激変緩和措置

　障害者自立支援法では，事業者の報酬は利用実績に応じた日払い方式に変更されたが，法施行後，サービス給付費の伸びは通所サービスにおいてマイ

ナスとなっている。その原因としては，①報酬が日払いとなった結果，利用者が思うように確保できず減収となっていること，②減収が予想されると思い，新体系への移行を躊躇していること等が挙げられている[45]。

そこで，①旧体系において報酬の80％を保障していたが，これを90％となるよう保障機能を強化するともに，旧体系から新体系に移行した場合の激変緩和措置として90％保障を行うこと，②利用者が通所サービスを利用しやすくするため，送迎費用を助成すること，③入所施設の利用者が入院した場合の保障措置を強化すること（従来の8日分を最長3ヵ月まで），といった激変緩和措置が講じられた。

4 新法への移行のための緊急的な経過措置[46]

事業者の新体系への移行が促進されていない現状に対して，直ちに移行できない事業者を経過的に支援するものである。

まず，直ちに移行することが困難な小規模作業所に対して，従前と同水準の定額110万円の補助が実施され，従来のデイサービスや精神障害者地域生活支援センターが移行する2008年度（平成20年度）までの間，経過的に支援が行われる。

また，ケアホームのバリアフリー化や既存の施設が新法に移行する場合の改修，新体系における設備の更新，改修などハード面の支援のほかに，移行のためのコンサルタントの配置や専門家の派遣といった人的支援，重度訪問介護事業の人材確保等を含めた体制確保のための支援，雇用と福祉，教育等との連携強化といったソフト面での支援も行われる。さらに，制度改正に伴う緊急的な支援として，相談支援体制強化のためのスーパーバイザー派遣，制度移行期にかかる事業コスト増に対する助成などが行われる。

第12 障害者自立支援法見直しの動向

1 抜本的見直しに向けた緊急措置

(1) 緊急措置の概要と課題

2007年（平成19年）12月，与党のプロジェクトチームが「障害者自立支援法の抜本的見直し」を報告し，これを受けて，2008年度（平成20年度）予算に「緊急措置」が盛り込まれた。この「緊急措置」は，障害者自立支援法の

抜本的な見直しに向けて，当事者や事業者の置かれている状況を踏まえて，特に必要な事項について緊急措置を講じるもので，その主な内容は，①利用者負担の見直し，②事業者の経営基盤の強化，③グループホーム等の整備促進となっている。

　厚生労働省は，これを契機に，「特別対策」による利用者負担対策は，2009年度（平成21年度）以降も実質的に継続するとしているが，法の基本的枠組みと応益負担の原則は堅持している。また，政府の「抜本的見直し」の際に，応益負担の廃止を含めた抜本的見直しが行われるかどうかについては疑問を呈する見解がある[47]。

　さらには，自立支援医療費について特段の措置を講じていないこと，障害の範囲や障害程度区分について見直しの方向が示されていないこと等を批判する見解もある[48]。

(2)　利用者負担の見直し[49]

　低所得1，2（非課税世帯）の居宅・通所サービスを利用する障害者に係る負担上限額をさらに軽減し，障害者自立支援法施行当初の負担上限額の約8分の1とした。また，成人の障害者については，負担上限額を算定する際の所得段階区分を「個人単位」を基本として見直し，本人と配偶者のみの所得で判断することとした。この結果，父母等の所得が高くても，本人と配偶者の所得が市町村民税の課税基準額に満たない場合は，低所得世帯の負担上限額が適用されることとなった。

　障害児世帯については，「特別対策」による負担軽減の対象となる課税世帯の範囲を，「3人世帯の場合，年収600万円程度まで（市町村民税所得割額16万円未満）」から「年収890万円程度まで（市町村民税所得割額28万円未満）」に拡大することとし，障害児のいる世帯の8割以上が軽減対象となる措置がとられた。さらに，利用者負担上限額についても，年収890万円までの世帯について，負担上限額をさらに軽減し，障害者自立支援法施行当初の利用者負担上限額の最大約8分の1（居宅・通所サービスについて約8分の1，入所サービスについて約4分の1）とすることとした。

(3)　事業者の経営基盤の強化[50]

　「特別対策」による従前収入の90％保障に加えて，①通所サービス「利用率」を見直すことで，単価を約4％引き上げる措置，②通所サービス受け入れ可能人数の拡大措置，③入所サービスの利用者が入院・外泊した際，一定の支

援を実施した場合に，障害福祉サービス費用を支払う措置をさらに拡充する措置がとられる。また，「特別対策」により各都道府県に造成された基金の使途や事業の実施基準を見直すことにより，就労支援を行う事業者への支援や重度障害者への対応，児童デイサービス事業への支援，相談支援事業の拡充などの支援が行われる。

(4)　グループホーム等の整備促進[51]

グループホームなどの施設設備に対する助成として，2008年度（平成20年度）実施で30億円が計上されている。

2　民主党の改正法案

民主党が参議院に提出した「障害者自立支援法及び児童福祉法の一部を改正する法律案」は，障害者福祉の危機的状況に対する緊急避難的措置と位置づけられており，その主な内容は，①応益負担の凍結，②福祉サービスを維持するための必要な支援（財政的支援）の２つである。

このうち事業者財政支援については，施設が日割り制と報酬単価の引下げで急激な収入減となり，職員の人員削減や給与の引下げ，施設閉鎖や新規計画の頓挫，サービス低下などの問題が生じていることから，指定障害福祉サービス事業者等に対して，従来報酬の100％保障と，概ね障害者自立支援法施行前の収入保障を打ち出している。

但し，問題が多いとされている障害程度区分認定が検討事項にとどまっていること，食費・光熱水費の自己負担は利用料以上に負担感が強いにもかかわらず言及がないこと，等の課題も指摘されている[52]。

---

[1]　二段階施行の具体的内容については，障害者福祉研究会編『逐条解説・障害者自立支援法』（中央法規，2007）10頁以下を参照されたい。

[2]　河野正輝ほか編『社会福祉法入門』（有斐閣，第２版，2008）183頁。
　なお，障害者自立支援法の意義として，①三障害共通の基盤整備に向けた法律であること，②介護給付・訓練等給付について国の義務的経費として明確化したこと，③都道府県・市町村において，障害福祉サービスに関する計画（障害福祉計画）の策定が法的に義務化されたこと，を挙げる見解がある。この点につき，京極髙宣『障害者自立支援法の解説』（全国社会福祉協議会，2005）15頁，京極髙宣『障害者自立支援法の課題』（中央法規，2008）12頁参照。

[3]　京極髙宣『障害者自立支援法の解説』（全国社会福祉協議会，2005）41頁。

もっとも，法1条が「その有する能力及び適正に応じ」と規定していることから，日常生活や社会生活全体に「能力と適正」による差別が拡大することを危惧する見解もある。この点につき，井上英夫・高野範城編『実務社会保障法講義』(民事法研究会，2007) 144頁。

4 小西啓文「障害者自立支援法における自立支援」菊池馨実編『自立支援と社会保障』(日本加除出版，2008) 223頁。

5 サービス類型の再編については，「日常生活支援」の性格が濃いものを「介護給付」，「社会生活支援」の性格が濃いものを「地域生活支援事業」に位置づけたともいえるもので，介護保険制度との統合を見据えた場合に，「介護給付」部分がそのまま介護保険給付へ移行できる形となっているとされる。この点につき，津田小百合「介護保険と障害者福祉制度の将来」ジュリスト1327号45頁参照。

6 小西・前掲注(4) 226頁。

7 障害者福祉研究会編・前掲注(1) 46頁。

8 伊藤周平『権利・市場・社会保障—生存権の危機から再構築へ—』(青木書店，2007) 306頁。

9 伊藤・前掲注(8) 300頁。

10 デイサービスについては，児童デイサービスを除いて，地域生活支援事業の地域活動支援，生活介護，就労継続支援など，機能ごとに再編され，デイサービスという名称の事業類型はなくなった。

11 この事業には，A型(雇用型)とB型(非雇用型)の2つのタイプがある。A型は，雇用契約に基づく就労が可能と見込まれる障害者であって，就労移行支援事業で一般企業の雇用に結びつかなかった者，一般企業を離職した者，就労経験のある者等が対象となる。B型は，就労の機会を通じて，生産活動に関する知識や能力向上が期待される者で，就労移行支援事業により一般企業の雇用に結びつかなかった者，一般企業等での就労経験のある者で年齢や体力の面から雇用されることが困難な者，一定の年齢に達している者が対象となる。

障害者自立支援法では，従来の授産所や福祉工場は2011年度(平成23年度)までに，従来よりも一般事業所への就労支援に力を入れる「就労継続支援(A・B型)」，「就労移行支援」事業などに切り替えるよう求められている。A型は一般の従業員を雇うのと同様に障害者と雇用契約を結ぶため最低賃金を保障する必要があり，B型も平均工賃が月額3万円程度を上回ることが必要とされる。この点につき，小西・前掲注(4) 234頁参照。

12 伊藤・前掲注(8) 301頁。

13 具体的には，①個別支援型，②グループ支援型，③車両移送型の利用形態が考えられる。この点につき，坂本洋一『図説・よくわかる障害者自立支援法』(中央法規，第2版，2008) 115頁。

14 京極・前掲注(3) 64頁。

15 伊藤・前掲注(8) 308頁。

16 坂本・前掲注(13) 69頁。

17 坂本・前掲注(13) 111頁。

18 坂本・前掲注(13) 117頁。

19 二次判定では、一次判定の結果を変更できない場合がある。①特記事項及び医師意見書の内容と認定調査の結果が一致し、新たな状況が明らかになっていない場合、②特記事項または医師意見書に記載されていない状況や介護に要する時間とは直接関係しない事項を理由としては、一次判定の結果を変更できない。また、心身の状況以外の状況は、障害程度区分の認定では考慮されない。以上につき、坂本・前掲注 (13) 25頁。
20 伊藤・前掲注 (8) 304頁。
21 その結果、支給量の上限を超えた障害福祉サービスの利用は全額自己負担となるが、これは介護保険の要介護認定による支給限度額の設定と類似した機能を有するとされる。以上につき、伊藤周平「障害者自立支援法の給付と福祉サービス請求権」賃金と社会保障1409号27頁。
22 市町村民所得割額の納税額が46万円以上の世帯が基準として想定されている。この点につき、坂本・前掲注 (13) 121頁。
23 塩見洋介・濱畑芳和『障害者自立支援法活用の手引き―制度の理解と改善のために―』(かもがわ出版、第2版、2006) 84頁。
24 障害者自立支援法で最も問題があると指摘されているのが応益負担である。この点に対する批判は第4章、第3で詳述する。なお、応益負担を擁護する立場は、応益負担制度を前提にしたからこそ自立支援給付が義務的経費となったと説明している。この点につき、京極髙宣『障害者自立支援法の課題』(中央法規、2008) 46頁参照。

ちなみに、EUの15ヵ国のホームヘルプなどの在宅サービスを調査した2002年の報告によれば、利用者負担はないか、あっても所得に応じた応能負担が主流であるとのことである。この点につき、佐藤久夫「『障害者自立支援法』施行の現状と課題」障害者生活支援システム研究会編『どうなるどうする障害者自立支援法』(かもがわ出版、2008) 21頁参照。
25 坂本・前掲注 (13) 132頁。
26 坂本・前掲注 (13) 135頁。
27 2006年 (平成18年) 10月より個別減免措置が見直され、本文のような内容となった。この点につき、坂本・前掲注 (13) 139頁。
28 西村憲次「障害者福祉と応益負担」障害者生活支援システム研究会編『障害者自立支援法と人間らしく生きる権利』(かもがわ出版、2007) 268頁。
29 伊藤周平「障害者福祉の応益負担化と福祉の権利」賃金と社会保障1408号23頁。
30 木全和巳「障害程度区分認定とそのプロセスにおける問題点」障害者生活支援システム研究会編『障害者自立支援法と人間らしく生きる権利』(かもがわ出版、2007) 51頁。
31 京極・前掲注 (3) 72頁。
32 京極・前掲注 (3) 28頁以下、京極・前掲注 (24) 26頁以下。
33 障害者福祉研究会編・前掲注 (1) 465頁、坂本・前掲注 (13) 96頁。
34 京極・前掲注 (3) 91頁、京極・前掲注 (24) 74頁。
35 坂本・前掲注 (13) 125頁。
36 伊藤周平「障害者自立支援法の給付と福祉サービス請求権」賃金と社会保障1419号54頁。但し、計画で定められた必要なサービス量が確保されず、サービスが利用できない状態が悪化したなど何らかの損害が生じたとして、損害賠償を問う形で、間接的にサービス整備

の懈怠責任を問う余地もあるとする。
37 障害福祉サービス事業者や障害者支援施設等は，自ら審査請求人となって不服申立てをすることはできないが，行政不服審査法12条1項の規定により代理人となることは可能であるとされる。この点につき，障害者福祉研究会編・前掲注 (1) 218頁。
38 障害者福祉研究会編・前掲注 (1) 217頁。
39 伊藤周平「支給決定・障害程度区分認定と障害者の権利」賃金と社会保障1439号31頁。
40 もっとも，審査請求前置主義を採用する必要性に疑問を述べる見解もある。この点につき，伊藤・前掲注 (39) 30頁。
41 伊藤・前掲注 (39) 32頁。
42 伊藤周平「高齢者医療制度と障害者自立支援法」賃金と社会保障1455号15頁。
43 伊藤・前掲注 (42) 16頁。
44 京極・前掲注 (24) 57頁，伊藤・前掲注 (42) 15頁。
45 坂本・前掲注 (13) 158頁。
46 坂本・前掲注 (13) 160頁，伊藤・前掲注 (42) 16頁。
47 伊藤周平「障害者自立支援法と権利のゆくえ」賃金と社会保障1463号7頁。
48 佐藤・前掲注 (24) 19頁。
49 京極・前掲注 (24) 61頁，伊藤・前掲注 (47) 6頁。
50 伊藤・前掲注 (47) 6頁。
51 伊藤・前掲注 (47) 7頁。
52 伊藤・前掲注 (47) 8頁。

第3章 障害者自立支援法の政策的問題点

第1 はじめに

　前章で障害者自立支援法の内容を概観したが，以下では，障害者自立支援法の問題点について検討する。そこで，まず，障害者自立支援法が成立する経緯を踏まえた政策的意図とその問題点を論じる。

　支援費制度から障害者自立支援法への成立過程は，以下に述べるところから明らかなとおり，介護保険制度との統合を視野に入れたものであった。しかし，この介護保険統合論は，主として，介護保険制度の財政問題を解決するためのものであり，そこでは障害者福祉についての原理的検討などはまったくなされていない。

　以下では，既に論じたところと若干の重複があるが，障害者自立支援法に至る経緯を介護保険との統合の観点から論じ，障害者自立支援法の成立には政策的に大きな問題があることを明らかにする。

第2 支援費制度の導入に至る経緯

　支援費制度が導入されるまでの経緯は，第1章で述べたところであるが，社会福祉基礎構造改革の流れにあっても，障害者福祉は介護保険等の保険制度とは異なり，公費によるサービス提供を維持する方向が比較的早くから打ち出されていた。

　もっとも，このような税方式によるサービス提供を前提として議論がなされていたものの，政府の社会福祉基礎構造改革の流れからすれば，障害者福祉分野において従前の措置制度を維持することは困難である。実際，介護保険法成立直後から支援費制度が提言されて行くことになる。

　具体的には，1997年（平成9年）12月に介護保険法が成立した後，翌1998

年(平成10年)6月に、中央社会福祉審議会社会福祉構造改革分科会の「中間まとめ」が発表され、措置制度の廃止と契約制度の導入が改革の基調として強調されるようになると、1999年(平成11年)1月には、障害者関係三審議会合同企画分科会の「今後の障害保健福祉施策のあり方について(最終報告)」において、支援費制度の導入が提言された。

同分科会は、「最終報告」に先立って、1997年(平成9年)に「中間報告」を出したが、ここでは日中の活動・仕事、住まい、訓練という三体系施設の提起、重度障害者の通所サービスのためのデイサービスの拡充、介護を中心とした処遇が不可欠な重度知的障害者の入所施設制度の創設などの検討課題を取り上げるとともに、公費によるサービス提供が提言されていた[1]。ところが、「最終報告」では、「中間報告」で提起していた検討課題はほとんど無視され、支援費制度の導入がかなり強引に提言された。その過程において、約半年間にヒアリング等が関係団体に実施されたものの、ほとんど賛成意見がなく、しかも具体的な制度像を明らかにしない状態での提言であった[2]。

その後、2000年(平成12年)6月に社会福祉事業法等改正法が成立し、2003年(平成15年)4月から支援費制度が導入されることになるが、このような支援費制度の導入に至る施策の特徴として、障害者福祉の発展を指向した議論を経ることなく、先発した介護保険制度との整合性をとることを一面的に取り入れたものであるとの指摘がなされている[3]。

第3 支援費制度の評価

1 このような経緯で開始された支援費制度については、サービスの基盤整備や市町村間のサービス格差の是正もなされず、予算増額による財政規模の拡大もなく、措置制度下におけるサービス資源のままで支援費制度が行われたとされており[4]、また、支援費制度の具体的な問題点なども指摘されていた[5]。

しかし他方では、障害者の自立支援のために「障害者本人の自己決定権や本人の意思決定を尊重していくこと」、「権利擁護のためのシステムを構築すること」等を掲げており、こうした点からの新制度の意義や優位性も認められるところである[6]。さらに、支援費制度になってサービスの供給量が厚生労働省の予想を大きく超えて急速に増えたが、この点は、支援費制度がサービ

ス事業者の参入規制の緩和と相まって障害者の潜在的需要を掘り起こした結果ともいえるものである[7]。

したがって，このような支援費制度が有する積極的意義については，今一度再考する必要があるであろう。

2 障害者団体などは，支援費制度の準備や実施状況調査などを行い，支援費制度の問題点を克服する形での制度改善に向けた提言等を行っているが，これらは支援費制度の継続を前提としたものであった。

ところが，制度発足初年度に約130億円もの予算が不足する事態が生じると，厚生労働省は，こうした障害者団体の要請を無視する形で，支援費制度の将来については2005年（平成17年）に大幅な見直しを行うことを表明し，その後，介護保険との統合論が急浮上してくることになる[8]。

第4 支援費制度の介護保険制度への統合論

1 介護保険法改正の動向

介護保険法は2000年（平成12年）4月から施行されたが，その後，介護保険の給付費の伸びが著しく，将来的な介護保険料の大幅引き上げが懸念されるようになった[9]。

ところで，介護保険法附則2条は，法施行後5年（2005年）を目途に，障害者福祉施策や医療保険制度等との整合性などを勘案して，被保険者・受給者の範囲，保険給付の内容・水準，保険料負担のあり方など，制度全般にわたる「必要な見直し等の措置」を行うと規定しており，厚生労働省は，この規定に基づき，2003年（平成15年）5月，制度見直しを審議する専門部会として社会保障審議会介護保険部会を設置し，介護保険制度見直しの検討を進めた。そして，この検討過程で急浮上してきたのが，介護保険の被保険者の範囲を現行の40歳以上から20歳以上に拡大した上で，若年障害者も介護保険の適用対象にしようとする介護保険制度と支援費制度との統合案である。

この案は，被保険者の範囲を拡大し，保険料を支払う「支え手」を増やすことで，介護保険制度の安定を図り，保険料水準を抑制することを主な目的としている[10]。同時に，特定疾病の要件を廃止し，すべての被保険者を要介護状態となった原因を問わず，介護保険の給付が受けられる方式にしようとい

うものである。もっとも，特定疾病要件を廃止しても，20歳から64歳までの障害者発生率は2％弱（精神障害者を除く）との推計があり，大半の被保険者は保険料を払うだけで，給付は受けられない状態に変わりはない[11]。

2　支援費制度の財政問題

一方，支援費制度については，既に述べたとおり，制度実施後，特にホームヘルプサービス利用の急増により，制度開始初年度（2003年度）で約130億円が不足する事態となり財政問題が浮上した。その結果，制度実施わずか1年足らずで，財源を全額税とする支援費制度では安定した財源確保が困難で，保険料収入が見込める介護保険との統合が必要であるとの声が，政府のみならず障害者福祉関係者からも上がり始めた[12]。

3　統合案に対する批判

この統合案については，保険料の事業主負担の増大に反発する経済界，事務手続きや財政面（特に介護保険料の上乗せによる国保料の引上げと国保財政の悪化）の問題をかかえる市町村などから慎重論が噴出した。また，障害者団体などからも，①介護保険料が定額保険料を基本としているため，逆進性が強く，低所得者ほど負担が重くなっているところ，支援費制度が介護保険に統合されれば，若年障害者に対しても保険料負担義務が生じるだけでなく，利用者負担（応益負担）も課されることになり，特に低所得の障害者にとっては大幅な負担増を意味する，②居宅サービスの場合には，介護保険では，要介護度ごとに支給限度額が設定されており，保険給付の上限を超えた部分のサービスは全額自己負担となる，③介護支援専門員の養成のあり方も含めた介護保険ケアマネジメントに障害者ケアマネジメントを組み込むことの技術的な課題等の批判や慎重論が展開された[13]。

4　改正介護保険法の成立

こうしたことから，2004年（平成16年）7月30日，社会保障審議会介護保険部会が発表した「介護保険制度見直しに関する意見」では，被保険者の範囲の拡大については賛否両論の併記となり，その後，政府・与党間でも，この問題について合意の見通しが立たず，結局，2004年（平成16年）12月10日の「『被保険者・受給者の範囲』の拡大に関する意見」では，「被保険者・

受給者の範囲の拡大」が多数意見であったことを明記した上で，その実現については，2006年度（平成18年度）までに結論を出すこととし，被保険者の範囲の拡大とそれに連動する介護保険・支援費制度の統合は先送りされた[14]。もっとも，同意見では，被保険者・受給者の対象年齢を引き下げるとした場合に制度設計上検討すべき事項についても合わせて検討されており，「介護保険の普遍化」という方向性そのものについては，以前よりも明確化されている[15]。

そして，これを受け，給付抑制策を中心に据えた改正介護保険法案がまとめられ，2005年（平成17年）の第162回通常国会に提出され，同年6月に改正介護保険法が成立した。

改正された介護保険法は，被保険者の範囲の拡大が先送りされたことを受け，それまでの要支援・要介護1の軽度認定者の大半を現行の給付から外して，要支援1・2に再編した上で，新たな予防給付に移行させ，給付期間を設定するなどサービス利用を制限すること，介護保険施設における食費・居住費を保険給付から外して入所者の負担とすることなど，増大する給付費の抑制策が主な内容となっている[16]。また，附則2条において，「社会保障に関する制度全般についての一体的な見直しと併せて検討を行い，その結果に基づいて，平成21年度を目途として所要の措置を講ずる」旨の検討規定が設けられている。

第5　障害者自立支援法の成立

1　これに対し，支援費制度に関しては，介護保険との統合の先送りが確定的となった2004年（平成16年）10月に，厚生労働省は，社会保障審議会障害者部会に「今後の障害保健福祉施策について－改革のグランドデザイン（案）」を提示し，2005年（平成17年）には，介護保険法の改正法案と同じ第162回通常国会に障害者自立支援法案が提出され，同年9月21日からの特別国会で10月31日に可決・成立することになる[17]。

これによって，2003年（平成15年）4月から施行された支援費制度は，わずか2年余りで制度が軌道に乗る前に短期間で制度変更がなされることとなり，当事者である障害者及びその家族だけでなく，障害者福祉関係者にも大きな影響を及ぼすこととなった。

このようにして成立した障害者自立支援法による従前の制度の最大の変更点は，障害種別ごとのサービス提供システムの一元化とサービス利用に対する応益負担の導入であり，これは，将来における介護保険との統合に向けた布石であると評価されている[18]。

2　また，この間の改革は，短期間で十分な議論なしに法案がまとめられ，頻繁な法改正や制度改革がなされていく点に特徴があるとされている[19]。
　障害者自立支援法の場合も，厚生労働省の「グランドデザイン」の提起から法案提出までわずか4ヵ月足らずという異例の速さでなされている。従来は，立法に当たっては審議会において議論を尽くし，その意見具申等を踏まえて法案を作成し，審議会に諮問して答申を求めるという手順が踏まれていたが，障害者自立支援法では，中間報告までは審議会が行ったものの，最終報告（グランドデザイン）は厚生労働省自らが行い，その報告に基づいて法案が作成されている[20]。しかも詳細な内容は政令・省令に委ねられているという体裁の法案となっている。そのため，当事者である障害者や家族，現場の福祉労働者の声よりも財政抑制の論理が優先され，給付抑制と負担増が先行するという形の改革であると評されている[21]。
　こうした立法過程における特殊性もあって，障害者自立支援法は施行後間もなく障害者団体等から激しい反発が上がり，数々の激変緩和措置が取られることとなった。

第6　障害者自立支援法の介護保険制度への統合論

1　介護保険制度への統合論の再浮上
(1)　障害者自立支援法によって，障害福祉サービスの支給方式が，支援費制度から自立支援制度へと転換されたことにより，より一層介護保険制度への近接性が高まることになった。そのため，2009年度（平成21年度）の介護保険法の次期改正に向けた改正介護保険法附則2条に基づく見直し議論において，若年障害者への介護保険適用問題，即ち，障害者自立支援制度の介護保険制度への統合問題が再浮上することになる[22]。具体的には，厚生労働省内に，「介護保険制度の被保険者・受給者範囲に関する有識者会議」が設置され，2006年（平成18年）3月から検討が開始された[23]。

(2) 有識者会議は，2007年（平成19年）5月，「中間報告」を出したが，ここでは，実施時期を明記しないまま，「統合案」と「統合はせずに介護保険の被保険者のみ30歳以上に引き下げる案」との両論併記の形になっている。

この中間報告に関しては，一方で，障害者団体からのヒアリングでもすべての団体が統合には慎重な姿勢を示しており，その結果，両論併記になったとして，これによって2009年（平成21年）の統合実現はほぼ不可能となったとの評価がなされている[24]。しかし，他方，有識者会議では，①上記の両論のうち前者の意見が多数であること，②介護保険制度を普遍的なものに発展させることについて共通認識が得られたこと等を挙げて積極的評価をするものもある[25]。

したがって，介護保険との統合問題は今後も繰返し議論がなされる可能性がある。

2 介護保険との統合論の問題点

障害者自立支援法と介護保険との統合問題については，介護保険制度と障害者福祉制度との相違から，以下のような指摘がなされている[26]。

第1に，介護保険への統合は，高齢者の加齢による介護需要に対応するための介護保険の仕組みを障害者にも利用するという構造になることから，要介護認定などの評価基準や給付の種類・方法が身体的な介護のみを対象とすることになる。そのため，介護保険制度ではカバーできないサービス（特に，障害特性に応じて必要となるサービス）については，他の障害者保健制度によって補完しなければならなくなる。

即ち，実際には，高齢者と障害者という属性の違いによって需要は異なるが，介護保険は，障害者に対する幅広い支援サービスの中のごく一部である身体介護に限った部分についてのみ妥当する制度ということになる。

第2に，保険制度という特性上，提供される保険給付は限度額付きの定型的給付となるため，障害者個々人の置かれた状況に応じたサービスの提供は保険対象外となる。その結果，障害者はごく基本的な身体的サービスを受給するためだけに介護保険に組み入れられ，保険料を負担することになる。

障害者自立支援制度の介護保険制度への統合は，あくまで基礎的身体介護保険としての役割しか果たせず，各障害者の特性に合わせた対応が必要とされる障害者福祉制度において，極めて限定的な意義しか持ち得ないところ，

一方では，障害者により一層の負担を課すものであると指摘されている。

　こうしたことから，介護保険統合論は，介護保険の財政問題対策という要請が重視され，あるべき障害者福祉施策という観点からの検討が十分になされていないとされている。そして，すべての国民が障害の有無を問わず，地域に根ざした尊厳ある生活を送ることができるように，すべての国民が「個人として尊重される」（憲法13条前段）ようにするための施策はどうあるべきかという観点からの検討が必要であるとされている[27]。

1　峰島厚「障害者福祉における支援費制度とは何か」賃金と社会保障1337・1338号130頁。
2　伊藤周平『権利・市場・社会保障―生存権の危機から再構築へ―』（青木書店，2007）264頁，峰島・前掲注（1）130頁。
3　峰島・前掲注（1）130頁。
4　伊藤周平『社会福祉のゆくえを読む』（大月書店，2003）118頁。
5　本書第1章，第3参照。
6　植田章・峰島厚『個別支援計画をつくる』（かもがわ出版，2004）4頁。
7　岩村正彦「総論―改革の概観」ジュリスト1327号15頁。
　なお，ここでは，こうしたことから，従前の措置制度が障害者のサービス需要に応えるものでなかったとされている。
8　井上泰司・伊藤周平『疑問あり！介護保険統合論』（かもがわ出版，2004）3頁。
9　伊藤・前掲注（2）262頁。
10　伊藤・前掲注（2）266頁。
11　伊藤周平「障害者福祉改革の動向と福祉の権利」賃金と社会保障1398号7頁。
12　伊藤・前掲注（2）268頁。
13　井上ほか・前掲注（8）98頁。
14　伊藤・前掲注（2）269頁，伊藤・前掲注（11）8頁。
15　津田小百合「介護保険と障害者福祉制度の将来」ジュリスト1327号44頁。
16　伊藤・前掲注（11）8頁。
17　本書第1章，第3参照。
18　津田・前掲注（15）40頁，伊藤・前掲注（2）270頁，伊藤・前掲注（11）10頁。
19　伊藤・前掲注（11）5頁。
20　日本精神保健福祉士協会編『障害者自立支援法―地域生活支援の今後と精神保健福祉士の実践課題―』（へるす出版，2006）16頁。
21　伊藤・前掲注（11）5頁。
22　津田・前掲注（15）43頁。
23　伊藤周平「障害者自立支援法と福祉の権利のゆくえ」賃金と社会保障1463号17頁。
　ここでは，厚生労働省は，介護保険料の高騰を理由に，当初，第4期保険料改定が行われる2009年度（平成21年度）には，介護保険の被保険者・受給者範囲の拡大と，それに伴う

障害者福祉の介護保険への統合を実現しようとする方針であったと説明されている。

[24] 伊藤・前掲注 (23) 17頁。

[25] 京極髙宣『障害者自立支援法の課題』(中央法規, 2008) 85頁。

　なお，同著者は「有識者会議」の座長であったが，ここでは介護保険との「統合」ではなく「介護保険制度の普遍化」という言葉を用い，「統合」と「普遍化」とは異なるとする。「介護保険制度の普遍化」とは，現行制度を「介護を必要とするすべての人が，年齢や要介護となった理由，障害種別の如何等を問わず，公平に介護サービスを利用できるような制度に発展させること」であると定義し，負担・給付の両面の普遍化に着目しながら，介護保険制度という社会保険システムを通して実現しようとするものであるとする。

　また，介護保険制度を普遍化するとしても，これまでどおり上乗せ部分については障害者福祉制度から給付されるものであり，障害者福祉制度の全体を介護保険制度に統合するというものではないとする。

[26] 津田・前掲注 (15) 45頁。

[27] この点について，津田・前掲注 (15) 46頁は，いなかる施策が「個人の尊重」のに合致するかについては，ドイツにおける「客体公式」(人間を国家における単なる客体となすことは人間の尊厳に反するとの公式) を参考とし，障害者の「個」性・主体性を無視し，単なる客体となすような制度構築・運用がなされてはならないとする。

第4章 障害者自立支援法の法的問題点

第1 憲法の要請する障害者福祉制度のあり方
　　　―障害者の人権の視点から―

1　はじめに

　憲法25条は生存権を定め，すべての国民に「健康で文化的な最低限度の生活を営む権利」を保障するとともに（1項），国に「すべての生活部面について，社会福祉，社会保障及び公衆衛生の向上及び増進に努める」義務を課している（2項）。憲法学会では，この生存権の規定を「社会国家」理念の表明とみた上，その裁判規範性の論証を中心に議論を展開してきた[1]。他方，その裁判規範性が試される実務においては，生存権は朝日訴訟，堀木訴訟の最高裁大法廷判決以来（最判昭42・5・24民集21巻5号1043頁，最判昭57・7・7民集36巻7号1235頁），現在まで，広範な立法裁量を認める判例が定着し，不動のようにもみえる。そのためか，現在では，憲法学会も憲法25条をめぐる議論には以前ほど関心は高くないともいわれる[2]。

　しかし，1990年代より「社会福祉基礎構造改革」が提唱され，社会福祉法制は劇的な変化をみた。その中で，憲法学会においても，生存権論を再構築しようとする試みが活発となり，社会保障の根拠を憲法25条に加えて13条に求める見解が有力に主張されている。また憲法25条の議論が公的扶助（生活保護）との関連を中心に進められてきたことを反省し，憲法から社会保障制度全般を基礎づけるようとする見解や，あるいは，憲法25条の裁判規範性をより直截に認める見解なども現れるに至っている。

　以下では，生存権をめぐる判例及び憲法学説を概観し，それらを踏まえて生存権をめぐる訴訟における実務的な課題を検討する。

2 憲法25条による生存権保障

　生存権をめぐっては，憲法制定以来，憲法25条の法的性質論についての議論が活発になされてきた。判例は，戦後いち早く食料管理法違反最高裁判決（最判昭23・9・29刑集2巻10号1235頁）において，25条をプログラム規定と解する見解を採用した。憲法学会では，これを批判する形で，1950年代半ばごろより，25条はそのままでは裁判による実現を要求できないが法律によって内容が具体化すればそれが可能になるとする抽象的権利説が主張され，その後，1960年代からは，同説を発展させて，25条の具体化立法が存在しない場合には国の立法不作為の違憲性を確認する訴訟を提起できるとする具体的権利説が登場した[3]。

　このころ最高裁は，生活保護法の定める生活水準（具体的には日用品費月600円，1956年当時）が争われた朝日訴訟において，傍論ながら，憲法25条1項は，「すべて国民が健康で文化的な最低限度の生活を営み得るように国政を運営すべきことを国の責務として宣言したにとどまり，直接個々の国民に対して具体的権利を賦与したものではない。」としながらも，「ただ，現実の生活条件を無視して著しく低い基準を設定する等憲法及び生活保護法の趣旨・目的に反し，法律によって与えられた限界をこえた場合又は裁量権を濫用した場合には，違法な行為として司法審査の対象となることを免れない。」（最判昭42・5・24民集21巻5号1043頁）と判示した。判例は，極めて限定的ながら，25条の裁判規範性を認め抽象的権利説を採用したといえる。

　他方，実社会では，1964年（昭和39年）までにいわゆる社会福祉6法（生活保護法，児童福祉法，身体障害者福祉法，精神薄弱者福祉法，老人福祉法，母子福祉法）が揃い，1971年（昭和46年）には児童手当法が制定され，社会福祉法制は一応の完成をみた。そのために，憲法学会においては，生存権を具体化する立法がない場合に立法不作為の違憲確認訴訟が提起できるかどうかを主要な争点としていた抽象的権利説と具体的権利説の相違は相対的なものとなり，25条が裁判規範性を持つことを前提にして，いかなる違憲審査基準によって生存権が裁判上保障されるかが主要な課題となっていった[4]。

　かかる課題につき，最高裁は，堀木訴訟判決において，25条の趣旨に答えて，具体的にどのような立法措置を講ずるかは「立法府の広い裁量に委ねられており，それが著しく合理性を欠き明らかに裁量の逸脱・濫用と見ざるを得ないような場合を除き，裁判所が司法審査するに適しない」と判示し（最

第4章　障害者自立支援法の法的問題点　　73

判昭57・7・7民集36巻7号1235頁），広範な立法裁量を肯定し，違憲審査基準については「明白の原則」を採用した。以来，現在までその見解は変わっていない[5]。

　学説においては，「健康で文化的な最低限度の生活」について，特定の時代の特定の社会においては，ある程度客観的に決定できるので，それを下回る厚生労働大臣の基準設定は違憲・違法となるとする見解（絶対的確定説，朝日訴訟第一審判決〔東京地判昭35・10・19行集11巻10号2921頁〕）と[6]，何が健康で文化的な最低限度の生活であるかについて絶対的な基準があるわけではなく，その具体的内容の判断・決定は立法府またはその委任を受けた行政府の裁量に委ねられるとする見解（相対的確定説，判例）とが提唱されている。当然，前者の見解は違憲審査について厳格な基準が採用されるとし，最低限度の生活レベルについては，政策によってその内容を決定できるような裁量権は立法府にも行政府にも与えられていないとする[7]。他方，後者の見解は違憲審査基準は緩やかで足りるとし，25条1項が法令や処分についての裁判規範になり得るとしても，その規範の程度は弱いとする[8]。

　あるいは，25条1項と2項とを分離して解釈し，1項の「健康で文化的な最低限度の生活」を維持するに足るものが何かはそれぞれの時代において一応客観的に決定できるから厳格な司法審査に服するが，2項のすべての生活部面についての社会福祉，社会保障及び公衆衛生の向上及び増進にかかわる事柄（広義の生存権）については明白の原則に服するとの見解も有力に主張されている（二分論）[9]。二分論に対しては，1項と2項の違いは相対的である上，もともと1項においても広い裁量が認められているのだから，2項については法的意味を認めないに等しいなどと厳しい批判があるが[10]，その本来の意図は，国の関与・責任の度合（裁量権の幅）が，その対象となる事柄の緊急ないし深刻の度合との関係で変わらざるを得ないことを明らかにする点にあり[11]，実践の場面では，少なくとも1項が問題となる場面（主として公的扶助）では厳格な司法審査に服すると解釈することができる限りにおいて，一定の評価が可能である。

　もっとも，絶対的確定説も，最低生活の内容について一般的・具体的内容を語っているわけではないことから，それ以上の議論の発展はみられなかった。加えて，判例理論も，堀木訴訟判決の後まったく動揺せず停滞・閉塞状況におかれたことから，憲法学会での生存権に対する関心は薄れていったと

指摘されている[12]。

　この点，近時，生存権の裁判規範性をより強めて，生存権にも表現の自由なみの裁判規範性を認めることが可能であり，さらに「健康で文化的な最低限度の生活」を下回る特定の水準については，生存権を根拠にして，裁判上，金銭給付を求めることが可能であるとする見解なども主張されている[13]。さらには，介護保険法の制定などを受けて，従前，生存権論が公的扶助（生活保護）を中心に議論されてきたことを反省し，25条1項の規範的要請には，公的扶助だけでなく，それ以外の所得保障制度の必要性も射程に入ってくる上，福祉サービス[14]，即ち「独立して日常生活を営むことの不可能な者が，自己のニーズに応じたサービスを，日常生活上最低限必要とされる限りにおいて」実施されるべき要請をも含むとする見解もある[15]。これらの見解は，介護保険法あるいは障害者自立支援法など，障害福祉サービスの実現を障害者と民間事業所との契約に転換する社会福祉基礎構造改革を批判的に検討し得る法理論である。なぜなら，社会福祉基礎構造改革のもとでは，福祉サービスは民間事業者との自由な契約によって購入することになるところ，これらの見解は，そこに障害者の国家に対する「人権」を持ち込むことにより一定の枠をはめることを可能にするからである。その意味でこれらの見解は注目に値するといえる。

3　憲法13条による保障

　1990年代以降の社会福祉基礎構造改革の流れを受けて，社会保障をめぐる法理論を再構築しようとする試みがいくつか行われている。

　その1つが，従来の通説である社会保障の根拠を憲法25条に求める見解を批判し，その根拠を憲法13条におく見解である。この見解は，社会保障の根本目的は「個人的自由」の確保にあり，「個人的自由」とは「個人が人格的に自律した存在として，主体的に自らの生を追求できること」を意味するとして，社会保障の目的は，自律した個人の主体的な生の追求による人格的利益の実現のための条件整備にあるとする考え方である（自由基底的理論）。この見解の理論的基礎は，憲法学において有力に主張された人格的自律権論にある。即ち，人格的自律権論によれば，人権とは，人間の1人ひとりが「自ら生の作者である」ことに本質的価値を認めて，それに必要不可欠な権利・自由を保障したものであり，それを一般的に宣言した規定が憲法13条の幸福

追求権である。そして,「個人の尊重」の原理とは,人格性に通底された個々の具体的人間の自律性を尊重しようとする規範であり,幸福追求権とは,人格的自律の存在として自己を主張し,そのような存在であり続ける上で必要不可欠な権利・自由を包摂する包括的な主観的権利で,同権利は,各種の権利・自由を包摂する包括性を備えていることから(「基幹的な人格的自律権」),自由権も社会権も参政権も,かかる基幹的な人格的自律権に統合されつつ,そこから派生してくるものであるとされる[16]。自由基底的理論は,かような人格的自律権論に立脚し,社会保障の権利の根拠を憲法13条に求める見解である。

自由基底的理論は,従前の生存権理論に対して,①従来の生存権論は,経済面において長期低成長社会を迎え,社会保障の給付削減・負担増大の局面を迎えるなか有効な規範的視座を提供し得ていない,②従来の生存権論は,ともすれば社会保障における法関係を国家から国民に対する一方的な給付関係ととらえるが,このことが社会保障関係の軸におかれるべき個人を「積極的能動的な権利義務主体」というよりは「保護されるべき客体」としてとらえられてきた,③従来の生存権論は財の分配による静的な平等を志向するものであるが,これからは社会保障全体のありようを規律する諸原理として動態的ないしプロセス的視点を加味できる上位規範が必要である,との批判をしている[17]。

自由基底的理論は,社会保障全般の制度を設計する上での根本理念を提供するものであるが,同理論によれば,人格的自律に相応しい社会保障のあり方として次の点が要請される[18]。第1に,国家による障害者への過度の介入をもたらすような制度設計は否定されるべきとする(具体例として,生活保護行政における被保護者の自由を過度に制約し,人間の尊厳を傷つけるような制度運営のあり方を批判する)。第2に,「選択」の原則を挙げる。援助の需要を要する者が自身にとっていかなるサービス供給を求めるかは,生き方の選択の一つの場面であるから主体的な選択の余地がなければならない。また,個人の潜在的な能力の個別性に着目すれば,最低生活ないし基礎的生活のための給付は,個人の生の局面・段階における必要に応じて多様に考えるべきであり,金銭給付のみならず介護等のサービス給付が必要不可欠な場合があり得る。この点,障害者福祉における措置から契約へ(支援費制度),そして障害者自立支援法制定の流れは,障害者を福祉サービス契約ないし請求

の主体と位置づける点では積極的に評価すべき面があるといえるが，選択の余地の前提としてのサービス供給が不足してしまえば，自由の保障の実質がないことになる，と指摘する。第3に，社会保障における「参加」の原則を挙げる。ここにいう「参加」は，単に社会経済活動等への参加が阻害されていることを是正するという意味の参加ではなく，主体的に自律した個人として自己にかかわる決定について関与するという意味の参加である。例えば，不利益処分を課す際の告知聴聞手続の保障にとどまらず，政策立案過程や制度運営における参加をも意味している。第4に，実質的な平等取り扱いの契機も含まれるとする。

　現在，社会福祉を求める権利については，適切な基準を満たしたサービスを請求する権利としてだけでなく，援助の過程で虐待・拘束・プライバシー侵害等を受けない自由権としての側面も重視されている[19]。その意味で，施設で生活するか，自宅で介護を受けて生活するか，グループホームでの生活を選択するのか，あるいは，いま必要な介護は何かなど，障害者自身による選択を重視し，自由で自律的な生き方を尊重することを基本にする視点は極めて重要である。とりわけ，障害者の多くは「健康で文化的な最低限度の生活」を公的支援によって実現している以上，障害者が自律的な個人として遇されない可能性の有無について常に警戒し，障害者の「自由」，「自己決定」を尊重する考え方は，基本的に正しい方向性にあると思える[20]。そもそも，生存権を含む社会権が成立してきた歴史的背景には，国家による個人の自由への不介入という形での人権（自由権）保障形態が，市場原理に基づく自由競争社会の中ではかえってその本来の目的である「個人の尊厳」や「個人の平等」を損なう結果になり，それらの実質的保障のためには福祉国家の要請が不可欠であるという認識が存在していた。自由基底的理論の指摘するように，社会権保障の根底には，まず，個人の自由（人格的自律権）の保障の理念が存在するという観点から，憲法に適合する社会保障・障害者福祉のあり方を考えることは有益である。

　もっとも，自由基底的理論は，現在の政策状況のもとでは一種の危うさを持つ。現在，強力に進められている社会福祉基礎構造改革と親和性を持つ理論だからである。つまり，現在の社会福祉基礎構造改革では，ほとんどすべての社会福祉サービスの利用関係を私法的契約関係に転換していくことが志向されている。そこでは，障害者は自立（自律）して合理的に判断できる権利

主体として構想され，障害者は，商品としての福祉サービスの購入者＝消費者としての権利主体性を持つにすぎず，国に対する福祉サービス請求権を有するという意味での社会保障法に特有の権利主体性の側面は弱められている。自由基底的理論のように社会保障の理念に「個人の自由の確保」を置くことは，ここで目指されている障害者を事業者と対等・平等な権利主体として位置づけ直すことについて理論的根拠を与えるものである[21]。そこにおいては，自律・自立を強調するあまり，過度に自己責任が追及される危険があるといえよう。

先に指摘したように，自由基底的理論は，人格的自律権論から，国家による障害者の生活への過度の介入の否定，障害者の「選択」の自由の保障，社会保障における手続への「参加」，平等な取り扱いなどの諸原則を導く。しかしながら，自由基底的理論の登場を待つまでもなく，これらの諸原則は既に社会保障の権利として従前から指摘されてきたものも多い[22]。したがって，自由基底的理論の指摘する個人の自由の契機は確かに重要ではあるが，それのみを社会保障の根本目的とするのではなく，むしろ生存権に内在する根本的な価値として位置づけを与えた上で，生存権の内容を豊富化させる議論として構成する方法も指摘されている[23]。

4 「人間の尊厳」の原理による保障

前述した自由基底的理論を支持する見解から，社会保障の権利を基礎づける理念として，人格的自律権論に加えて「人間の尊厳」の原理も加えるべきことが指摘されている。これは，人格的自律権を全うするために社会権があるとすると，個人が自己に関する事柄についてコントロールできる能力及び条件を欠いているとき（即ち人格的自律を欠くとき）に社会権を基礎づけることが困難になるのではないかとの疑問から，個人が人格的自律を欠いていても「人間の尊厳」は保障されるべきであるという点から社会権を基礎づける見解である[24]。

障害者法制を考える場合，その権利主体が，何らかの事情により，意思能力がなかったり判断能力が十分でなかったりして，当該個人が人格的に自律的な状態でないことは当然想定しておかねばならない。そのような事態であっても，当該個人の「尊厳」が保障されるべきことは疑問の余地がない。上記見解は，ここから端的に障害者の社会保障の権利が基礎づけられるとする

のである。意思能力がない，あるいは，判断能力が十分でない障害者に対し，その人の「尊厳」を保障するということは，当該個人自身が主体的にどう生きていくかという問題ではなく（即ち人格的自律の問題ではなく），他者である私たちが，当該障害者をどう尊厳ある者として遇するかという私たちの振る舞いの問題である。だからこそ，個々人が当然に有している「尊厳」それ自体を尊重し，そのことに規範性を持たせ，そこから社会保障の権利を基礎づける発想は，極めて重要であると思われる。

5　平等原則による保障[25]

憲法14条による平等原則は，社会保障・障害者福祉においても尊重されるべき基本的な理念である。

通説は，法の下の平等とは，各人の性別，能力，年齢，財産，職業または人と人との特別な関係などの種々の事実的・実質的差異を前提として，法の与える特権の面でも法の課する義務の面でも，同一の事情と条件のもとでは均等に取り扱うことを意味するとする。「平等」とは絶対的・機械的平等ではなく相対的平等と解されるのは，その趣旨である。したがって，恣意的差別は許されないが，法上取り扱いに差異が設けられる事項と，事実的・実質的な差異との関係が社会通念からみて合理的なものである限り，その差別的取り扱いは平等違反ではない[26]。判例も，憲法14条1項にいう平等の要請は，「……事柄の性質に即応した合理的な根拠に基づくものでない限り，差別的な取り扱いを禁止する趣旨と解すべきこと」とし，合理的なものである限り差別は許容されるとする（いわゆる尊属殺重罰規定に対する違憲判決，最判昭48・4・4刑集27巻3号265号など）。

しかし，このような通説・判例に対しては，差別の有無の判断基準を「合理性」に依拠する点で，結局，この「合理性」それ自体の判断の基準がさらに問題となり，確たる判断基準の設定が困難であるとの批判がある。

この点，先に指摘した人格的自律権論は，憲法14条は「個人の尊厳」の理念と結びつき「人格の平等」をも要請していると指摘する。「人格の平等」とは，個人は尊厳を持った存在として等しく扱われるべきであるという要請であり，その要請は，国政のあらゆる場面において貫徹されなければならない客観的原理であり，そのような原理にかかわる一定のものは主観的権利（平等権）として保障されるという。そして，これを違憲審査基準の場面におい

ても敷衍し,「人格の価値」の平等を否定するような差別については,平等権を侵害するものとして,直ちに違憲になると説く。さらに,仮にある差別的法律が「人格価値」の平等に違反しないとしても,①当該差別的法律が14条1項後段の「人種,信条,性別,社会的身分又は門地」に基づく差別的取り扱いをするものである場合には,やむにやまざる政府利益達成のために,その別異の扱いが必要不可欠なものであるか否かが厳格に問われ(「厳格な審査」テスト),②基本的人権の重大な制限を伴う場合や,生まれに着目して不利益が法定され社会的差別と結びつくような場合には,法律の目的を厳格に解し,あるいは,手段が実質的相当性を有するか否かが厳格に問われる必要がある(「厳格な合理性」のテスト)とする[27]。障害者を差別するような法律は「人格価値」の平等を否定するものと考えられるし,社会保障が平等に与えられないような場合には「基本的人権の重大な制限」として厳格な司法審査に服すると考えるべきである。

　障害者に対する差別が問題なった判例において参考になるのは,障害福祉年金と児童扶養手当の併給禁止について,憲法25条,13条,14条違反が問われた堀木訴訟である(最判昭57・7・7民集36巻7号1235頁)。この判例は,憲法25条についての判断枠組みは朝日訴訟を踏襲しつつ,「本件併給調整条項が上告人のような地位にある者に対してその受給する障害福祉年金と児童扶養手当との併給を禁止したことが憲法14条及び13条に違反するかどうかについてみるのに,憲法25条の規定の要請に応えて制定された法令において,受給者の範囲,支給要件,支給金額等につき何ら合理的理由のない不当な差別的取扱いをしたり,あるいは個人の尊厳を毀損するような内容の定めを設けているときは,別に所論指摘の憲法14条及び13条違反の問題を生じ得ることは否定し得ないところである」として,併給禁止規定は憲法14条に抵触するおそれがあること,同条に違反するか否かは「合理性」テストによって判断されることを指摘した上で,「とりわけ身体障害者,母子に対する諸施策及び生活保護制度の存在などに照らして総合的に判断すると,右差別が何ら合理的理由のない不当なものであるとはいえない」と判示して原告の請求を棄却した。しかし,本事案は,生存権という重大な人権の制限を伴う差別であるから,「厳格な合理性のテスト」により違憲を導くことも可能であったのではないかと思われる[28]。

6　生存権の実現と実務的課題

　以上，学説の状況を簡単に整理してみたが，これら学問上の到達点を踏まえ，裁判実務において生存権の主張を展開する場合には，いかなる方法が可能で，またどのような点に注意すべきであろうか。

(1)　第1に指摘できることは，実務的には，上記諸見解は，それぞれ社会保障の権利を基礎づける考え方として両立的に主張できると思われることである。学説上はそれらの見解が両立するものなのか否かが問題になるであろうが，実務的レベルでは，それら諸見解は相矛盾する要素はないものとして主張することに，何らの問題もないと思われる。

(2)　第2に，先にも指摘したように憲法25条についての判例が閉塞状態にあることに鑑みると，憲法13条に規範的根拠を置く見解は実定法的根拠もある理論であるだけに最も使いやすいのではないかと思われる。「人格的自律権」という概念は，判例上認められていない上にやや学術的すぎる言い回しと思えるが，自由基底的理論の論者は，「自律した個人の主体的な生の追求による人格的利益の実現」とは第一義的には「自己決定の尊重」を指すと指摘しているから[29]，「人格的自律権」という概念を「自己決定権」に置き換えて主張するのが実務的には便宜であろう。つまり，生存権の実現とは，自己決定権の実現をもその重要な要素としているのであり，自己決定権の尊重こそが生存権の実現であるという論理構成である。

　自己決定権そのものについて，憲法上の権利として認めた裁判例はいまだ出されていないが，「自己決定権」が法的保護に値する利益であることは判例においても広く承認されている。自己決定権にかかわる有名な最高裁判決として，エホバの証人輸血拒否事件がある（最判平12・2・29民集54巻2号582頁）。これは，宗教上の信念からいかなる場合にも輸血を受けることは拒否するとの固い意思を有している患者に対し，医師が他に救命手段がない事態に至った場合には輸血するとの方針を採っていることを説明しないで手術を施行して輸血をした場合において，医師の不法行為責任が認められるとした判例である。また，この事案に関連するが，医療行為の場面において，インフォームド・コンセント原則違反は，やはり自己決定権を侵害するものとして違法になるとの判例法理も広く承認されている。

　ある事柄に関する「自己決定」が法的に保護されるか否かは，当然ながら，何に関する自己決定が問題になっているかによる。人格的自律権説は，「人格

的自律の存在として自己を主張し，そのような存在としてあり続ける上で必要不可欠な利益」が憲法13条によって保障されていると説き，生存権などの社会的権利も当然これに含まれる権利であるとしている[30]。障害者福祉についていえば，障害者の人格的自律に必要不可欠な権利として，社会権の存在が位置づけられることになる。さらに，公的扶助（生活保護）だけでなく障害者年金や福祉サービスを求める権利も憲法25条1項で保障されていると解する立場からは，障害者年金を求める権利や福祉サービス請求権は，障害者の人格的自律に必要不可欠な権利として憲法上の根拠を持つことになろう。もっとも，こういってみたところで，何が人格的自律に必要不可欠な障害福祉サービスかが問題になるのであり，それは「健康で文化的な最低限度の生活」を保障する限度で認められていると解することになろうが，福祉サービスを求める権利が憲法上の実定法的根拠を持つ権利であることを論証するための1つのロジックとして参考になると思われる。

(3)　第3に，憲法13条を1つの根拠とし自己決定権の実現として福祉サービスを求めていく場合に，それを求める相手方はあくまで国（地方公共団体）であることを注意的に確認しておく。先に，自由基底的理論は，介護保険法，障害者自立支援法など，障害福祉サービスを障害者と事業者との私的契約によって実現し，その一部の費用負担を国費で行うとする制度に親和的であると述べた。しかし，かかる制度のもとにおいても，ここでいうところの「人権」としての自己決定権の名宛人があくまで国家である点は，強調してもしすぎることはない。確かに，現行法では，ほとんどの障害福祉サービスは，第一次的には民間事業者に求めるものになっているが，それは「私法上の権利」として求めているにすぎない。これに対し，社会保障の権利としての福祉サービス請求権は，国家に対しその実現を求める権利として構成されなければならない。したがって，例えば近隣に利用可能な福祉サービスを求める事業者がない場合には，そこにおける福祉サービス請求権は，国家に対しサービス基盤整備を求めていく内実を持つことになると構成されなければならない。あるいは，自己のニーズに合わせて福祉サービスを求めても，国家がサービスに上限を課している場合などには，実現すべきニーズに応じた社会保障が認められず自己決定権が侵害されているとして法的に構成すべきものである。

これらの点は，社会保障の権利が「人権」であるとする立場からすれば，理

論的帰結としては当然のことではあるが，介護保険法や障害者自立支援法においては，第一次的な福祉サービスを求める相手方は民間事業者となっており公的責任は従前よりも後退していると評価されることから，極めて重要な問題である。後に詳しく検討するが，例えば障害者自立支援法では，国や地方公共団体には，障害福祉計画などを立案することが義務づけられているものの，サービス基盤の整備について責任を負うことは，条文上，まったく触れられていない。措置の時代には，曲がりなりにも国が社会保障を提供する措置の義務者であったことから，法的に国に対し社会保障の基盤整備を求めることは可能であったのであるが，障害者自立支援法においては，国に対しサービス基盤の整備を求める根拠規定は直接には見当たらないのである。しかし，先に検討したように，社会保障の権利を実現する責任は最終的には国にある。社会保障の基礎理念からすれば，条文上は公的責任が後退しているようにみえても，サービス基盤整備を国が怠っているような場合には，障害者が国に対し現物給付なりあるいは金銭給付なりを求めていくことが可能になるような法理論の確立が必要となる。実務家には，そのような法理論の確立に向けて不断の努力をすることが求められているといえよう。

　この点に関連するが，憲法学会では，基本権保護義務や基本権の客観法的保障（客観法的側面）といった議論がなされている[31]。国家には，憲法上，基本権保護義務があるとするもので，ドイツの連邦憲法裁判所では，こうした基本権保護義務を具体化した立法を統制する基準として「過少保護禁止原則」を認めている[32]。この基本権保護義論については，わが国の憲法学会では，いまだ消極的評価が多いようであるが，こうした国家の基本権保護義務が承認されるならば，国家の規制権限の不行使，立法行為または立法不作為等について，国家賠償または取消訴訟の救済法的機能の拡充に憲法上の裏づけを提供する役割が期待できると指摘されており[33]，今後の議論の展開が注目される。

第2　福祉サービス請求権の法的意義と障害者自立支援法[34]

　障害者自立支援法の法的問題点を論じる前提として，まず「福祉サービス請求権」について，一般の実務家はなじみがないと思われるので，社会福祉法学における議論を簡単に整理しておく。次に，障害者自立支援法に規定さ

れた福祉サービス請求権の内容について簡単に触れる。

1 福祉サービス請求権の法的意義
(1) 社会保障の権利（福祉の権利）

憲法25条2項には，「国は，すべての生活部面について，社会福祉，社会保障及び公衆衛生の向上及び増進に努めなければならない」と規定されており，それに基づき，日本には「社会保障」[35]につき整備された法体系がある。世界人権宣言22条は，より直截に「すべての人は，社会の一員として，社会保障を受ける権利」を有すると規定している。社会保障は，公的扶助（生活保護），社会保険，社会福祉，公衆衛生，老人保健の各制度からなるが，本稿での課題である障害者自立支援法は，このうち社会福祉の分野の法律と位置づけられる。

社会保障の権利とは，憲法25条に定めた生存権を具体化したものであり，福祉の権利とは，社会保障のうち社会福祉の問題に限った権利の総称である。具体的には，福祉の権利とは，権利主体からみれば障害者・高齢者・児童など生活障害をもつ人々の権利であり，権利内容からみれば福祉サービスを請求する実体的権利，手続的権利及び救済争訟の権利を中心として，これに関連する諸権利を指す[36]。

社会保障の権利については，立ち入った検討があまりされてこなかったとも指摘されている[37]。確かに，憲法学会では憲法25条1項の議論は主として公的扶助（生活保護）をめぐってなされてきた経緯がある。しかし，社会保障法学会では議論の蓄積があり，その概念については既に1964年（昭和39年）に小川政亮が考察を加えており[38]，社会保障の権利を，生存権の保障に必要にして十分な社会保障立法の定立とその運用のために必要かつ十分な行財政措置を講ずることを国に対し要求する権利と，現実に定立される社会保障立法によって具体的に一定内容の給付を請求し得る権利とに区分し，前者を憲法的な基本的人権そのものと位置づけた。最近では，例えば，竹中勲は，「老人福祉法は憲法25条の抽象的権利を具体的権利とする立法と捉えることができ，その点で入所者は法律・省令などに具体化されたサービスを請求する権利を有すると解すべきである」と指摘し，河野正輝は，今日では，生活保護のほかに，傷害，分娩，老齢，廃疾，死亡などの生活事故の性格に応じて，社会保険，社会扶助，公的社会福祉等の保障方法による給付が形成され全体と

して最低生活の保障がなされているのであって，生活保護のみが最低生活保障の目的と機能を持つとみることはできないとし，「福祉サービス請求権」の概念を認めている。また，前田雅子は，独立して日常生活を営むことの不可能な要介護者の日常生活の世話ないしサービスを受ける権利は，憲法25条1項の極小部分の具体化として保障されているとしている。その他，同方向の見解は多数にのぼる[39]。

障害者自立支援法に定められた各種権利は，この「福祉の権利」のひとつである。では，そもそも福祉の権利とは，いかなる内容を持つ権利なのであろうか。

(2) 憲法の要請する福祉の権利の内容

憲法25条1項は「健康で文化的な最低限度の生活」を保障しているが，この水準については，国民生活のあらゆる場面において維持されることが要求されるものであり，公的扶助（生活保護）の分野だけでなく社会福祉の分野においてもこの水準の生活が維持されなければならないことは当然と解される。この点は，従来は25条2項の問題と理解されてきたようであるが，同条1項の権利として保障されていると解すべきである[40]。よって，社会福祉の分野においても，この25条1項の保障する生活水準は維持される必要があり，社会保障法を解釈する際の指針となるものである。

生活保護などでは，金銭給付が確保されれば，それにより上記の水準の生活をすることが可能であると思われるが，社会福祉の分野においては，金銭が仮に交付されたとしても，具体的に必要な福祉サービスが受けられなければ最低限度の生活を受けられないことになる。サービス事業者が不足する現状からすれば，国家は，単に金銭的だけでなく，具体的なサービスについても保障していると解する必要がある（もっとも，具体的な立法がないままで国家に対して直接に福祉サービスの提供を請求できると解されるかについては検討が必要である）。また，憲法13条は個人の尊厳を規定しているのであり，障害者にも，個人の尊厳を保つに相応しい生活が保障されるべきである。よって，援助過程においても要援助者の尊厳は尊重されなければならない。また，憲法13条によって保障されると解されている自己決定権や，同条，同31条によって保障されると解される適正手続を受ける権利，同32条で保障された裁判を受ける権利などからすれば，福祉の権利が実現される手続について，参加したり，不服を申し立てる権利，裁判を受ける権利などが保障さ

れなければならない。

　その意味で，今日では，福祉の権利とは，一般に，単に社会保障給付の受給権だけでなく，処遇過程での権利，さらには手続的権利，救済・争訟権，社会保障の管理・運営への参加の権利なども含む複合的なものとして理解されている[41]。

(3)　権利の主体

　そして，このような福祉の権利を主張し得る権利の主体について何ら制限はないのであるから，健康で文化的な最低限度の生活を維持するために福祉サービス等の利用を必要とする人がその主体である。また，その社会保障の権利に対応し，その提供義務を最終的に負うのは，憲法25条2項が国の社会福祉の増進の責務を定めていることからすれば，国であるというべきである。

(4)　福祉サービス請求権の内容

　先に述べたように，福祉の権利の内容としては，社会保障給付の受給権（福祉サービス請求権とも呼ばれる），手続的権利，救済・争訟権，社会保障の管理・運営への参加の権利などが挙げられる。これら4つの権利は，さらにそれぞれ色々な権利・要素を含むが[42]，以下では，障害者自立支援法を検討するにあたり，重要と思われる福祉の権利の具体的内容について触れておく[43]。

　まず第1の具体的権利は，福祉サービス受給権を含む福祉給付請求権である。これは支援や援助を請求する実体的権利である。具体的な程度は，憲法25条が「健康で文化的な最低限度の生活」を保障していることから，この生活水準を維持する程度でなければならない。

　第2は，援助過程（処遇過程）の権利である。これは，要援助者はサービス提供者に対して従属的な立場となりやすいが，その従属性を緩和し，要援助者が人格的尊厳を維持するための権利である。援助過程においてプライバシーが尊重されることを要求するプライバシー権など，主として自由権的権利や，援助に対して意見を述べる権利などがこれにあたる。

　第3は，費用負担における免除権である[44]。これは負担能力を超える負担を課されず減免を受ける権利である。福祉サービスを受けるために仮に過大な負担が要求されることになれば，要援助者はその経済的な理由から福祉サービスを受けることを諦めざるを得ず，必要な給付を受けることができな

くなりかねない。このため，要援助者が，経済的な要因に左右されず必要な援助を受ける権利は不可欠である。

第4は，権利利益の侵害に対する救済・争訟の権利である。これは権利利益の侵害があった場合に救済を求める権利である。権利侵害があった場合や，十分な福祉サービス給付をなさないとの決定があった場合などには，福祉給付請求権を確保するために救済を求めることができることが必要であり，福祉給付請求権を実質化するためには不可欠の権利である。

2　措置制度における福祉サービス請求権

障害者自立支援法における福祉サービス請求権の内容を整理する前に，以前の措置制度において，福祉サービス請求権がどのように位置づけられていたかをみておく。

措置制度のもとでは，そもそも福祉給付請求権として，要援助者が措置権者である市町村に対して具体的な福祉サービスを請求する権利があるか否かという問題が存在していた。この点についての行政解釈は具体的な請求権はないというものであり，訴訟においても，老人ホームの個室への入所を求めた訴訟で「老人ホームにおいて養護されることは，老人に与えられた権利ではなく」，「反射的利益にすぎない」との判断がなされていた（東京高判平4・11・30判例集未登載）。このように措置制度のもとにおいては，要援助者の市町村に対する福祉サービス請求権は否定され，要援助者の受ける福祉サービスは反射的利益にすぎないとされていた。

もっとも，実際はサービス提供についても要援助者や保護者からの申し込みによるものが多く，申請によって措置がなされるという実態であったことから，実質的には福祉サービス請求権が認められ，職権による措置と申請による措置とが併存していると解することのできる状態であった。

このように福祉サービス請求権があると解し得るとしても，福祉サービスの提供自体が不足していたため，必ずしもすべての要援助者に対して具体的なサービスが提供できていたわけではない。しかし，行政が措置決定を通じて，緊急性・必要性の高い者に優先的にサービスを提供するようにしていたため，このサービスを適切に分配するということが事実上行われていたということができる状況であった[45]。

3 障害者自立支援法と福祉サービス請求権

次いで，障害者自立支援法において，福祉サービス請求権は，いかなる内容を持つものとして規定されているかを簡単に検討する。

(1) 障害者自立支援法の構造

障害者自立支援法によるサービスを受けようとする者は，障害者または保護者において申請をなす必要がある（法20条1項）。市町村は，障害程度区分の認定をした後（法21条1項），障害程度区分，当該申請に係る障害者等の介護を行う者の状況，障害福祉サービスの利用に関する意向その他厚生労働省令で定める事項を勘案して，介護給付等の支給の要否を決定する（法22条1項）。このような障害程度区分の認定と給付の支給決定において決定されるのは，給付資格の認定であり，この認定がなされたからといって要援助者に対する具体的なサービスまでが決定されるわけではない。利用する具体的なサービスについては，要援助者が事業者と契約することにより自ら決定することになる。

このように障害者自立支援法のもとでは，障害者が有する福祉サービス請求権は，あくまで事業者とのサービス利用契約に基づく事業者に対するサービス請求権にすぎない。障害者には，市町村に対して福祉サービス自体を請求する権利はなく，請求できるのは事業者から福祉サービス等を購入する費用の助成・費用償還請求のみである。具体的には，指定事業者からサービスを受けた場合に，そのサービス費用の9割について市町村が支給するのであり，その具体的な支給は，要援助者の有する費用償還給付を事業者が代理受領するという形式となっており，利用者としては本来のサービス費用の1割を支払うことによってサービスを受けたかのように思われるシステムとなっているのである。

このように，要援助者が有している権利は，市町村に対して直接サービスを請求する権利ではなく費用償還給付請求権を有するにとどまる。つまり，障害者自立支援法においては，障害者による自立支援給付等の市町村（国家）に対する給付請求権と福祉サービス請求権は明確に区分され，後者が現実化してはじめて前者が現実化するという関係に立たされることになる[46]。措置制度においては，多くの場合は市町村に対する請求により措置がなされていたのであるから，市町村に対して直接的なサービス請求権があると解する余地があったが，障害者自立支援法のもとでは，具体的な福祉サービス請求権

は事業者との契約により生じるのであるから，直接的に市町村に対して福祉サービス請求権を有していると解することは困難であると考えられる[47]。

(2) 憲法からみた障害者自立支援法

このように，障害者自立支援法に定められた福祉サービス請求権は，単に費用償還請求権にすぎないなどその構造には根本的疑問がある。この法律を先に検討した憲法の理念により適合的に運用するには，次のように解釈されなければならないであろう。

第1に，障害者が自らのニーズに見合うサービスを主体的に選択できる制度として解釈・運用されなければならない。憲法25条1項は障害者にも健康で文化的な最低限度の生活を保障しているし，13条は障害者の人格的自律に必要不可欠なサービス提供を障害者の自己決定権の要請として義務づけている。したがって，障害程度区分制度は，これら障害者の憲法上の権利を満たすよう解釈され運用されなければならない。

第2に，障害者が自らの選択に従いニーズに見合うサービスを受けたとしても，それに対し過大な費用負担を求めることがあってはならない。過大な費用負担を求めることは事実上福祉サービスの利用を妨害するものであり，憲法13条，25条の理念に反する。

第3に，第1の要請を満たすため，福祉サービス基盤の整備が国家の責任において進められなければならない。障害者自立支援法の構造上，直接に福祉サービスを提供するのは事業者である。しかし，第1の要請を満たし，障害者が自らのニーズに合った必要なサービスを「選択」できるようにするには，サービス基盤の整備が十分に進み，障害者のニーズに即したサービスを手近に利用できることが大前提となる。

この関連で，障害者自立支援法のもとで，市町村が福祉サービス事業者の整備をする義務まで負っているかが問題となる（後出101頁以下も参照）。無論，条文上，国や自治体がサービス基盤整備の責任を負っていると解される制度はない。しかし，手がかりとなる規定としては，市町村及び都道府県が障害福祉計画を定めなければならないとする規定がある（法88条，89条）。学説の中には，この規定を手がかりに，国・自治体は，福祉サービス提供につき制度の企画・立案や運営・管理の役割をはじめ一定の公的責任を負うとの見解や，十分にサービス供給体制の整備が進まない場合には，自治体に直接サービス提供義務が，国にも基盤整備に向けての財政責任があるとの見解

もある。これらの法解釈を頼りに、障害福祉計画にしたがったサービス提供体制が整備されず必要なサービスを受けられなかったとして、障害者が市町村に損害賠償請求することも理論的には考えられるところではある。このような解釈には確かに困難もあるが[48]、現行制度のもとでは、サービス基盤整備が進むことはなく、障害の権利が全うされることはないのであるから、憲法の理念にしたがった法解釈・運動が進められるべきである。

第3　障害者自立支援法の法的問題点と憲法[49]

障害者自立支援法の問題点については、既に非常に多角的な観点からの批判がなされているが、本稿では特に法的な観点から問題提起をすることにした。検討すべき論点は多岐にわたるが、以下では、応益負担制度、障害程度区分認定制度、障害者自立支援法が事業運営に与えた影響、福祉サービスの基盤整備の問題について検討を加えることとする。

1　応益負担制度とその問題点

(1)　応益負担制度の種々の問題点

応益負担制度の問題は非常に多方面からの批判にさらされているが、その問題性はおよそ次のように要約できる[50]。

第1点目は、応益負担制度においては、同じサービスを利用した場合、所得の多寡にかかわらず同額の利用料が徴収されるため、所得の低い人にとってはより負担が大きくなるという点である。さらに、障害が重い人ほど必要なサービスの量は多くなるので、障害の重い人ほど負担がより大きくなる。このような制度は「反」福祉的制度といわざるを得ない。本来、社会保障・社会福祉は現代社会が生み出す所得格差・サービス利用の格差を是正・解消するためにあるのに、応益負担制度は、サービスの利用料が本人（世帯）の支払い能力によって決まる点で、サービス利用の階層化を障害者福祉の分野に持ち込む結果となる[51]。応益負担制度が「もはや福祉とはいえない」といわれる所以である。

第2点目は、障害者自立支援法は、福祉サービスを利用することを「受益」、「私益」ととらえ、その利用に対して対価を課している点である。本来、障害者福祉法制は、障害を持つ者も持たない者も等しく社会的に自立して当たり

前の生活を送るスタートラインに立つための前提条件を整備するための法制でなければならない。障害者にとって，当たり前の生活や社会参加は，障害福祉サービスによる社会的支援を受けることによってはじめて成り立つものであり，それらは「受益」でも「私益」でもない。ハンディキャップを有する障害者は，福祉サービスを利用することによって「健康で文化的な最低限度の生活」が保障されるのであり，それを受益ととらえて「受益者負担」を求めるのは憲法25条の理念に反するものである。

第3点目は，このような「受益者負担」の意味するところは，「障害者の自己責任論」であって，障害者に対する「差別」に他ならない点である。福祉サービスの利用を個人的利益とし，障害者だけが，当たり前の生活や，仕事，社会参加をするために「費用」を負担しなければならないとすれば，それは障害を負うこと，持つことを「自己責任」とみなすことに他ならないのである[52]。しかも，その負担は障害が重いほど過重になる。これは障害者に対する「差別」そのものである。障害者基本法は，憲法14条に定める平等原則に基づき「何人も，障害者に対し，障害を理由として，差別することその他の権利利益を侵害する行為をしてはならない。」（3条3項）と定めているが，応益負担制度は，障害者に対する差別として，障害者基本法，憲法に違反する疑いすらある。

第4点目は，上述のような特徴を持つ応益負担制度は，「サービス需要を抑制する有効な装置」として機能している点である。しかも，サービス利用の抑制は，利用者負担ができない故の経済的理由による利用の辞退という形をとるため，問題が本人の選択にすり替えられる点で潜在化しやすい[53]。さらに，その利用の抑止は，サービス基盤整備の遅れを覆い隠すことにもつながっている。

実際，障害者の多くは無収入か低所得であり，障害基礎年金だけで生活する障害者も多い。統計的には，障害者本人の収入は公的現金収入が10万円未満の者が95.1％であり，ほとんどの障害者が公的収入として障害基礎年金だけを受給していることが窺える。また，作業所など，本人の仕事による収入は，月額5万円未満の者が52.2％，月額10万円未満の者が24.4％を占めている。家族まで広げても，その家計を支える中心者の所得が年額300万円未満が42％，年額400万円未満まで含めると57.6％と60％近くに達する[54]。この数字には，家族全体が絶えず障害児・者への介護，トラブルへの対処を

余儀なくされ定職に就きにくいこと，親の高齢化などが表れているといえよう。全国平均では，所得300万円未満の世帯は30.7％，400万円未満の世帯は43.4％であるから[55]，この数字を10％以上も上回っている。これは驚くべき数字である。近時，「貧困」の問題がよく論じられるが，これらの調査からは，おそらくずっと以前から相当多数の障害者を抱える家族が，極めて低所得にあえいでいることを窺わせる。

　このような極めて低収入におかれた障害者に対し，障害基礎年金を据え置いたままで（現行は，1級で月額8万2,508円，2級で6万6,008円）応益負担制度を導入したらどうなるか。その結果は火をみるよりも明らかである。当然，障害者自らが，必要なサービスを受けずに利用を手控える現象が発生する。必要なサービスでさえ，そのサービスのための費用を捻出できないから利用を制限せざるを得なくなる。つまり，障害者ないしその家族の低収入の問題，なかんずく障害基礎年金の額を据え置いたまま応益負担制度を導入することは，応益負担制度そのものがサービス利用を抑制する結果を招くのである。もともと，政府は，応益負担制度の導入目的として持続可能な制度を目指すと謳っていたが，上記のような低所得にあえぐ多数の障害者を前にしては，応益負担制度などの仕組みを通じ，障害福祉法制度自体を「サービス利用の抑制装置」とすることの言い換えといえる。ここにこの制度の「本質」が現れている。

　第5点目として，もともと「受益者負担」の本来の意味は，開発利益への課徴，即ち開発によって発生した他を上回る特殊利益につき，その利益を労せずして得た者に負担を負わせるという理論であって，社会保障の分野への適用の余地はない点である。障害者は，いくら福祉サービスを受けたとしても，健常者よりも特殊な利益を享受したとはいえない。障害者は，社会福祉サービスなくしては，障害を理由として権利を侵害されたままとなるのである。よって，障害福祉法制に「受益者負担」を持ち込む余地はない[56]。

　第6点目は，一旦応益負担制度が導入されると，国の「財政事情」によって負担率を2割，3割と引き上げられやすい点が挙げられる。健康保険制度においても，本人一部負担制度を導入した後は，本人負担率が2割，3割と段階的に引き上げられていることは，この危惧を裏づけるものであろう。

(2) 応益負担制度の問題点と憲法

　上記のように応益負担制度の問題点は多岐にわたり，また上記で指摘した

以外でも様々な観点からの鋭い批判があるが[57]，障害者の権利の視点に立って応益負担制度を法的に検討した場合，最も大きな問題は第1点目から第4点目に集約されるであろう。

このような応益負担制度は憲法25条，14条に違反する疑いがある。憲法14条は国民が等しく法の前で平等に扱われることを要請するが，同条は，単に「形式的平等」だけでなく「機会の平等」も保障していると解されている。例えば，入学試験あるいは就職試験において，身体障害者に対し特別の配慮をするのは，まさに憲法14条の要請するところである。また，「機会の平等」の保障をより実質化するため，憲法25条1項は「社会保障の権利」も定めていると解される（前出85頁）。即ち，個人の生存や生活保障のために必要な諸条件の確保を国家に要求する権利である[58]。より具体的には，憲法25条1項は，障害者も，自由な社会生活と社会参加，自己実現のための自立した社会生活を送れるよう，健常者と社会生活上同じスタートラインに立てるようにする施策を国家に対し要求していると解される。

このように応益負担制度は，先に指摘した「反」福祉的側面を有するが故に，障害者に対し，およそ「社会保障の権利」を与えたものとは言い難く，憲法25条の要請をまったく満たしていない。さらに，同制度は，障害者に対する福祉サービスを「私益」ととらえ，その「受益」に対して障害者だけに負担を課す制度であり，障害者を積極的に「差別」するものとして憲法14条と抵触するのではないかとの疑問もある。

最高裁判所は，憲法25条の生存権実現の方法には広範な立法裁量があるという。その理由は，いわゆる朝日訴訟判決以来，「健康で文化的な最低限度の生活」は「きわめて抽象的・相対的概念であって……（その内容を確定するには）多方面にわたる複雑多様な，しかも高度の専門技術的な考察とそれに基づいた政策判断を必要とする（から，その内容の適否については）……裁判所が審査判断するのに適しない」からという[59]。仮に，そうだとしても，「高度の専門技術的な考察とそれに基づいた政策判断」の過程については，広く公表されて国民の議論の俎上に乗せるべきだと思われるが，厚生労働省は，なぜ費用負担が1割なのか（逆をいえば，5分でもなければ2割でもないのか）明確な説明をしていない。また，1割の負担は障害者の「健康で最低限度の生活」を圧迫しないのかに関する「高度な専門技術的判断」の上での政策判断の過程が，障害者に対し十分に説明されているとは言い難い。応益負

第4章　障害者自立支援法の法的問題点　93

担制度は，制度施行前後，障害者，障害者団体，事業者などから厳しい批判にあい，短期間で暫定的な負担軽減措置が次々と導入された。このような日和見的政策決定がなされることからも，1割の応益負担制度には，果たして「高度の専門技術的な考察とそれに基づいた政策判断」があったのかどうか疑わしい。現状の障害基礎年金の水準のもとで1割の応益負担制度を導入することは，障害者の「健康で文化的な最低限度の生活」保障の問題に直結する。そうであれば，障害者に対し納得のいくような説明責任が果たされるべきであり，障害者不在のもとで政策決定をすることは許されない。前述したように，福祉の権利からは，行政庁の恣意的な裁量権の行使を抑制するために障害者の社会保障の管理・運営への参加の権利が導き出されるのであり[60]，障害者ないしその団体に対し説明責任を果たし，その納得のもと政策決定をすべきことは，憲法によって保障される福祉の権利の理念にも沿うものである。

2　障害程度区分制度とその問題点

(1)　障害程度区分制度

　障害者自立支援法では，障害者は，障害程度区分認定を受けなければ支援を受けることはできない。障害程度区分認定のあり方如何によっては，本来，支援を受けるべきニーズを持っている障害者が支援を受けられなかったり，あるいは必要なニーズを満たすだけの支援を受けられない可能性もある。よって，障害程度区分制度は障害者自立支援法にとって本質的制度なのであり，そこに問題があれば，障害者自立支援法はその本質において問題をかかえているということになるが，以下に述べるように，同制度には相当問題がある。

(2)　障害程度区分制度の種々の問題点

(a)　まず，このような障害程度区分制度が導入された狙いであるが，これは明らかに「サービス利用の抑制」にある。障害程度区分の一次判定は，106項目の調査事項につき，「できる・できない・一部介助・全介助」，「ない・ときどきある・ある」などの選択肢を選択する方法で行う[61]。厚生労働省は，自らの裁量により，一次判定ソフトの内容を決定し，要介護度の認定を軽い方にシフトさせたり，あるいは，認定基準を厳しくして「非該当」の人を増やしたりすることが可能である。これにより，厚生労働省は，給付量を把握しコントロールすることが可能となった[62]。また，障害程度区分制度の導入によ

り，障害者に対する支援の範囲は部分的な支援に細切れにされ，心身の状況以外の生活環境や個々の障害者に必要な支援などは考慮されない仕組みとなり，給付の範囲は縮小（矮小化）された[63]。これらは，いずれもサービス利用を抑制するための仕組みといえる。この意味で，障害程度区分制度が，その内容においても手続面においても障害者の立場を著しく無視したものとなっているのは，制度の「狙い」からして当然のことといえる。

(b) その他，障害程度区分制度の問題点としては，申請権に対する実質的保障の問題，障害程度の判定基準の問題，審査過程に対する手続保障の問題，認定に対する不服申立制度の問題などがあるが[64]，ここでは，判定基準の問題，及び不服申立制度の問題に触れておく。

判定基準の問題として，最も重大なのは，障害程度区分の判定基準がすべて政令，省令に委ねられている点である。即ち，障害者自立支援法21条は，「市町村は，……政令で定めるところにより，市町村審査会が行う……審査及び判定の結果に基づき，障害程度区分の認定を行うものとする。」と定め，その施行令は，「市町村審査会は，……厚生労働大臣が定める基準に従い……障害程度区分に関する審査及び判定を行い，その結果を市町村に通知する」と定める。このように，最も重要な障害程度区分の基準は，「厚生労働大臣」が定める省令によることになっている。かつ，法律自体は，その省令の内容について何も規定していないのであり，まったくの白紙委任となっている。これに前述したコンピューター処理による一次判定を組み合わせると，厚生労働省は，調査項目及びコンピューター処理内容を自在に決定し，総給付額をコントロールすることができるのである。

しかし，いうまでもなく，障害者に対する支援は，ニーズのあるところにニーズに応じて提供すべきものであり，その総量はニーズの量とイコールであるはずであり，厚生労働省がその総量をコントロールする筋合いのものではない。コンピューターによる第一次認定の制度は直ちに廃止すべきである[65]。

次に，障害程度区分の基準の中身の問題がある。障害程度区分の認定は，直接生活介助（食事，排泄，移動，清潔保持），間接生活介助，行動関連行為，医療関連行為に分け，それぞれの必要支援時間を算出し，その合計時間（基準時間）でもって区分を分けるという方法をとっている。どの程度の心身の状態であれば，それぞれどの程度の時間が必要かについては，介護保険制度

導入に際して行われた特別養護老人ホームでの調査結果が論理的な時間数として利用されている。したがって、家庭や屋外での様々な障害のある人たちを調査して得られたデータを直接利用しているわけではないし、また、障害者自立支援法の対象である知的・身体・精神障害者を調査して得られたデータでもない[66]。したがって、なぜ基準時間が25分であれば区分1で、24分であれば非該当なのか、なぜ入所支援は区分4以上の者に限定されるのかなどについて、具体的な根拠はなく、障害者が納得できるような説明もされていない[67]。

また、現行の障害程度区分認定の基準は、実際の適用においても妥当でない結果を招くことが指摘されている。NPO法人大阪障害者センターが1836名に対し検証した結果では、主に次の傾向が指摘されている。

① 基本的に身体介護（麻痺・移動・食事・複雑動作）を必要とする場合、区分程度が高く、知的・精神障害に関しては、比較的低く区分判定が行われる傾向がある。

② 嚥下機能で口腔摂取困難な利用者で体の麻痺の制限の多い場合、食事介護時間が低く判定されるなど、医療的ケアの状況によって実際の介護時間の格差が生じている。

③ 知的障害で、「強いこだわり」を持つ場合や「意思を伝えるのに支援が要る」などの日常的な支援の度合いが軽視され、実際の支援の必要時間と判定の介護時間が大きく異なるケースが多くある。

④ 視覚・聴覚障害の単体の障害の場合には「非該当」の判定結果が出る場合がある。

⑤ 精神障害に関しては必要な支援などが反映されにくくなっており、実際の支援との乖離が顕著等々[68]。

(c) 次に、障害程度区分認定に対する不服申立制度の問題について述べる。

障害程度区分認定は、それ自体独自の行政処分であり審査請求の対象となる。また、障害程度区分認定に対しては、行政事件訴訟に基づく抗告訴訟（取消訴訟）を提起することができる。障害者自立支援法105条は審査請求前置主義を採用しているから、障害程度区分認定に対する抗告訴訟（取消訴訟）は、審査請求を前置した後でなければすることができない。

審査請求については、一般に決定までに3ヵ月以上を要しているといわれ、審査請求による迅速な判断は望めない。行政処分の取消訴訟に至っては、

通常，訴え提起から判決まで1年以上を要する場合がほとんどであり，やはり迅速な解決は望むべくもない。しかし，障害者は，いま支援を必要としているのであるから，審査請求を前置して訴訟まですれば全体で1～2年を要するというのでは，事実上，不服申立は機能していないといわざるを得ない。加えて，行政処分に対し取消訴訟を提起しても，それだけではその処分の執行は止まらない上（行政事件訴訟法25条1項），取消訴訟の対象となる行政処分には仮の処分は認められていない（前同44条，但し後述のとおり義務付け訴訟を提起する場合には別論である）。結局，障害程度区分認定が不当であり必要なサービスが受けられないとしても，当該障害者は，審査請求，訴訟提起など不服申立手続中は，ずっとその状態を甘受せざるを得ないのである。これでは争訟権が保障されていないばかりか，生存権自体をも脅かすことになろう[69]。そこで，2004年（平成16年）行政事件訴訟法改正により規定された義務付け訴訟（行政事件訴訟法37条の2）の活用も考えられるが，詳細な検討は後に譲る（後出111頁）。

なお，司法審査の対象は，障害程度区分基準の妥当性，一次判定用のコンピュータプログラムの妥当性にまで及ぶと解される[70]。先に触れたように，一次判定用のコンピュータプログラムの問題性は強く批判されているところであるから，その妥当性も司法審査に服すると考えないと妥当な結果は得られない。

(d) 以上，障害程度区分の基準の問題，不服申立制度の問題を検討したが，障害程度区分認定は，自立支援給付の有無，その内容と直結しているため，その問題性は障害者にとって重大な影響を及ぼす。障害者自立支援法の障害程度区分認定は，介護保険の要介護認定の手続の煩雑さと理解困難な基準による要介護度の区分化，給付範囲の縮小（矮小化）をそのまま踏襲しており，その制度の「狙い」は給付費を抑制しコントロールするためにある。障害当事者と向き合って話し合いにより給付決定を行うという，本来の利用者本位の仕組みの構築は，支援費制度のみならず，措置時代に比べても大きく後退したと評価せざるを得ない[71]。

(4) 障害程度区分の問題点と憲法

最後に，憲法との関係について触れておく。

繰り返し指摘したように，障害程度区分認定は，自立支援給付の受給の可否や受けられる内容に直結しており，いかなる区分の認定を受けるかは障害

者にとって極めて重大な意味を持つ。その意味で，障害程度区分認定及びそれに伴う自立支援給付の内容は，憲法によって保障された「健康で文化的な最低限度の生活」を満たすものでなければならない。「健康で文化的な最低限度の生活」というのは，その時代時代に応じて，一応客観的に確定するものと解されるのであるから[72]，現代社会に応じた「健康で文化的な最低限度の生活」を満たしているか否かが厳しく問われなければならない。

　また，憲法上，障害者自立支援法による「委任」が「白紙委任」ではないかが問題となる（憲法73条6号）。憲法は，立法の委任も許容していると解されているが，委任の範囲としては，「国会は，顕著な政策的選択肢について明白な決定を行うことが必要であって，委任はその決定にとって手段的でなければならない」[73]とか，「最低限，基本的事項は法律で定めるべきであり，包括的，白紙的委任は許されない。」[74]などと解されている。判例は，「包括的な授権は許されない」が「特定的，限定的なものであればよい」との考え方を示している（最判昭27・5・13刑集6巻5号744頁）。

　この点，先に触れたように，法は，障害程度区分認定について，「政令で定めるところにより，市町村審査会が行う……審査及び判定の結果に基づき，障害程度区分の認定を行う」とし，その手続だけを定めている（障害者自立支援法21条）。法により委任された政令は，障害程度区分の認定を，「厚生労働大臣が定める基準に従い……障害程度区分に関する審査及び判定を行（う）」こととしており，さらにその内容を省令に委任している。しかし，このような委任の仕方は，まさに白紙委任であり，障害者にいかなる給付をするか，つまり障害者にいかなる権利を保障するかの判断を厚生労働省にいわば丸投げするような形になっており問題がある。本稿の立場からすれば，福祉サービスの程度は，憲法25条1項に規定されている限度では最低限度保障されなければならないから，やはり法律に何らかの縛りとなるような条文を設ける必要があると考える。

3　事業者の報酬にかかわる問題点

　障害者自立支援法の施行により，施設の事業収入が減少し，今まで以上に経営基盤が弱体化したという問題が指摘されている。

　その原因の1つが通所施設の事業収入の算出方法である。利用者の1割負担が実施されることに伴い，利用者の負担金の計算も日額計算となった。

よって，施設側からすると，利用者が欠席した場合には利用料が入らないこととなった。しかし，人件費，その他固定費は，利用者が来ようが来まいが一定額出て行く。通常の出席率は80〜90％であるから，これだけで約1割の減収となる。さらに，月単位では，月22日稼働を前提にして日額単価を計算するので，これまでどおり週日の開所のみとすると約1割の収入減となる。これと出席率の問題も合わせると，従前よりも，毎月約20％の収入減を余儀なくされることになる。多くの施設では人件費率が70〜80％になっているのが通常であるから，20％の収入減では収支0となり，施設の電気代すら払えない状態となる。これでは施設の存続は不可能である[75]。

　障害者自立支援法においては，障害者の福祉サービスの請求先はまずは民間事業者となる。しかし，もともと福祉サービス請求権の名宛人は国にあるのであるから，国は民間事業者が障害者のニーズに十分応えられるような制度設計をする義務があるというべきである。にもかかわらず，上記のような状況では，国は自らの責任を放棄し，事業者と障害者との私法上の問題に矮小化し，問題のすり替えを図っているといわれてもやむを得ないと思われる。

4　サービス基盤整備の問題点
(1)　障害者自立支援法とサービス基盤整備の問題点

　次に，サービス基盤の整備の問題を検討する。この問題は極めて重要である。なぜなら，障害者自立支援法においては，福祉サービスの供給主体は第一次的には民間事業者とされているが，憲法25条からすれば，障害者は国に対し福祉サービスを求める権利があることになり，したがって，理論的には基盤整備が十分でなければ，障害者は国に対し基盤整備を求める権利があるということになるはずだからである。障害者自立支援法のもとでは，まず基盤整備が十分に進み，障害者が自らの判断と決定に基づいて必要なサービスの選択ができる体制を整えることが，障害者の権利を全うするためには是非とも必要である。また，これは国の義務でもあるのである。しかしながら，現実には基盤整備が十分でないことは，措置の時代，支援費制度の時代から，ずっと指摘されてきたことである。しかし，国はいまだその問題解決に対し，真摯に取り組んでいるとは言い難い状況にある。

　従来の措置制度から，契約により福祉サービスを利用する支援費制度に移

行することによって，政府は，①サービス利用者と提供者の対等な関係が確立される，②個人の多様な需要への地域での総合的な支援ができる，③幅広い需要に応える多様な主体の参入促進ができる，③信頼と納得が得られるサービスの質と公平性が確保される，などのメリットがあると指摘していた[76]。そして，支援費制度によって確立された契約による福祉サービスの利用という制度の根幹は，当然，障害者自立支援法においても維持されて現在に至っている。

ところで，このような政策目標は達成されたか，あるいは，達成可能といえるであろうか。前記のような政策目標が達成されるには，障害者が真に多様かつ質の高いサービスを「選択」できるための基盤が整備されなければならない。政府は，契約制度に移行することにより，「多様な主体の参入」が促されるというが，「措置」から「契約制度」に移行したからといって，なぜ多様な主体の参入が促されるのか，その関係は不透明である。多様な民間事業者が障害者に対する「ビジネス」に参入するには，そのビジネスに対して経済的利益が発生することが大前提となる。しかし，障害者に対する福祉サービスの大部分が公費によってまかなわれてきているという現実（応益負担制度は問題ではあるが現実として9割は公費負担である），障害者ないし障害者を支える家族の所得が相対的に低い状況に追いやられている現実からすれば，十分な「公費」負担なくして事業者に大きな利益が発生する余地はない。しかるに，政府は，支援費制度を継続したままでは財政的に破綻するおそれがあるとして，同制度をわずか3年で打ち切り，財政的に「持続可能な制度」を求めて，障害者自立支援法を制定させた[77]。即ち，繰り返し指摘したように，障害者自立支援法を制定した政府の真の狙いは，障害者の福祉サービスの利用の抑制にあるのである。このように，肝心の費用負担者である政府が公費負担を抑制する政策を打ち出しているのに，「多様な主体の参入」が期待できるはずもない。このような政府の方針のもとで契約制度に移行したからといって，基盤整備が促進するものではないことは明らかである。

基盤整備がまったく進まず，需要に対し十分なサービスの供給がないのに，「サービス利用者と提供者の対等な関係の確立」や「信頼と納得が得られるサービスの質と公平性の確保」などが進むはずもない。措置制度が撤廃され，支援費制度，障害者自立支援法が制定された後も，障害者は，依然として，小規模作業所などにおいて限られたサービス提供者を自ら支え，あるいは，

サービス提供者に従属せざるを得ない関係にあるのである。

(2) 「契約」制度の導入と基盤整備の責任主体

　憲法25条からすれば，国は，障害者が等しく福祉サービスを利用できるようにするための「基盤整備」を進める責任を負っていると解されるが，実際の法律ではこの点はどのように規定されているのであろうか。

　障害者自立支援法では，市町村が，厚生労働大臣の定める基本指針に即して，各年度における指定障害福祉サービスまたは指定相談支援の種類ごとの必要な見込み量，その必要な見込み量の確保のための方策など，障害福祉サービス等の提供体制に関する市町村障害福祉計画を定めなければならない（87条，88条）。しかしながら，市町村が負う責任は，障害者が自ら選択した場所に居住し，自立した日常生活または社会生活を営むことができるよう，公共職業安定所その他の職業リハビリテーションの機関，教育機関その他関係機関と密接に連携して，必要な支援を総合的かつ計画的に行うことや情報提供・相談などを行うことにとどまり（2条1項），市町村などが行政サービス整備の直接的な責任を負うわけではない。

　しかし，憲法13条，25条，14条，及び，国が直接に福祉サービスを提供するのではなく，契約により福祉サービスを提供させるという障害者自立支援法の構造からすれば，基盤整備を行う最終的な責任は国にあると解される。障害者が，適当な事業者が近隣にないために必要な福祉サービスを受けられないとすれば，その障害者は，「健康で文化的な最低限度の生活」保障がなされていない状態であって，その状態を改善する義務は最終的には国にあると解されるからである。むろん，だからといって，その障害者が何らかの訴訟を提起して，国に具体的な福祉サービス提供を求めることができるかどうか，あるいは，国家賠償責任を問えるかどうかについては，現行法の体系，憲法25条に対する裁判所の姿勢などから，相当な困難が見込まれることは確かではあるが[78]，憲法25条等の規定から論理的に演繹すれば，上記のように考えられることは疑いがない。

　まして，現行の障害者自立支援法においては，現在ある事業所の存続すら危ぶまれている状況である。現行法を解釈する限り，障害者が国家に対し福祉サービスの提供を直接に求める訴訟は非常に困難とも思える。しかし，もしそうであり，国はサービス基盤の整備につき一切の責任を負わないとするなら，障害者自立支援法の制定・施行により現在ある施設の存続すら危うく

なるという現状に鑑みれば，そのような障害者自立支援法の仕組み自体は，違憲・違法であるといい得るのではないだろうか。

第4　障害者自立支援法に定められた福祉サービス請求権の内実と限界

　以上，障害者自立支援法の主要な問題点に触れたが，それを踏まえ，障害者自立支援法に定められた福祉サービス請求権の内実と限界について検討する[79]。

　繰り返し指摘してきたように，障害者自立支援法のもとでの福祉サービス請求権は，障害者が個別のサービス利用契約に基づき，商品としての障害福祉サービスを購入する商品的権利にすぎないといえる。そして，応益負担制度があるために，利用（購入）できるサービスは本人（世帯）の収入によって定まる。支払能力に乏しい低所得の障害者は，普通の生活を送るために必要な福祉サービスを受ける機会を奪われる。また，障害程度区分制度のために，認定されなかった障害者はそもそも権利主体になり得ない。それらの障害者は，ニーズがあっても必要な福祉サービス権を持つことができないのである。これが障害者自立支援法下における福祉サービス請求権の内実である。

　このような内実を持つ障害者自立支援法に基づく福祉サービス請求権には，次のような制約が必然的に伴う。

　第1に，障害程度区分などの制度により，利用できる対象者が制限されているため，ニーズを有しながら，福祉サービス請求権が発生せず，福祉サービスを利用できない障害者がでてくるという問題である。障害程度区分の制度は，その区分判定の妥当性に問題がある場合，ニーズがありながら障害福祉サービスを利用できない障害者を多数生み出すという極めて深刻な問題に直結している。

　第2に，障害者自立支援法のもとでも，施設などのサービス基盤整備が不十分なため多くの障害者がサービスを利用できない可能性がある。障害者自立支援法においては，障害者が指定事業者・施設と利用契約を締結し，はじめて給付受給権が現実化する。そのため，当該障害者の居住区域に契約を締結すべき指定事業者・施設が存在しなければ，実質的にサービスは利用できず福祉サービス請求権は空洞化してしまう。

第3に，利用契約が結ばれ，福祉サービス請求権が現実化して福祉サービスを利用できても，支給量の設定や応益負担化のため，必要なサービスを十分に利用できないという問題がある。障害者自立支援法のもとでは，支給決定に際して，サービスの種類ごとに支給量が定められる。介護保険法では，要介護度の区分ごとに上限が設定されているが，障害者自立支援法では支給量に上限はない。しかし，支給量決定に当たっては，障害程度区分が勘案され，サービス不足や財源不足により，市町村によっては事実上の上限が設定される可能性は高い。また，1割の応益負担が課せられるため，経済的な理由からサービスの利用を抑制せざるを得ない場合もある。実際，支給決定を申請する段階で，経済的理由から，障害者自ら必要なサービス量を請求しない（できない）事例が増えているといわれる。

　以上のように，障害者自立支援法に定める福祉サービス請求権の内実は，貧弱としかいいようがなく，その内実から来る本質的な制約の程度は極めて著しいといわざるを得ない。このような極めて限定された福祉サービス請求権は，憲法13条，14条，25条などに抵触する疑いがある。このままの制度では，障害者は「健康で文化的な最低限度の生活」を営むことはできず，また現にそのような生活が保障されていなくとも，国に対し，その生活保障を直接に求めることも制度上は認められていない。また地域に利用できる施設等がないため，現に障害福祉サービスを利用できていなくとも，その利用を求める請求ができない。さらに，現行制度は，健常者と障害者，障害者のなかでも所得の多い者と少ない者との間で，看過し難い不平等を生じる。

　このように，障害自立支援法によって定められた福祉サービス請求権は，それ自体，憲法に違反する疑いが強いといえる。

---

[1]　尾形健「『福祉』問題の憲法学」ジュリスト1244号108頁。
[2]　尾形・前掲注（1）108頁。
[3]　遠藤美奈「憲法に25条がおかれたことの意味―生存権に関する今日的考察―」季刊社会保障41巻4号335頁。
[4]　伊藤周平『改正介護保険と社会保障改革』（山吹書店, 2005）12頁。
[5]　遠藤・前掲注（3）335頁。
[6]　芦部信喜・高橋和之補訂『憲法』（岩波書店, 第3版, 2002）245頁ほか。
[7]　浦部法穂『新版憲法学教室Ⅰ』（日本評論社, 1994）298頁, 棟居快行「生存権の具体的権利性」長谷部恭男編『リーディングス現代の憲法』（有斐閣, 1995）161頁, 遠藤・前掲注（3）

336頁。
8　堀勝洋『社会保障法総論』(東京大学出版, 第2版, 2004) 143頁。
9　佐藤幸治『憲法』(青林書院, 第3版, 1995) 623頁ほか。近時二分論は有力との指摘がある。この点につき, 堀・前掲注 (8) 141頁の注 (17) 参照。
10　野中俊彦ほか『憲法Ⅰ』(有斐閣, 1995) 450頁。
11　尾形健「生存権の可能性―憲法25条をめぐる司法審査のあり方についての一視点―」法学教室326号15頁。
12　伊藤・前掲注 (4) 15頁。
13　棟居・前掲注 (7) 156頁。
14　福祉サービス請求権とは, ここでは「介護, リハビリテーション, 相談・援助などの対人サービスを通じて, これらの人々の自己実現を支援することを目的とする」権利であり, 具体的には, 「障害者が, 適切な基準を満たした対人サービスを請求する権利」であると定義しておく。この点につき, 河野正輝「福祉サービス利用者の権利と自己決定」河野正輝ほか編『講座障害をもつ人の人権1』(有斐閣, 2002) 30頁。
15　遠藤美奈「『健康で文化的な最低限度の生活』の複眼的理解」齋藤純一編『福祉国家/社会的連帯の理由』(ミネルヴァ書房, 2004) 168頁。
16　佐藤・前掲注 (9) 448頁。同説の整理は, 尾形健「『自律』をめぐる法理論の諸相」菊池馨実編著『自立支援と社会保障』(日本加除出版, 2008) 49頁を参照した。
17　菊池馨実「社会保障の規範的基礎付けと憲法」季刊社会保障研究41巻4号308頁。
18　菊池馨実『社会保障の法理念』(有斐閣, 2000) 143頁以下。本文中では触れないが, 自由基底的理論は, そこから演繹される規範的要請として, 負担の原則をも挙げる。社会保障法制度が究極的には国民の負担で成り立つ制度であることからすれば, そこでの法関係を給付の側面のみからとらえるのは一面的であり, 負担が当然の前提になっているとする。この説によれば, そこで求められる負担は応能負担であるというが, 果たしてそれが論理的帰結なのか, 応益負担を導くことも可能ではないのか, という疑問がある。
19　河野・前掲注 (14) 30頁, 伊藤周平『権利・市場・社会保障―生存権の危機から再構築へ―』(青木書店, 2007) 33頁。
20　遠藤・前掲注 (3) 337頁。
21　山本忠「社会保障の権利と社会福祉の公的責任」福祉労働・福祉経営共同研究所編『民間社会福祉事業と公的責任』(かもがわ出版, 2003) 67頁。
22　木下秀雄「『権利の体系としての社会保障』の意義」法律時報79巻8号133頁。
23　山本・前掲注 (21) 68頁。
24　遠藤・前掲注 (3) 341頁。
25　ここの指摘は, 尾形健「憲法と社会保障の交錯―憲法学からみた社会保障制度のあり方についての総論的検討―」季刊社会保障41巻4号321頁を参考にした。
26　芦部信喜『憲法』(有斐閣, 1993) 110頁。
27　佐藤・前掲注 (9) 468頁, 477頁。
28　佐藤・前掲注 (9) 482頁は, 「併給禁止が生存権の重大な制限をもたらしているかどうかが問題であって, もしそれが肯定される場合には, 『厳格な合理性』のテストによるべきも

29 菊池・前掲注 (18) 140頁。
30 佐藤・前掲注 (9) 449頁。
31 基本権保護義務を詳細に論じたものとして，小山剛『基本権保護の法理』(成文堂，1998)。比較的接しやすい文献として，法学教室335～337号に「論点講座・憲法の解釈」として掲載された亘理格，駒村圭吾，石川健治の各論文がある。

基本権保護義務論は，通常，憲法の私人間効力の問題で論じられている。具体的には，私人間で憲法の基本権を侵害している状況等が認められる場合に，国家にこれを是正する基本権保護義務があるかどうかといった議論がなされている。
32 小山剛『基本権の内容形成―立法による憲法価値の実現―』(尚学社，2004) 307頁。
33 亘理格「参入規制緩和と生命・健康そして生存権」法学教室335号44頁。
34 本稿を執筆するにあたっては，伊藤周平「構造改革と社会保障の権利 第二部 障害者自立支援法と福祉の権利（全5回）」賃金と社会保障1398号，1400号，1408号，1409号，1419号，1436号，1439号，1463号を全面的に参照させて頂いた。これら論考において，本稿と同様の問題意識から障害者自立支援法に対する批判的検討が詳細に展開されているので，是非参照されたい。
35 伊藤・前掲注 (19) 16頁によれば，社会保障とは「傷病，老齢，失業などによる生活困難に対し，社会保険や公的扶助などの仕組みを通じて，すべての人に健康で文化的な最低限度の生活を保障する生活保障の仕組み」と定義される。
36 河野・前掲注 (14) 30頁。
37 伊藤・前掲注 (19) 32頁。
38 小川政亮『権利としての社会保障』(頸草書房，1964) 122頁。
39 阿部泰隆「憲法上の福祉施策請求権」西谷剛ほか編『政策実現と行政法』(有斐閣，1998) 12頁の注 (4) を参考にした。
40 憲法25条1項の問題であることを早くから指摘する学説として，阿部・前掲注(36) 2頁，浦部・前掲注 (7) 302頁。また，遠藤・前掲注 (15) 168頁を参照。
41 伊藤・前掲注 (19) 33頁。
42 4つの権利の要素は以下のように整理される (河野・前掲注 (14) 30頁)。
〔社会保障の給付受給権の要素〕
　① 適切な基準を満たしたサービスを請求する権利
　② 援助の過程で虐待，拘束，プライバシー侵害等を受けない自由権
　③ 一定の条件のもとでサービス費用の負担義務の免除を受ける権利
〔手続的権利〕
　① 情報を請求する権利
　② 要援助状態にあることの認定過程において意見を表明する権利
　③ サービスの決定過程において選択する権利
　④ 行政処分による決定において，迅速かつ公正な決定を求める権利
〔救済・争訟権〕
　① インフォーマルな苦情解決による救済を求める権利

② 行政部内の不服審査による救済を求める権利
　　③ 司法的救済を求める権利
　〔社会保障・運営への参加の権利〕
43　伊藤・前掲注（34）（第1回）賃金と社会保障1398号12頁。
44　このような「費用負担の免除権」が導かれることにつき，河野正輝教授の見解も参照（前掲注（14）30頁）。
45　伊藤・前掲注（34）（第3回その1）賃金と社会保障1409号22頁。
46　伊藤・前掲注（34）（第3回その2）賃金と社会保障1419号62頁。
47　伊藤・前掲注（45）28頁。
48　伊藤・前掲注（46）54頁は，この点は非常に困難であると指摘する。しかし，障害者自立支援法を前提とする限り，十分な基盤整備なく障害者の権利保障があり得ないのであるから，この点の解決を裁判所を通じて国に求めていくことは，運動論としても必要であると考える。
49　前掲注（34）と同様である。
50　この点の記述は，障害者生活支援システム研究会編『障害者自立支援法と人間らしく生きる権利』（かもがわ出版，2007）273頁以下を全面的に参照させて頂いた。
51　伊藤・前掲注（34）（第2回その2）賃金と社会保障1408号18頁。
52　障害者生活支援システム研究会編・前掲注（50）276頁。
53　伊藤・前掲注（51）18頁。
54　障害者自立支援法システム研究会編『障害者自立支援法と応益負担』（かもがわ出版，2005）17頁。
55　湯浅誠『反貧困』（岩波書店，2008）34頁。
56　遠藤昇三『「人間の尊厳の原理」と社会保障』（法律文化社，1991）206頁。
57　例えば，竹内章郎「『障害者自立支援法』がもたらす不平等の克服のために」障害者生活支援システム研究会編・前掲注（50）381頁は，「障害者や高齢者など弱者の生存権否定にまで至る福祉破壊や不平等化が依拠する差し当たりの言説──応益負担と障害程度区分，契約利用制度，一般就労偏重・日額支払い等々──は，おどろおどろしい差別・抑圧の言説ではなく，ある種の日常意識に依拠したものなのだが，こうした点は殆ど問われていないのではないか。……社会権［法］不在の市民権［法］や障害の個別分断把握は，広範な市場秩序化や商品化志向を自明視するある種の日常意識と重なっている。そんな市民権［法］的な日常意識にのみ立脚すれば，応益負担も契約利用制度も障害程度区分も，さらには，市場秩序のなかの生存を巡るある種の不平等も，さほど問題あるものにはなりにくい。」と指摘して，障害者をめぐる権利の問題と市場制度の矛盾をつく。
58　前掲注（40）を参照。
59　いわゆる堀木訴訟において，最高裁判所は，「憲法25条の規定は，国権の作用に対し，一定の目的を設定しその実現のための積極的な発動を期待するという性質のものである。しかも右規定にいう『健康で文化的な最低限度の生活』なるものは，きわめて抽象的・相対的な概念であって，その具体的内容は，その時々における文化の発達の程度，経済的・社会的条件，一般的な国民生活の状況等との相関関係において判断決定されるべきものであ

るとともに，右規定を現実の立法として具体化するに当たっては，国の財政事情を無視することができず，また，多方面にわたる複雑多様な，しかも高度の専門技術的な考察とそれに基づいた政策判断を必要とするものである。したがって，憲法25条の規定の趣旨にこたえて具体的にどのような立法措置を講ずるかの選択決定は，立法府の広い裁量にゆだねられており，それが著しく合理性を欠き，明らかに裁量の逸脱・濫用と見ざるをえないような場合を除き，裁判所が審査判断するのに適しない事柄といわなければならない。」という（最判昭57・7・7民集36巻1235頁）。

60　伊藤・前掲注 (19) 35頁。
61　伊藤・前掲注 (34)（第4回その1）賃金と社会保障1436号6頁。
62　伊藤・前掲注 (34)（第4回その2）賃金と社会保障1439号33頁。
63　伊藤・前掲注 (62) 34頁。
64　これらの問題点の網羅的検討は伊藤・前掲注 (62) 22頁を参照されたい。
65　伊藤・前掲注 (62) 34頁。伊藤は，現行のコンピュータによる障害程度区分認定を廃止し，「おおまかなサービス提供の基準を障害者自立支援法に法定したうえで，……相談事業所に社会福祉士など専門職を必置し，専門員が障害者本人の状態と生活環境を踏まえ，また本人や家族等の意見を聞き，支給量も含め個別的なサービスの内容や水準を決めるケアマネジメントを実施し，サービス利用計画を作成」すべきとするが，参考になろう。
66　障害者生活支援システム研究会編・前掲注 (50) 39頁。
67　伊藤・前掲注 (62) 25頁。
68　障害者生活支援システム研究会編『障害者の暮らしはまもれるか』（かもがわ出版，2006) 42頁。同様のことは，大分県弁護士会が行った聞き取り調査でも，多くの施設から伺った。
69　伊藤・前掲注 (62) 32頁。
70　伊藤・前掲注 (62) 32頁。
71　伊藤・前掲注 (62) 34頁。
72　佐藤・前掲注 (9) 623頁，芦部・前掲注 (26) 202頁，いわゆる朝日訴訟一審判決（東京地判昭和35・10・19）など。
73　佐藤・前掲注 (9) 147頁。
74　野中俊彦ほか『憲法Ⅱ』（有斐閣，1992) 164頁。
75　障害者生活支援システム研究会編・前掲注 (50) 221頁。
76　障害者福祉研究会編『逐条解説障害者自立支援法』（中央法規，2007) 3頁。
77　障害者福祉研究会編・前掲注 (76) 19頁。
78　伊藤・前掲注 (19) 306頁。「国・地方公共団体の公的責任の範囲は，福祉サービス提供体制の確保にとどまり，福祉サービス提供そのものまで責任は及んでいない。実際，自治体直営で事業者・施設を運営する例は少なく，障害福祉計画も，企業や事業者の誘致計画と化しているのが現状である。そして，障害福祉計画はあくまで計画で，計画が達成されなかった場合に，市町村等の法的責任を追求することは不可能に近い。」とされる。
79　ここの記述は，伊藤・前掲注 (46) 50頁以下に依拠した。

第5章　障害者自立支援法を争う訴訟類型

第1　はじめに

　これまで詳述したとおり，障害者自立支援法には，様々な問題がある。そうだとすると，同法あるいは同法に基づく処分等に対して，どのような形で，その違法性を問い，その法的効力を争う手段が考えられるのかということを明らかにしておく必要がある。
　以下，まず，同法施行後，同法に基づく処分に対してなされた審査請求の状況を概観した上で，いくつかの重要事例を紹介し，次いで支援費制度下においてなされた「鈴木訴訟」判決に論及し，最後に，障害者自立支援法を争う訴訟類型として，
　①　同法に基づく行政処分を争う行政訴訟のあり方
　②　同法自体の違憲性・違法性を争う訴訟類型
について検討を加えることとする。

第2　障害者自立支援法等を争った具体的事件の概要

1　審査請求事件の概観

　障害者自立支援法施行後現在までのところ，障害者自立支援法に基づく処分に対し，取消訴訟等は提起されていないようであるが（2008年〔平成20年〕7月現在），訴訟に前置される審査請求は，いくつか提起されている。
　審査請求に関しては，琉球新報社が，2006年（平成18年）12月25日から28日にかけて，47都道府県に対して不服審査請求の状況について調査した結果では，調査時点までにおける審査請求の件数は380件で，その内訳は，①障害程度区分に関するものが335件，②サービス利用時間など支給決定に関するものが42件，③その他が3件となっており，このうち，裁決にまで

至ったものは10件で，その内訳は，①認容が2件，②一部認容が3件，③棄却が5件であったとされている[1]。

2 審査請求事件の状況

(1) 本稿執筆に当たって，審査請求事件において裁決書等が入手できた事件は，後記の【審査請求事件概要一覧表】で紹介している3件の事件である。これらの事件はいずれもサービス利用時間などの支給決定に対する不服審査請求である。

事件①は，処分の取消しと共に，相当な居宅介護給付（第1次請求）ないし当初申請どおりの居宅介護給付（第2次請求）を請求している。これに対する裁決は，第1次請求は処分の一部を取消すというもので，第2次請求は棄却であった。

事件②では，宮城県に対する請求と東京都に対する請求がなされており，前者は処分の取消しを求めたものであるが（裁決は処分の一部取消し），後者は処分の変更を求めている。事件③は処分の変更を求めたものであるが，裁決は処分を取消す形の主文となっている。

(2) ところで，こうした審査請求事件において，障害者の権利保障の観点から問題と考えられるのは，審査請求などの行政の決定に対する不服申立が，法テラスにおける代理援助の対象となっていないことである[2]。

日弁連から法テラスへの委託業務で，行政に対する申請手続等のうち生活保護申請及び生活保護法に基づく審査請求に関しては扶助の対象として扱われているが，障害者自立支援法や介護保険法については日弁連からの委託業務にも含まれておらず，結局，弁護士を依頼して審査請求手続を行う場合には，弁護士費用をどうするかが常に問題となり得る[3]。

しかし，障害者自立支援法の審査請求手続を障害者本人自身が追行することが非常に困難であることは明白であり，この点の手当は早急になされる必要があるのではないだろうか。

3 支援費制度下の「鈴木訴訟」判決

障害者自立支援法について争われた訴訟事件は確認できなかったが，支援費制度のもとにおける支給量の決定処分に対して，処分の取消し等を求めた「鈴木訴訟」と呼ばれる事件がある[4]。

原告は，脳性麻痺による両上肢機能障害及び移動機能障害を有する身体障害者（1級）である。事案は，大田区が「大田区居宅介護支援費（移動介護）の支給決定に関する要綱」に基づき，要綱に規定する勘案事項のうち，「余暇活動の社会参加のための外出」に係る支給量を32時間，「社会生活上必要不可欠な外出」に係る支給量をゼロと算定し，身体介護を伴う移動介護に係る居宅生活支援費の支給量を1ヵ月当たり32時間，日常生活支援の支給量を465時間とする支援費支給決定をしたことに対し，決定処分等の取消し等を求めた。

判決は，訴訟中に障害者自立支援法が施行され，行政処分の根拠となっている支援費支給に関する規定（身体障害者福祉法17条の5第1項）が廃止されたことを理由に，訴えの利益が喪失しているとして訴えを却下（一部却下，一部棄却）した。

もっとも，この判決は，一方で，「法は，障害者の個別の勘案調査結果を基に支給量につき，各障害者ごとに個別に判断することを求めている。」とした上で，「要綱に基づいて……移動介護に係る支給量を決定することは，少なくとも，当該決定によってそれまで必要として支給されていた移動介護に係る支給量が激減することとなる障害者についてこれを行う限りにおいては，裁量権の範囲を逸脱し，又は濫用したものとして違法となる」と判示した[5]。また，健常者との比較や財政上の制約を理由に一律に「32時間」とする基準を設けることにも合理性がない旨も判示している。その意味で，実質原告勝訴の判決であると評されている。

第3　障害者自立支援法に基づく行政処分に対する行政訴訟のあり方

障害者自立支援法に基づく行政処分としては，地方自治体による障害程度区分の認定と，それに続く支給決定という行政処分が予定されている。

こうした行政処分に対する訴訟としては，行政事件訴訟法による取消訴訟と義務付け訴訟とが考えられる。

1　行政処分取消訴訟の意義と限界

障害程度区分の認定とそれに続く支給決定という行政処分に不服がある場合，障害者自立支援法97条1項の審査請求を経た上で，処分取消の訴えを提

起することができる（行政事件訴訟法）。障害程度区分の認定と支給決定は，それぞれ独自の行政処分であるから，それぞれの決定に対して処分取消の訴えを提起することができる。

　取消訴訟には，それ自体執行停止効力はなく，また仮の処分も認められていない。よって，取消訴訟を提起しただけでは直ちには救済されない。しかし，取消判決には拘束力があり（行政事件訴訟法33条），処分庁は取り消された同一事情のもとで，同一理由，同一内容の処分を行うことはできないし，取消判決の趣旨にしたがって改めて措置をとるべき義務がある。この拘束力は，主文だけでなく理由中の判断にも及ぶ。よって，処分庁は，判決理由において違法とされている点を除去する義務を負う[6]。したがって，この拘束力に従い，取消判決が確定すれば，新たな処分を得ることができ，それによって当該障害者は救済されることになる。しかし，処分庁は，原処分を除去する義務を負うだけであるから，必ずしも当該障害者が求めていた内容の処分が新たに出されるとは限らない。そのため，もし新たになされた処分が，やはり不十分な福祉サービスしかもたらさないのであれば，当該障害者は再度の争訟を強いられることになる。この問題点を克服できるのが次に検討する義務付け訴訟である。

2　義務付け訴訟の意義

(1)　上述のように，取消訴訟では当該障害者が救済されない場合が生じ得る。そこで，義務付け訴訟（行政事件訴訟法3条6項）を提起することが考えられる。義務付け訴訟は，2004年（平成16年）の行政事件訴訟法改正により，新たに導入された訴訟類型であり，行政庁が行政処分をすべき旨を命ずることを求める訴訟をいう。以下，実務的な観点から，義務付け訴訟における問題点について，若干の検討を加える。

(2)　義務付け訴訟には，①「行政庁が一定の処分をすべきであるにもかかわらずこれがされないとき」にできる類型（同項1号），②「行政庁に対し一定の処分又は裁決を求める旨の法令に基づく申請又は審査請求がされた場合において，当該行政庁がその処分又は裁決をすべきであるにもかかわらずこれがされないとき」にできる類型（同項2号）の2種類が認められている。前者は，行政処分を求める国民の申請を前提にしないので，非申請型または直接型といわれる。行政庁が公害防止のための規制権限を行使しない場合にその

行使を求める義務付け訴訟が典型である。後者は，国民が許認可の申請や不服申立を行ったにもかかわらず行政庁が応答しない場合及び許認可等の申請に対し拒否処分が行われた場合を指し，申請型と呼ばれる[7]。

このいずれの訴えを提起すべきか問題となるが，実務的には，自らが求める障害福祉サービスの種類，支給量の変更を求め（障害者自立支援法24条），その申請が認められなかった場合に，その棄却決定をもって，申請型義務付け訴訟を提起するのが最もスムーズと思われる（もっとも，この訴えの場合，障害者自立支援法自体の違憲性・違法性を主張することは困難であろう）。

(3) 行政訴訟では，常に訴訟要件に細心の注意を払うべきはいうまでもない。義務付け訴訟で特徴的なことは，申請型義務付け訴訟においては，あわせて支給変更申請を棄却した行政処分に対する取消訴訟（ないし無効確認請求）をも併合提起しなければならない点である（行政事件訴訟法37条の3第3項）。したがって，義務付け訴訟自体には出訴期間の定めはないけれども，取消訴訟の提起には出訴期間の定めがある関係で，期間制限に注意しなければならない（行政事件訴訟法14条により6ヵ月の期間制限がある）。

障害者自立支援法における不服申立には，前述のとおり，審査請求前置主義が取られているから，審査請求も前置する必要がある。審査請求に際しては，取消請求だけでなく義務付け請求をもしておくべきである[8]。

問題は，障害程度区分の認定や支給決定に対する義務付け訴訟が，どのような場合に認容されるのかという点である。条文上は，「訴えに係る請求に理由があると認められ，かつ，その義務付けの訴えに係る処分又は裁決につき，行政庁がその処分又は裁決をすべきであることがその処分若しくは裁決の根拠となる法令の規定から明らかであると認められ又は行政庁がその処分若しくは裁決をしないことがその裁量権の範囲を超え若しくはその濫用となると認められるときは，裁判所は，その義務付けの訴えに係る処分又は裁決をすべき旨を命ずる判決をする。」（行政事件訴訟法37条の3第5項）とされる。前段は，羈束行為について，後段は裁量行為についての定めである。障害程度区分の認定や支給決定に対する変更申請に対する行政処分は裁量行為と解されるから，後段の「処分若しくは裁決をしないことがその裁量権の範囲を超え若しくはその濫用となると認められるとき」に認容されることになる。この要件は，取消訴訟の場合の取消要件を定めた行政事件訴訟法30条の規定する「行政庁の裁量処分については，裁量権の範囲を超え又はその濫用が

あった場合に限り，裁判所は，その処分を取り消すことができる。」と同一と判断すべきであり，同法37条の3第5項は，特別の要件を加重したものではないというべきである[9]。

(4) この義務付け訴訟は，先に指摘したように，原処分に対する取消訴訟と必ず併合して提起しなければならないとされる。そして，裁判所は，取消判決のみを下し，義務付け請求については棄却することも可能とされる。したがって，障害程度区分認定，支給決定に対する訴訟を提起する場合には，取消訴訟だけでなく，義務付け訴訟もあわせて提起した方が，障害者にとっては結論においても一回の訴訟で満足できる可能性もあり，訴訟経済上も合理的であるから，訴訟の第1選択は，義務付け訴訟ではないかと思われる。

3　義務付け訴訟の提起に伴う仮の処分

一般に抗告訴訟では仮の処分の申立は制限される（行政事件訴訟法44条は，「行政庁の処分その他公権力の行使に当たる行為については，民事保全法に規定する仮処分をすることはできない。」と規定している）。但し，義務付け訴訟を提起した場合には仮の義務付けが可能となる（行政事件訴訟法37条の5第1項）。仮の処分が認められるには，①「その義務付けの訴えに係る処分又は裁決がされないことにより生じる償うことのできない損害を避けるため緊急の必要があ（る）」こと，②「本案について理由があるとみえること」，③「公共の福祉に重大な影響を及ぼすおそれ」がないこと（同条2項，3項）が要件となっている。

障害程度区分の認定や支給決定の変更申請の棄却決定に対する義務付け訴訟では，前記③の要件は問題にならないので，問題は①の要件である。この点，「償うことのできない損害」の解釈につき，過去の立法経緯等から，「相当限定的なものと解釈せざるを得ず，金銭賠償のみによって損害を甘受させることが社会通念上著しく不合理と評価される程度の損害である必要がある」との解釈もある[10]。しかし，2004年（平成16年）の行政事件訴訟法改正は，国民の権利利益の実効的救済のために仮の義務付けの制度を新設したものであり，「償うことのできない損害」という要件も，具体的事案に応じて，この新しい仕組みを機能させるためのものであることは明らかである。仮の義務付けという新しいツールを実質的に作動不能とするような制限的解釈は許されない[11]。本件のような障害者に対する自立支援給付等が，仮の義務付けに

よる救済の対象になるかについて，立法に深く関与した橋本博之教授は，「償うことのできない損害」要件をクリアする具体例として，公的な保険・年金の給付，生活保護の資格認定・保険給付などの申請が拒否された場合に，これらの給付や資格認定が本案判決までの原告の生活の維持に不可欠である場合を挙げていることが参考になる[12]。

障害者自立支援法に基づく自立支援給付等は，当該障害者の生活の維持に不可欠であるのが通常であり，かつ，その立証は容易である場合が多いと思われる。したがって，今後，義務付け訴訟の提起に伴う仮の処分の申立は，大いに活用の余地があろう。障害者自立支援法自体の違憲・違法性は大いに問題になるのであるが，現実の障害者に対する不当な扱いを救済するには，いまの生活を確保する必要がある。いまの生活確保のための仮の処分ができるのは，義務付け訴訟という方法しかない以上，同訴訟の活用を十分に検討すべきではないかと思われる。

第4 障害者自立支援法自体の違憲性を争う訴訟類型

1 はじめに

障害者自立支援法が憲法違反の可能性があるとすれば，そのこと自体を直接的に問い得る訴訟類型の如何が当然のことながら検討されなければならない。

具体的争訟性のない憲法訴訟が認められていないわが国の法制度のもとにおいて，どのような訴訟類型が可能であるのかを明らかにするのは，決して容易な作業ではない。そこで，本稿では，障害と人種問題弁護士ネットワークに所属する弁護士らによって検討されている旨報道された[13]応益負担の免除を求める行政処分取消訴訟の意義とその可能性について検討した上で，ハンセン病国家賠償請求訴訟やイラクへの自衛隊派遣違憲国家賠償請求訴訟等で明らかにされた国家賠償請求訴訟という方式による障害者自立支援法改廃の可能性についての考察を試みてみることとしたい。

2 応益負担の免除を棄却する行政処分取消訴訟の意義

障害者自立支援法の最大の問題点は，その応益負担の点にある。同法が反福祉法とまで批判されるのは，障害が重い者ほど利用しなければならない福

祉サービスが多岐にわたるのに，応益負担（定率負担）によって，一律に一定額を負担することを強いられることになれば，障害の重い者ほどその負担額が大きくなるという背理の故である。このことは，障害の重い者ほど収入の途が閉ざされていることを考えれば，一層その反福祉法的性格が際立つこととなる。こうした批判に対応して，同法施行令附則11条は，同法施行後3年間の経過措置として，1割の応益負担を最大0円まで個別に減免する個別減免措置を定めている。しかしながら，同措置には，所得制限等の減免要件が細かく定められており，個別減免申請のすべてが認容されるわけではない。

そこで，この個別減免申請を多数行った上で，棄却された者について，その取消を求める抗告訴訟ないし義務付け訴訟を提起し，応益負担の違憲・違法を明らかにしようというのが，この訴訟類型である。こうした行政訴訟は，障害程度区分の認定や支給決定の取消を求める行政訴訟とは異なり，訴訟において，同法の違憲・違法を直接主張し得る点に大きな特徴がある。

このような，個別減免申請に対する棄却処分の取消を求める場合には，要件の解釈の誤りを主張して減免を求めるケースと，減免要件自体の法的効力を争って減免を求めるケースとがあるものと考えられる。その上で，前者の場合には，そもそも応益負担制度自体が憲法違反の疑いがあるということを指摘して個別減免要件の弾力的解釈を求めることになると思われ，後者の場合には，直接的に応益負担制度の違憲・違法を主張して減免要件自体の無効を求めることになるものと解される。

いずれにしても，既に，各地で個別減免申請が行われており，その推移が大いに注目されるところである。

3　障害者自立支援法違憲国賠訴訟の可能性

(1)　国家賠償訴訟の現代的機能について

四大公害訴訟をはじめとする公害訴訟やスモン，薬害HIV，薬害肝炎訴訟等の薬害訴訟さらにはハンセン病訴訟等に代表される国に対する国家賠償請求訴訟の大きな特徴は，判決の取得が最終目的として完結されるのではなく，判決ないしは訴訟上の和解を契機（ないしは手段）として，当該問題に関する国の政策の転換を迫るという点にある。その代表的なケースといえるハンセン病訴訟は，「らい予防法」違憲国家賠償訴訟として提起され，同法が違憲であるとの勝訴判決の確定により，国のハンセン病政策の抜本的転換をも

たらした[14]。

　一方で，このような国家賠償訴訟の現代的機能に着目し，国による立法や政策が憲法に違反することを主張し，そうした立法や政策によって精神的苦痛を受けたとして，国家賠償法により，国に対して慰謝料の支払いを求めるという訴訟も蓄積されるに至っている。古くは，自衛官合祀訴訟があり，首相の靖国神社参拝やイラクへの自衛隊派遣を憲法違反とする国賠訴訟も提起され，その理由中の判断として憲法違反が認められたケースも少なからず存在している[15]。また，社会保障分野においても，憲法違反を主張する国賠訴訟の判決の結果によって法の改廃をもたらした例として牧野訴訟がある。年金における夫婦受給制限は憲法14条1項に違反して無効であるとする東京地裁判決（昭43・7・15行集19巻7号1196頁）によって，国民年金法80条2項（当時）の老齢福祉年金における夫婦受給制限条項は，1970年（昭和45年）に撤廃されている[16]。

　以上のような国家賠償訴訟の現代的機能に照らして，障害者自立支援法の違憲性を問う国家賠償訴訟の可能性を以下に検討することとする。

(2)　立法作用に関する国家賠償訴訟の要件とその機能

　障害者自立支援法の違憲性を正面から問う国家賠償訴訟としては，まず，このような憲法違反の法律を制定した国会（議員）の立法行為の違法を問う国家賠償訴訟が考慮されなければならない。

　しかしながら，この点については，在宅投票廃止事件についての最高裁判決（最判昭60・11・21民集39巻7号1512頁，判時1177号3頁）の壁がある。事案は，在宅投票制度の廃止により選挙権を事実上行使できなかった寝たきりの身体障害者が，選挙権の侵害を理由として，国家賠償として慰謝料の請求をしたものであり，一審判決（札幌地裁小樽支部判昭49・12・9判時762号8頁）は，国会（議員）は，立法をなすに当たって，違憲という重大な結果を生じないよう慎重に審議，検討すべき高度の注意義務を負うとして，「違憲の法律改正を行ったことは，その公権力行使に当たり，注意義務に違背する過失があったものと解するのが相当である」と判示した。ところが最高裁は，「国会議員の立法過程における行動が国家賠償法1条1項の適用上違法となるかどうかは，国会議員の立法過程における行動が個別の国民に対して負う職務上の法的義務に違背したかどうかの問題であって，当該立法の内容の違憲性の問題とは区別されるべき」であるとした上で，国会議員は，立法に関

しては，原則として，国民全体に対する関係で政治的責任を負うにとどまるから，「国会議員の立法行為は，立法の内容が憲法の一義的な文言に違反しているにもかかわらず国会があえて当該立法を行うというがごとき，容易に想定し難いような例外的な場合でない限り，国賠法1条1項の適用上，違法の評価を受けない」と判示した。このため，同判決後には，立法に関する国家賠償訴訟の機能は低下したとされ，「立法に関する国家賠償訴訟が現実に果たす機能は，当該訴訟や判決を通じて法律の不備・不完全を指摘し，立法を促す契機となり，制度改革を図ること」にとどまるとされてきた[17]。

こうした最高裁判決の存在にもかかわらず，国会議員の立法行為の国家賠償法上の違法を肯定したのが，前掲のハンセン病訴訟熊本地裁判決である（同地判平13・5・11判時1748号30頁）。同判決は，最高裁判決のいう「立法の内容が憲法の一義的な文言に違反している」ことは，立法行為の国家賠償法上の違法性を認めるための絶対条件とは解されず，立法行為が国家賠償法上違法と評価されるのが，極めて特殊で例外的な場合に限られるべきであることを強調しようとしたにすぎない」とした上で，「人権被害の重大性とこれに対する司法的救済の必要性にかんがみれば，他にはおよそ規定し難いような極めて特殊で例外的場合として新法（「らい予防法」）の隔離規定を改廃しなかった国会議員の立法行為につき，国家賠償法上の違法性を認めるのが相当」と判示した。

そして，その後，最高裁は，公職選挙法が在外邦人の国政選挙における投票を認めていなかった点について，当該選挙までに国会が在外邦人の投票を可能にするための立法措置をとらなかったことを理由に国家賠償請求をした訴訟において，「立法の内容又は立法不作為が国民に憲法上保障されている権利を違法に侵害するものであることが明白な場合や，国民に憲法上保障されている権利行使の機会を確保するために所要の立法措置をとることが不可欠であり，それが明白であるにもかかわらず，国会が正当な理由なく長期にわたってこれを怠る場合などには，例外的に，国家賠償法1条1項の適用上，違法の評価を受ける」と判示した（最判平17・9・14民集59巻7号2087頁，判時1908号36頁）。

したがって，障害者自立支援法を制定した国会議員の責任を問う国家賠償訴訟を提起し得るかどうかを検討するに当たっては，これらの判決の射程距離を明確にした上で，同法が「憲法の一義的な文言に違反している」といえ

第5章　障害者自立支援法を争う訴訟類型　117

るのかどうか，あるいは「憲法上保障されている権利を違法に侵害するものであることが明白」かどうかなどが明らかにされなければならないこととなる。

(3) 厚生労働大臣の政策遂行上の違法を問う国家賠償訴訟とその可能性

障害者自立支援法を制定したのは国会であるが，支援費制度を廃止し，応益負担や障害程度区分認定を柱とする制度的枠組みを作り上げ，その法的根拠として障害者自立支援法案を策定して国会に提出し，これを制定させたのは，国（具体的には厚生労働省）であって，こうした厚生労働省の障害者政策の違法を国家賠償訴訟として追及することの意義は極めて大きい。ただ，一般には，具体的行為を離れて政策それ自体が国家賠償責任の対象となり得るのかについては，行政の裁量行為であるとして消極的に解される余地があり，こうした訴訟の可能性は，従前の判例の到達点を踏まえて具体的に吟味される必要がある。その可能性を検討するに当たって参考とすべき判例として以下のものがある。

第1は，予防接種禍九州訴訟に関する福岡高判平5・8・10判時1417号31頁である。同判決は，開業医によって予防接種を受けた被害者に対する国家賠償法適用について，「予防接種を実施するという制度的枠組みを作り上げ，その中に国民を置き，しかも法により予防接種を受けることを義務づけたということ自体が国の公権力の行使であり，予防接種の実施自体はその実現ないし結果にすぎないと把握されるべきである」と判示して，政策それ自体が同法の「公権力の行使」に該当することを認め，個別の予防接種を政策の結果と理解することによって，予防接種被害に対する厚生大臣（当時）の政策責任を認めている[18]。

第2は，スモン，薬害肝炎訴訟における多数の地裁判決である。整腸剤キノホルムによるスモン被害に関しては，9つの地裁判決が国（厚生大臣）の賠償責任を認めているが，その理由づけは，薬事行政を正面に据えて裁量の逸脱または濫用によって違法性を認めるという手法と，薬事法が厚生大臣に医薬品安全性確保義務を課していることを前提として認定した上でその義務の懈怠を有責・違法とする手法，に大別されている[19]。いずれの手法にしても，薬事法（当時）には，医薬品の安全性確保に関する明文の規定がないのに，厚生大臣に安全性確保義務を認め得るとするこれらの判決の存在は，厚生労働大臣に，障害者基本法をはじめとして，障害者の自立及び社会参加の支援等

のための施策を講じる義務が課せられている障害者福祉の分野に活用し得ることは明らかである。

　第3は，前掲のハンセン病訴訟熊本地裁判決である。同判決は，厚生大臣その他の職員は，法律に従って行政を行ったにすぎないので，国家賠償法上違法と評価される余地はないとした国の主張を排斥して，「本件のように隔離政策による患者の人権被害が甚大であり，隔離政策の誤りが明白になっている状況の下では，厚生省がそのような作業をしても国会で法廃止の立法がなされなかった場合であればともかく，厚生省が法廃止に向けての積極的な作業を一切することなく，これを放置しておきながら，厚生省は違憲の法律であってもそれに従って行政を行う以上国家賠償法上の違法性はないというような主張は採用できない」と明言している。

　こうした判示に従えば，自ら策定した法律でありながら，これに従って行政を行ったにすぎないから国家賠償法上の違法性はない等という主張は許されないことになる。

(4) 障害者自立支援法の違憲・違法を問う国家賠償訴訟の可能性について

　以上に検討したところから，障害者自立支援法自体の違憲・違法を問う国家賠償訴訟は，法律を制定した国会（議員）の責任と，制度の基本的枠組みを作り上げ，法案を策定して国会に提出して法律制定に積極的に関与した上で，その施行に当たっている厚生労働大臣との責任の両面から提起することが可能だということを指摘することができる。

　その場合に注意すべきことは，以下の4点にあるように思われる。

　第1は，障害者自立支援法を違憲・違法とする論拠を応益負担及び障害程度区分認定制度の2点に絞ることである。福祉サービス事業がまったく未整備という状況であるのに，国・地方自治体がその解消に向けての法的義務をまったく負わないという仕組みのもとに，一律に応益負担を課すということが，障害者の福祉サービス請求権を不当に侵害するものであり，とりわけ収入が少なく，利用すべきサービス量が膨大なものにならざるを得ない重度障害者にとって，過大な負担を強いられることになるという同法の反福祉法的性格を徹底的に明らかにすることを主軸とすべきである。

　第2は，憲法違反の法的根拠として，憲法25条よりも憲法13条，障害者権利条約に依拠することの重要性である。既に検討したとおり，多くの学説の批判にかかわらず，憲法25条についての判例は確定しており，その壁を乗

りこえるのは容易なことではない。本書において検討した障害者の福祉サービス権を憲法13条から基礎づける自由権的構成や障害者権利条約を是非とも活用すべきではないかと思われる。

第3は，請求する損害の点である。この点に関しては，経済的損失ではなく，靖国参拝訴訟やイラク自衛隊派遣国家賠償訴訟に学んで慰謝料請求に絞るべきである。前掲の靖国参拝訴訟等における違憲判決は，損害を否定して請求を棄却するに至ったが，障害者自立支援法の違憲国家賠償訴訟の場合には，障害福祉サービス権を否定される当事者である障害者が原告となる限り，精神的苦痛の存在を否定することは著しく困難ということになるはずであるからである。

第4は，障害者自立支援法の廃止ないし抜本的見直しを求める障害者運動との連動の重要性である。ハンセン病訴訟や薬害肝炎訴訟等にみられるような国家賠償訴訟を契機とする制度や法律の改革の実現は，原告とこれを支える当事者・市民の運動とが一体となってはじめて可能となったものである。その意味では，提起される国家賠償訴訟は全国各地で多数の障害者の参加によって行われるべきであり，その参加を容易にするためにも，一人当たりの請求額を低額に抑えての一大集団訴訟として展開される必要があるのではないかと思料される[20]。

---

1 伊藤周平「支給決定・障害程度区分認定と障害者の権利」賃金と社会保障1439号31頁。
2 総合法律支援法30条1項，業務方法書8条1項により，代理援助の対象は，裁判所における手続またはこれに先立つ和解交渉で特に必要と認められるものに限られている。
3 おそらく，現在は，代理人となった弁護士は無報酬で行っているのではないかと思われる。
4 東京地判平18・11・29賃金と社会保障1439号55頁。
5 原告代理人は，判決について，介護支給決定は個々の障害者のニーズに合わせて決められるべきという「介護支給決定における個別認定の原則」を司法解釈で確認したもので，今後，障害者の介護保障請求権における基本判例としての意味を持つと論じている。この点につき，藤岡毅「障害者の介護保障請求権をめぐる画期的判決」賃金と社会保障1439号6頁。
6 芝池義一『行政救済法』(有斐閣，第3版，2006) 101頁。
7 芝池・前掲注 (6) 138頁。
8 処分庁の上級庁に対する審査請求ではないので，処分の変更を求めることができるかどうか疑問がないではないが (行政不服審査法40条5項)，実務的には行われているようで

ある。
9 塩野宏『行政法Ⅱ〔行政救済法〕』(有斐閣，第4版，2006) 219頁。
10 南博方ほか『条解行政事件訴訟法』(成文堂，第3版，2006) 646頁。
11 橋本博之『解説改正行政事件訴訟法』(弘文堂，2006) 134頁。
12 橋本・前掲注 (11) 135頁。
13 朝日新聞2008・6・6朝刊 (東京版)。
14 詳しくはハンセン病訴訟弁護団編『開かれた扉』(講談社，2003) を参照されたい。
15 自衛官合祀訴訟については，山口地判昭54・3・22判時921号44頁，広島高判昭57・6・1判時1046号3頁，最判昭63・6・1民集42巻5号277頁。首相の靖国参拝については，福岡地判平16・4・7訟月51巻2号412頁，大阪高判平17・9・30訟月52巻9号2979頁が，理由中に憲法20条3項に違反するとした上で，法的利益の侵害にはあたらないとの判断を示している。
16 障害年金と児童扶養手当との併給を禁止した児童扶養手当法は憲法14条1項に違反するとして提起された堀木訴訟においても，一審判決 (神戸地判昭47・9・20民集36巻7号147頁) 後の1973年 (昭和48年) に国会で障害福祉年金の受給者を併給禁止の対象から除外する立法措置を行っている。もっとも同規定を合憲とする最高裁判決によって，1985年 (昭和60年) に再度法改正が行われ，規定は元に戻されている。
17 村重慶一『国家賠償研究ノート』(判例タイムズ社，1996) 75頁。なお，同書によれば，このような例として，前掲最高裁判決にかかわらず，公職選挙法を改正して在宅投票制度を復活 (公選法49条2項) する契機になったこと，国賠訴訟を契機に「台湾住民である戦没者の遺族等に対する弔慰金等に関する法律」が制定されたことが挙げられている。
18 予防接種法に基づく施策としての予防接種の実施については，東京高判平4・12・18判時1445号105頁も，「予防接種を受ける個々の国民は，国が施策として行う予防接種の直接の対象者なのであるから，予防接種事故が生じないよう努める義務は，単なる一般的抽象的な政治的行政的義務ではなく，まさに法的義務そのものである」と判示している。
19 古崎慶長『国家賠償法研究』(日本評論社，1985) 85頁。
20 ハンセン病訴訟では，一人当たりの請求額が1億円として提起されたが，一人1万円の慰謝料請求であれば，ほとんどすべての隔離被害者が原告になったであろうとの指摘がなされたと伝えられている。

【審査請求事件概要一覧表】

【事件①】

進行性筋ジストロフィー（ドゥシャンヌ型）の疾患を有するA（当時21歳の大学生）が，居住する沖縄県名護市の居宅介護の支給決定に対して行った審査請求であり，2度の審査請求がなされている。

1　第1次請求

Aが名護市に対して1月当たり744時間（1日当たり24時間）の居宅介護の支給決定を行うよう申請したところ，名護市が，外出介護（月25時間）を含め1月当たり340.5時間（1日当たり11時間）の支給決定（原処分）をしたことに対し，処分の取消しと相当な居宅介護給付を求める旨の審査請求をした。沖縄県は，2006年（平成18年）12月19日，以下のとおりの理由で，名護市の処分を一部取消し，Aの請求を一部認容する裁決（就寝中の介護について認容）を行った。

(1)　就寝中の介助

Aの主治医の意見書では，「2時間に1回程度の体位変換や人工呼吸器作動の確認を受けているのが全国的に標準的な介護であり」と記載されており，Aの体位変換を行う場合，就寝時間の午後11時から翌朝午前7時までの間に複数回の体位変換が必要になる。厚生労働省社会・援護局障害保険福祉部長通知「指定障害福祉サービス等に要する費用の額の算定に関する基準等の制定に伴う留意事項について」によると，「所要時間30分未満で算定する場合の所要時間は20分程度以上とする。」とされている。名護市が午後11時から翌朝午前7時まで決定した0.5時間／日は，Aに対して1回の体位変更等のサービス提供しかできないこととなり，Aの要介護状態には適切に対応できていないことを考慮すると，不十分である。

(2)　就寝時間以外の介助

名護市は，「日常生活支援」の支給決定基準に基づき支給決定している。Aは定期的に体位変換が必要であり，そのためには「2時間に1回程度の体位変換が標準的な介護」と解されていることからすると，Aの心身の状態に応じて，日中の「体位変換」に要する時間として1時間／日の支給量を上乗せして決定していることから，就寝中以外の時間帯の支給量については適正な支給量といえる。

2　第2次請求

第1次請求に対する裁決を受けて，名護市は，居宅介護として1月当たり331.5時間，外出介護として1月当たり25時間の支給決定をしたことから，沖縄県に対し，原処分を取り消し，1月当たり744時間（1日当たり24時間）の居宅介護給付を支給することを求める旨の審査請求をした。

しかし，これに対しては，第1次請求と同様の判断が示され，審査請求は棄却された。

【事件②】
　痙性麻痺（脳性麻痺）による両上下肢不自由及び構音不全（脳性麻痺）による音声，言語機能障害の各障害を有しているBが審査請求をした事件であり，宮城県名取市に居住していた当時になされた介護給付支給決定に対する審査請求と，その後，東京都小笠原村に転居してなされた介護給付支給決定に対する審査請求とがある。
1　宮城県に対する審査請求
　Bは，支援費制度時代及び障害者自立支援法のみなし決定期間中には，1月当たり330時間の居宅介護支援費の支給決定を受けていたが，宮城県名取市は，障害者自立支援法本格施行に伴い，支給量1月当たり257時間（うち移動中介護76時間）の介護給付支給決定をしたことから処分の取消しを求めて審査請求をした。
　宮城県は，2007年（平成19年）6月1日，概略，以下の理由で，処分を一部取消す旨の裁決を行い，Bの請求を一部認容した（外出に係る介護サービスについて認容）。
(1)　在宅に係る介護サービスに関しては，これまでの利用実績（平成18年4月から同年9月までの6ヵ月間の平均月130.4時間，最大月164.5時間）を考慮した上で支給決定を行っている（1月当たり最大164.5時間）点で，不適当な支給量であるということはできない。
(2)　外出に係る介護サービスに関しては，これまでの利用実績（平成18年4月から同年9月までの6ヵ月間の平均月134.3時間，最大月145時間）や支援費制度における支給量（1月当たり146時間）に比べ大幅に削減された支給決定（1月当たり76時間）となっていることから，支給決定を行った内容についての積算根拠には合理性が認められず，障害者自立支援法22条1項に規定する障害福祉サービスの利用に関する意向を十分に勘案しているとはいえず，不当である。
2　東京都に対する審査請求
　Bは，2007年（平成19年）5月31日に東京都小笠原村に移転して，重度訪問介護について介護支給量を1日当たり320時間（うち移動中介護116時間）の支給決定を行うよう申請したところ，同村は，支給量1月当たり178時間（うち移動中介護50時間）という内容の介護給付支給決定をしたことから，「支給量を1月当たり330時間（うち移動中介護116時間）に変更」するように求めて審査請求をした。
　この事件は，現在事件が係属中であり裁決がなされていないが，Bは以下のとおり主張している。
(1)　拒否理由の不合理性
　障害者自立支援法の事業を実施する介護事業所が島内にないことを支給量制限の理由として説明するが，①Bは東京都江戸川区所在の障害者自立支援法に基づく事業所と重度訪問介護に関する居宅支援サービス契約を締結しているのであるから，実施事業者の島内不存在を理由とする介護支給量制限は事実の問題として論拠がない，②介護事業所を充実，整備することが障害者自立支援法の規定する自治体の公的責務であって，整備されていないことを理由とした介護支給認定は許されない。

(2) 宮城県の裁決との関係

　宮城県の裁決の認定内容（在宅介護181時間は妥当，外出中介護76時間は不当）に照らしても，処分庁の月178時間（うち移動中介護50時間）という処分は客観的にみて不当である。

(3) 要綱による支給量制限

　「小笠原村障害福祉サービス支給決定基準に関する要綱」では支給量178時間が基準と規定されているところ，処分庁は当該要綱の定める支給量を支給量上限とし，Bの具体的な介護の必要性を勘案することなく，行政側が決めた枠の範囲内で一方的に支給量を制限して支給決定処分をしたものであり，行政庁の裁量を逸脱する違法な処分である。

【事件③】

　脳性麻痺による両上下肢機能全廃，坐位起立歩行不能，握力計測不能，言語障害等の障害を有し，札幌市に在住するCが，重度訪問介護について支給量1月当たり720時間の決定を行うよう介護給付費支給申請をしたところ，札幌市は，支給量1月当たり330時間とする同支給決定処分を行ったことから，支給量を当初申請どおり「1月当たり720時間に変更」するよう求めて審査請求をした。

　北海道は，2008年（平成20年）3月27日，以下のような理由で，Cの請求を認容して札幌市の支給決定を取り消す旨の裁決を行った。

　札幌市は，豊平区介護給付等標準支給審査基準に基づいて支給決定を行ったが，この審査基準における「著明な言語障害」の判断基準は明確に示されていないし，Cの言語障害の程度について十分調査されているとはいえない。また，審査基準における「著明な不随意運動・言語障害を伴う者」の解釈について，札幌市は「著明な不随意運動かつ著明な言語障害」であると主張するが，「著明な不随意運動又は言語障害」とも解され，その部分について十分な説明がないことから，基準の適用が公平かつ適正に行われているかについて疑問がある。札幌市の処分は障害福祉サービスの利用に関する意向その他の厚生労働省令で定める事項を調査した上で審査基準を適用させた妥当な判断とはいない。

　なお，この裁決を受けた札幌市豊平区保険福祉部長は，2008年（平成20）年6月13日付けで，Cの当初申請どおり，重度訪問介護の支給量を1ヵ月当たり720時間とする介護給付費支給決定処分をした。

第2部　障害者福祉に関する国際的潮流

障害者福祉に関する外国法制はわかりづらいといわれる。社会保障制度自体が国によって相当の違いを有しており，また，近年の社会保障制度の改革が世界的にも進行しつつあるからなおさらであろう。しかも，障害者福祉の制度となると，文献の有無だけをみても国によって相当の開きがある。
　しかし，障害者福祉の制度が変更されつつある今だからこそ，障害者福祉に関連する外国法制を少しでも調べることで，日本の障害者福祉法制のあり方を考える意義があるともいえよう。
　そこで，スウェーデン，イギリス，ドイツ，アメリカに絞って障害者福祉に関連する制度を以下，概観してみることにする。
　なお，第2部の最後に，障害者権利条約についての項目を立てた。
　わが国も署名した障害者権利条約は，現在批准を待つ段階となっているが，障害者問題についての国際的潮流がどのようになっているかを知る意味でも，そして国内の法制度が，今後，どのように変更されていくのか，変更されるべきかを知る意味でも，条約批准前ではあるが，この時期にあえて障害者権利条約に触れる重要な意義があるものと考えた。

第1章 スウェーデン

第1 スウェーデンの社会保障制度

1 スウェーデン・モデル

(1) 障害者介護などの自治体の福祉サービスには，①北欧のような公費負担・公的給付型，②ドイツ，フランスのような社会保険型，③アメリカのような民間（市場）サービス中心型があるとされており[1]，スウェーデンは上記①に該当する。

スウェーデンの社会保障制度の特徴は，普遍的で包括的な社会保障制度であるということである。これは，社会福祉国家モデルとして，「スウェーデン型福祉国家モデル」と呼ばれるものの特徴の一つとして挙げられている[2]。

そして，その社会福祉の財源は主として税金であり，税負担は大きいといわれている（高負担・高福祉）[3]。具体的には，2003年の租税負担及び社会保障負担（国民所得比）について，わが国のそれと比較してみると，わが国の場合は35.3％（租税負担21.2％，社会保障負担14.1％）であるのに対し，スウェーデンでは71％（租税負担49.9％，社会保障負担21.0％）となっている[4]。

(2) また，スウェーデンでは，社会福祉の分野に契約制度が導入されておらず，行政処分に基づくサービス提供方式が維持され，その中で，利用者主体を実現するための様々な工夫や法制度が整備されている[5]。

(3) 次に，社会保障の種類ごとに大別すると，①国（中央政府）が中心となって運営される社会保険及び各種手当制度（所得保障施策），②ランスティング（県自治体）が中心となって運営される医療サービス，③コミューン（市町村自治体）が中心となって運営される福祉サービスからなる[6]。

2 障害者福祉の法制度

(1) スウェーデンでは，包括的な社会保障制度であることを示す法制度とし

て，1980年に制定された社会サービス法がある。この法律は，社会福祉に関する包括的な法律として，児童福祉，高齢者福祉，障害者福祉等の各社会福祉の分野に加えて，生活保護をも含んでいる[7]。したがって，障害者福祉については，この法律の適用がある。

(2) 障害者福祉に関しては，社会サービス法とは別に，特に重度障害者にさらに権利を与える法律として，「機能障害者を対象とする援助及びサービスに関する法律」（LSS法）が1994年1月から施行された。また，同じ時期に，障害者の自立生活を実現するために不可欠な「介護」を保障するための法律として，「介護手当に関する法律（アシスタンス補償法）」（LASS法）も施行されている。

さらに，機能障害者に対する差別禁止，権利擁護の観点からは，「ハンディキャップ・オンブズマンに関する法律」が，1994年7月1日から施行されている[8]。

(3) このように，スウェーデンの障害者福祉は，福祉サービスの提供に関しては，社会福祉一般に包括的に適用される社会サービス法と，障害者について適用される法律（LSS法，LASS法など）の2種類がある。

以下では，障害者が受けることのできるサービス内容，その費用負担，利用手続等については，わが国における障害者自立支援法との比較で参考になると思われることから，こうした観点から社会サービス法，LSS法，LASS法を概観する。

第2　社会サービス法

1　社会サービス法の特徴

(1) 社会サービス法は1982年に施行されたが，2001年に新しい社会サービス法が成立し（2002年1月施行），その後，2006年に，個人の援助受給権の保障についての法的保障を強化することを意図した改正がなされている[9]。

(2) 社会サービス法の特徴としては，以下のような点が指摘されている[10]。

　① 枠組み法であり，サービスの主体となる自治体は，この枠組みの範囲内で自由に運営を行う[11]。但し，法律の解釈等については社会庁の庁令・ガイドライン及び行政裁判による解釈が制限を加える。

　② 権利法であり，国民はこの法律に基づく決定（行政決定）に対しては

行政不服訴訟を提起できる[12]。
③　社会福祉分野における基本法であり，その対象も包括的である。
④　目的・原則では，自己決定権と人格の尊重，自立・自助のための援助であるという点が強調されている。

2　援助を受ける権利

(1)　利用者主体の保障という観点から，法は，「自分の必要性を自ら満たすことができない者，または他の方法によっては満たすことができない者は，その生計維持（生計援助）及びその他の生活上の営みに対して，社会委員会の援助を受ける権利を有する[13]」と規定し（4章1条），個人に対して，社会的な援助を受ける権利を規定している。また，この援助によって，個人は「適切な生活水準を保障されなければならない」（同条2項）とされている。

この個人の援助を受ける権利に対応して，コミューンについては，法に基づく業務を実施する義務を負うことが明記されている（2章2条）[14]。

援助を受ける権利を定める4章1条には，「自分の必要性を自ら満たすことができない」と規定されており，いわゆる補足性の要件が定められている。これは生計扶助がセーフティネットとしての性格を有しているためであるが，生計扶助以外のホームヘルプ等のその他の生活援助の支給決定に際しては，個人の経済的状況は考慮しないというのが立法者意思である。もっとも，行政実務及び裁判実務では，この立法者意思とは異なった扱いがなされている[15]。

(2)　また，障害者に関しては，上記の一般的規定とは別に，「社会委員会は，身体的，精神的あるいは他の理由により日常生活において大きな困難を伴う人々が，社会生活に参加し他の人々と同じように生活できるように務めなければならない。社会委員会は，各個人が有意義な活動を行い，また本人の援助の必要に適応した住居に住めるよう寄与しなければならない」，「コミューンは，第1項の理由により，そのような住居が必要な人に対して，特別なサービスが受けられる住居を用意しなければならない」と規定し（5章7条），援助を必要とする人に適した形態の住居・サービスを提供すべき義務をコミューンに課している[16]。

(3)　個人が，援助を受ける権利に基づく援助を受けるためには，社会委員会による行政決定が必要である[17]。個人は，自由意思に基づいて社会委員会に

第1章　スウェーデン　　129

対して希望する援助に関する申請を行い，社会委員会は，これについて調査・決定・実施を行う。社会委員会の決定に不服がある場合は，行政裁判所に行政不服訴訟を提起することができる（16章3条）。

(4) 社会委員会が援助決定を行う際には，援助の要件を満たしている場合には，コミューンの財源や資源が不足していることを理由に申請を拒否することは許されないということが，行政解釈及び判例で確立されている。したがって，例えば，コミューンにおいてホームヘルパーや特別の形態の住居が不足していることや，これを整備するための財源が不足していることによっては，援助を受ける権利は制限されるものではない[18]。

(5) このように，援助を受ける権利は「資源の欠如」に制限されない権利とされているが，一方で，コミューンにおいて財源・資源が不足しているような場合に，法で定められた援助を受ける権利が現実には保障されないという問題も生じている[19]。

このような事態に対応するため，2006年改正によって，①裁判所がコミューンの決定に代わる援助の決定をしたにもかかわらずコミューンが従わなかったり，コミューンの行った決定による援助の実施が遅滞しているなどの場合には，裁判所によって，コミューンに対し制裁的措置としての特別料金の支払義務を課すことができること，②援助決定の後3ヵ月以内に実施されていない決定などについての中央行政庁等への報告義務，等が規定された（16章6条）[20]。

(6) 具体的な援助については，「社会委員会によって提供される個人を対象とする施策は，本人と一緒に形成され，実施されなければならない」（3章5条）と規定され，法の原則である自己決定権と人格の尊重を具体化している[21]。

第3　機能障害を対象とする援助及びサービスに関する法律（LSS法）

1　LSS法の特徴

LSS法は，特定の機能障害者（重度障害者）の自己決定権を強化するために，社会サービス法を補完・補強するものとして，1994年1月に施行された。社会サービス法を補強するという点は，例えば，社会サービス法は，「適切な生活水準」の保障を規定するが，LSS法では，「良好な生活水準」を現実に保障

しなければならないと規定されており（7条），その目標がより高く設定されている[22]。

　LSS法も社会サービス法と同様に権利法である。したがって，この法律に基づく決定に対しては行政不服訴訟が提起できる（27条）。

　社会サービス法上の権利と異なるのは，社会サービス法上の権利は，他の方法によって満たされるのであれば，申請された援助は認められないのに対し，LSS法上の権利は，その必要性が他の方法によって実際に満たされない限り保障されるという点である[23]。

2　対象者

　この法律の対象となるのは，①知的障害者，自閉症または自閉的症状にある者，②成人期における外傷あるいは身体疾患によって生じた脳障害による重度かつ恒常的な知的機能障害を有する者，③その他の恒常的な身体的あるいは精神的な重度の機能障害を持つため，日常生活において相当の困難を伴い，援助及びサービスを必要とする者（明らかに加齢に伴う場合は除く），である（1条）[24]。

3　援助を受ける権利

　対象者が，日常生活において必要性が生じ，他の手段によって代替できない場合には，法が保障する生活支援サービスを受ける権利を有すること，対象者は良好な生活条件の享受が保障されることが規定されている（7条）[25]。

4　サービス内容

(1)　LSS法により，障害者の権利として保障される生活支援サービスは以下の10分野とされている（9条）[26]。このうち①のサービスはランスティングの責任とされているが，それ以外はいずれもコミューンの責任として義務づけられている（2条）。

　①　相談その他の個別援助
　②　パーソナル・アシスタンス（専属介助者）制度
　③　ガイドヘルパー・サービス（付添いサービス）

　外出時に付き添うヘルパーで，パーソナルアシスタントがいない障害者も利用できる。

④　コンタクトパーソン（生活アシスタント）による援助

必要に応じて家庭を訪問し，障害者の日常生活の助言を行ったり，孤独にならないために社会生活に参加することを援助したりする者。

⑤　在宅代替サービス（一時的介助者）

障害者の両親の介護負担を軽減するために，一時的あるいは定期的に両親の代わりに介護を行う者。

⑥　ショートステイ・サービス

障害者がレクリエーションに参加したり，介護者が休息したりできるように定期的にあるいは緊急時にショートステイを利用できる。

⑦　12歳以上の障害児に対する学童保育

12歳以上の障害児を，登校前後及び休暇中世話をする。

⑧　児童・青少年に対する自宅外の特別住宅保障

家族と同居できない児童・青少年が里親あるいはケア付き住居に住むことができる。

⑨　成人に対する特別住宅保障

障害者対応住居（サービスアパート）とグループホームに大別される。

⑩　デイケア

(2)　このように，LSS法では保障されるサービスが具体的に10の権利として規定されているが，他方で，「本法は，他の法律で定められている個人の権利を何ら制限するものではない」と規定しており（4条），LSS法上の援助を受ける者について社会サービス法の適用を何ら妨げるものではない。

また，LSS法の対象とならない者でも，必要と認められれば社会サービス法によりLSS法に規定されている10の権利に基づく援助を受けることができる。したがって，「LSS法の対象に含まれない障害者」，「LSS法の対象者であるがLSS法に含まれる援助形態では不十分な者」等は，社会サービス法による援助を申請することができる[27]。

5　パーソナル・アシスタンス制度

(1)　LSS法が規定する障害者の権利として保障する生活支援サービスのうち，最も中心的なものが，パーソナル・アシスタンス制度であり，本人の手足の代わりとなる個人専属の介助者のことである。

2003年の統計では，約1万2,000人がパーソナル・アシスタンスを利用

しており，利用者一人当たりの平均的援助時間は週94時間，援助報酬を受給する利用者の40％が週100時間以上の援助を受けているとされている[28]。
(2) 介助時間が週20時間以下の場合はLSS法に基づきコミューンが決定・費用負担を行うが，介助時間が週20時間を超える場合は，LASS法に基づき社会保険事務所が決定し，居住による社会保険給付として国が援助費用を負担する。この行政決定は，2年ごとに再審査・再決定が行われる[29]。

アシスタントの調達は，利用者の選択の自由を保障する観点から，利用者が直接雇用することも可能であるし，コミューンと民間事業者に供給を委託することもできる[30]。利用者がコミューンをアシスタントの供給者として希望する場合，コミューンは供給を義務づけられる[31]。

第4　介護手当に関する法律（LASS法）[32]

LSS法の対象者について，週20時間以上介護を要する場合に，パーソナル・アシスタンスの費用を国が負担することを定める法律である。

LSS法と同様，対象者は援助を受ける権利を有することが規定されている（3条）。サービスの種類は，パーソナル・アシスタンス制度とされる。介護手当の申請は社会保険事務所に対してなされ，社会保険事務所が審査の上決定する（5条）。

第5　援助を受ける者の関与等

この項では，社会サービス法とLSS法の双方について，援助を受ける者の利用手続と利用者負担を扱う。

1　利用手続[33]
(1) 援助を受けようとする者は，コミューンの福祉事務所に対して申請する。コミューンでは，援助の決定を行うニーズ査定主事という専門職が置かれており，このニーズ査定主事によって，申請の受付，介護ニーズの調査・決定（ニーズ・権利の有無，援助必要時間）が行われた上，行政決定がなされる。

社会サービス法の関係では，高齢者担当，障害者担当などサービス体系ご

とに担当が分かれているのが通常であり、LSS法の関係では担当者が別に設けられている場合もある。

また、週20時間を超えるパーソナル・アシスタンスについては、社会保険事務所の査定主事によって認定され、社会保険委員会によって決定される。この申請は本人が直接社会保険事務所に申請することも可能であるが、コミューンを通すことが多いとされている。

(2) 調査、ニーズ認定、行政決定に関しては、社会庁・社会保険庁からガイドラインが出されているが、いずれもスタンダード化された要介護認定フォームはなく、留意すべき点を記述する形のものである[34]。

ニーズ査定は、援助によって自立した生活を可能にする観点から同年齢の健常人の生活内容を基準とする。

(3) 行政決定に当たっては、事前に徴集した情報や調査に基づく認定結果を当事者に提供し、当事者が意見反映できるための十分な時間を確保しなければならない[35]。

(4) 援助の必要度合いについて、わが国の要介護認定のような程度区分が設けられているわけではなく、例えば、24時間の継続的援助が必要である場合や、1時間の援助を受けるにあたり、数人のアシスタントを必要とする場合などもある。

2 利用者負担[36]

(1) 社会サービス法による援助については、利用者本人の収入に応じた費用徴収が認められている（8章2条）。但し、①実費を超えてはならないこと（非営利性の原則）、②すべての利用料を支払った後、生活費が残らなければならないこと、③夫婦の一人が特別な住居に入居した場合、在宅に住んでいる配偶者の生活が経済的に悪化しないようにコミューンは保障しなければならないこと、が定められている。

また、2003年の法改正により、最高負担額及び最低保障額[37]が規定された。具体的には、介護費用、デイケア費用、コミューンの訪問看護費用等の費用について、物価基礎額を基準として最高負担額を定め、その額を超えてはならないとされ（8章5条）、また、費用徴収の後に物価基礎額を基準として定められた最低保障額が利用者の手許に残るようにしなければならないとされている（8章6条）。

なお，利用料の算定に当たっては，個人の収入を算定基礎とする旨の規定がある（8章4条），これが利用料の算定基礎となることから（8章6条），応能負担が明文の規定で認められているとされている[38]。もっとも，実際に応能負担の利用料を徴収するか否かは，各コミューンの裁量に委ねられている。
(2)　LSS法によるサービスの場合は，基本的には無料である（21条）。但し，コミューンは，家賃，余暇費などについては実費を徴収することができる（19条）。

第6　わが国の制度との比較

(1)　スウェーデンの制度とわが国の制度とを比較してみると，サービスメニュー自体には，日本とスウェーデンとで大きな違いはないとされている[39]。
　他方，スウェーデンでは援助を受ける権利が明確に規定されている。また，わが国では，契約制度により選択の自由は制度上認められるものの，国及び地方自治体のサービス整備義務が十分に規定されていないため，個人の選択の自由が制限される場合が生じているが，スウェーデンでは「資源の欠如」は援助を受ける権利を制限することはない。
(2)　ニーズ判定については，わが国の要介護認定や障害程度区分認定とは異なり，判定に関する標準化された統一基準はない[40]。
(3)　利用者負担に関しては，スウェーデンの社会サービス法では利用者負担があるが，適切な生活水準を維持するための最低保障額が規定されている。
　わが国の場合は，低所得者等に配慮した負担軽減措置はあるものの複雑で判りにくいと指摘されている。これに対して，スウェーデンの最低保障額原則は，家賃・自己負担等を支払った後でも一定の額が利用者の手許に残るよう利用者負担等を減額するという単純な制度となっている[41]。

【謝辞】本稿執筆に当たっては，訓覇法子日本福祉大学教授，高田清恵琉球大学准教授，スウェーデン在住の奥村芳孝氏の各氏から貴重な資料を提供頂いた。

1 　丸尾直美「総論―スウェーデンの社会保障―」丸尾直美・塩野谷祐一編『先進諸国の社会保障・スウェーデン』(東京大学出版会, 1999) 10頁。
2 　丸尾・前掲注 (1) 8頁。
　　スウェーデンの社会福祉制度の特徴として、①普遍的（すべての住民を対象に生活を保障）、②大きな政府、即ち、高負担・高福祉、③地方自治の伝統が強いことを指摘する見解もある。この点について、奥村芳孝『スウェーデンの高齢者・障害者ケア入門』(筒井書房, 2005) 13頁参照。
3 　岡沢憲芙「スウェーデン」岡沢憲芙・久塚純一編『世界の福祉』(早稲田大学出版部, 第2版, 2004) 6頁。
　　もっとも、「高負担」については、スウェーデンの地方所得税の高さがクローズアップされる傾向があるが、国税に関してはむしろ日本の方が税率は高いとの指摘がある。この点につき、西下彰俊『スウェーデンの高齢者ケア―その光と影を追って―』(新評論, 2007) 10頁。
4 　『社会保障の手引き―施策の概要と基礎資料―〔平成19年1月改定〕』(中央法規, 2007) 746頁。
5 　高田清恵「スウェーデン社会サービス法における利用者主体の法制度」真織第4号 (2006) 9頁。
6 　健康保険組合連合会編『社会保障年間2008年版』(東洋経済新報社, 2008) 325頁。
7 　高田・前掲注 (5) 4頁。
8 　高島昌二『スウェーデン社会福祉入門』(晃洋書房, 2007) 133頁。
9 　高田清恵「社会サービス法における援助を受ける権利と法的保障の強化―2006年改正を中心に―」琉球法学第77巻 (2007) 16頁。
10 　奥村芳孝・伊澤知法「スウェーデンにおける障害者政策の動向―高齢者ケア政策との異動を中心に―」海外社会保障研究154号 (2006) 50頁。
11 　枠組み法とは、非常に詳細に地方自治体の事務・組織形態の双方を規定する法律に対し、主として目的や方針といった単なる枠組みのみを定める法律を指す。枠組み法によって課される責務の遂行に際しては、地方自治体に大きな裁量が与えられる。この点につき、中野妙子「スウェーデンにおける福祉サービス利用関係の法的検討」岩村正彦編『福祉サービス契約の法的研究』(信山社, 2007) 207頁。
12 　これに対して、保健医療法のような義務法は、行政・医師などの義務を規定してはいるが、行政不服訴訟を提起することはできない。この点につき、奥村ほか・前掲注 (10) 51頁。
13 　必要性が「他の方法によっては満たすことができない」場合と規定されていることから、例えば、LSS法によってサービスを受けることができる場合には、社会サービス法の適用はない。また、「生計維持」は、いわゆる生活保護であり、「その他の生活上の営み」に対する援助としては、障害者のホームヘルプや特別な住居の援助や、医療、救急歯科医療、眼鏡などの援助、依存症患者のケアなども含まれている。この点について、奥村・前掲注(2)31頁参照。
14 　高田・前掲注 (9) 2頁。
15 　中野・前掲注 (11) 215頁。例えば、自己負担で民間の清掃業者を利用する経済力がある

ことを理由として，障害を有する原告からの公的ホームヘルプ・サービス支給申請を却下した行政裁判所の判例があると紹介されている。

16 奥村ほか・前掲注 (10) 55 頁。
17 行政決定でありサービスではない。奥村・前掲注 (2) 31 頁参照。
18 高田・前掲注 (9) 2 頁。
19 高田・前掲注 (9) 5 頁。
20 高田・前掲注 (9) 19 頁以下。
21 高田・前掲注 (5) 5 頁。
22 訓覇法子「障害者政策と自立支援」日本福祉大学通信教育部資料 (2007) 1 頁。
23 奥村ほか・前掲注 (10) 52 頁。
24 奥村ほか・前掲注 (10) 52 頁。
25 二文字理明編訳『スウェーデンの障害者政策〔法律・報告書〕』(現代書館，1998) 174 頁
26 訓覇・前掲注 (22) 2 頁，奥村・前掲注 (2) 67 頁，奥村ほか・前掲注 (10) 53 頁。
27 奥村ほか・前掲注 (10) 55 頁。
    通常は，LSS 法が個人にとって最も有利と思われることから，最初に LSS 法の適用を検討し，次に社会サービス法を検討するとされている。この点につき，馬場寛ほか訳編著『スウェーデンの社会サービス法／LSS 法』(樹芸書房，1997) 90 頁。
28 訓覇・前掲注 (22) 1 頁。
29 奥村ほか・前掲注 (10) 54 頁。
30 訓覇・前掲注 (22) 5 頁。
31 訓覇・前掲注 (22) 10 頁。
32 二文字・前掲注 (25) 182 頁。
33 奥村ほか・前掲注 (10) 55 頁，訓覇・前掲注 (22) 5 頁以下。
34 こうしたことから，法の解釈に関する明瞭なガイドラインがないとの指摘がなされている。この点につき，訓覇・前掲注 (22) 5 頁。
35 例えば，あるコミューンでは，ニーズ判定結果シートに，本人，査定主事，サービス提供者の三者のサインを求め，サービスを受ける当事者の承諾を前提としている。この点について，西下・前掲注 (3) 33 頁参照。
36 奥村ほか・前掲注 (10) 56 頁。
37 最低保障額に含まれるものとしては，食費，衣服費，余暇費，衛生品代，消耗品代，新聞・電話・テレビ代，家具・台所用品代，家庭保険費，電気代，交通費，歯科費用，通院費，医薬品代があるとされる。この点につき，奥村ほか・前掲注 (10) 56 頁参照。
    もっとも，ここでいう「最低保障額」は，わが国の生活保護法等が規定する「最低生活」とは異なり，社会サービス法の規定する「適切な生活水準」を維持するための最低保障額である。
38 中野・前掲注 (11) 237 頁。
39 奥村ほか・前掲注 (10) 57 頁。
40 西下・前掲注 (3) 44 頁。
41 奥村ほか・前掲注 (10) 57 頁。

第2章 イギリス

第1　イギリスの「社会サービス」の概念

　日本の「社会保障」に対応する概念は，イギリスでは「社会サービス (Social Services)」または「社会政策 (Social Policy)」である。他方，イギリスにおいて「社会保障 (Social Security)」という概念は，従来から非常に限定的にとらえられており，所得保障に限定して考えるのが一般的である。
　本稿においては，このイギリスにおける「社会サービス (Social Services)」，「社会保障 (Social Security)」の定義に従うものとする。
　イギリスの「社会サービス」には，大きく分けて，①「社会保障 (Social Security)」のほか，②「国民保健サービス (NHS, National Health Service)」及び③「対人社会サービス (Personal Social Services)」がある[1]。

第2　社会保障 (Social Security)

1　はじめに

　イギリスでの「社会保障」には，①拠出制の国民保険 (National Insurance)，②無拠出給付である労災給付，障害者関係給付，無拠出退職年金，児童関係給付，③一般財源から支出される無拠出制の給付のうち資力調査を伴う給付がある[2]。

2　国民保険

　国民保険は，1942年のベバリッジ報告に基づき1946年に登場したが，労働党と保守党の対応の違いなどから，年金改革もジグザグの動きをしたといわれる。そして，1975年社会保障年金法による国家所得比例年金 (SERPS)，1986年社会保障法による拠出建ての職域年金や個人年金の選択等，様々な

改革が進められてきた[3]。

その後、2002年4月より、従来の付加年金、SERPSに代わるものとして、国家第2年金（SSP）が創設され、2007年7月には「2007年年金法」が制定されている。

イギリスの国民保険は、国籍を問わず、義務教育終了年齢以上年金受給年齢未満のイギリス居住者全員に国民保険の拠出義務が課されている。日本のように保険事故別、被保険者の職業別で組織されていない点で包括的な保険である。

3　無拠出制給付

(1)　無拠出制給付は、全額を国が負担するもので、1990年から加わった労働災害給付と、障害者関係給付、児童関係給付等がある。

無拠出制給付のうち障害者に対し支給されるものとしては、要介護の就労年齢の障害者に対する「障害者生活手当」、要介護の高齢障害者に対する「付添手当」、障害者の介護者に対する「障害者介護手当」がある[4]。

(2)　障害者生活手当

障害者生活手当は、65歳以前に疾病や障害によって、日常生活の介護や移動の介助が必要となった者（既に3ヵ月にわたり介護を必要としている者で、今後6ヵ月以上の介護を必要とする場合に支給される）に支給される。65歳以降に疾病や障害になった場合には、後述の付添手当の問題となる。無拠出で所得とは関係なく支給されるもので、非課税扱いの手当である。

介護（付添）部分と移動部分に分けられ、心身の障害により歩行不能の場合などは高額の移動手当が、歩行が可能ではあるがガイドが必要な場合などは低額の移動手当が支給される。

(3)　付添手当

付添手当は、65歳以降に障害者となり、過去6ヵ月以上、日常生活の介護を必要とする者に支給される。非課税扱いである。

昼夜にわたって付添や見守りが必要な場合や、終末期の患者の場合（重度）、継続的に付添や見守りが必要な場合（中程度）、着替えなど一時的な援助が必要な場合（軽度）に分けられている。

(4)　障害者介護手当

16歳以上65歳未満で、週に35時間以上、重度障害者（付添手当、戦争年金、

業務災害障害給付，障害者生活手当のいずれかを受給している場合）の介護をしている者に支給される。課税扱いである。扶養家族がある場合には基本手当に加算がある。

4 資力調査付給付等

2003年4月以降，歳入関税庁が管理する所得調査を伴うタックスクレジット制度が，以前の障害者就労給付などに代わって設けられた。国民保険，無拠出制給付でも最低限度の保障が達成されない場合に適用され，所得補助，社会基金，無拠出求職者手当，就労タックスクレジット，年金クレジット等がある[5]。

(1) 所得補助，社会基金

所得補助（Income Support: IS）は，常勤の仕事を持たない働くことが難しい疾病や障害を有する者等を対象とする公的扶助制度で（高齢者については後述の年金クレジットで対応されることになった），個々の世帯のニードを標準化し，資力調査は大幅に簡素化されている。非就業の低所得を対象とする。そして，所得補助制度の標準化により，個々の特別なニードに対処するため設けられたのが社会基金（Social Fund）の制度であり，生活資金を貸し付けるのが主な機能とされる[6]。

(2) 就労タックスクレジット

就労タックスクレジット（Working Tax Credit: WTC）は，週16時間以上働く子どもを持つ者や障害を持つ者等を対象とする給付付き税額控除の制度である。低中所得の就業者に受給資格がある。基準年額としては，基礎額1,730ポンド，障害基準額2,310ポンド，重度障害基準額980ポンド等が定められているという。そして，就労により賃金収入が増えると課税最低限までは還付(給付)があり，実質的な手取り所得が増え，さらに賃金が増え課税最低限に達すると還付は終了するが，税額控除（減税）がなされるためやはり税引き後の所得は増加し就労インセンティブを高める仕組みとされている[7]。

(3) 年金クレジット

2002年6月に，十分な所得のない年金生活者に，公的扶助基準額相当の所得を保証し，年金と公的扶助（後述する所得補助等）とを調整する年金クレジット法が成立し，2003年10月から実施されているという。

年金クレジットには，最低保証クレジットと貯蓄クレジットがあるが，前者は後述する所得補助と類似しており，基準額は単身者週119.05ポンド，これに重度の障害を持つ者に48.45ポンド，介護者に27.15ポンドなどを加えて必要額が計算され，年金等の収入がこの水準に満たない場合は，その差額が支給されるという[8]。

第3 国民保健サービス（National Health Service: NHS）

イギリスにおいては，戦後直後の1946年にNHS法が制定されて以来，何度か制度変革がなされ，近年も改革が進められておりサービスの供給と購入の区分などが行われているが，NHSは主として租税財源でまかなわれている[9]。

NHSの中核は，GP（General Practitioner）と呼ばれる総合診療医を中心として行なわれるプライマリーケアである。プライマリーケアとは，医療，福祉，社会的問題などを患者と幅広く相談し，高度な治療へと橋渡しするもので，医療行為とは異なり，GP以外には看護師，保健師，歯科医，薬剤師等が担当している。国民は必ず自分のGPを選択し，政府と契約・登録することになっており，病気になったときはGP等から紹介を受け，各種NHSトラスト等による医療サービスを受ける。

NHSの特色は，あくまで最低限度の医療ケアを受ける権利，即ちGPに登録され相談する権利であり，必要に応じた治療を要求する権利ではない。

第4 対人社会サービス（Personal Social Services: PSS）

1 意義

イギリスでの「対人社会サービス」は，日本の社会福祉（公的扶助を除く）と呼ばれる分野に相当し，独立した一つの分野としてイギリスで認知されるようになったのは1970年代以降のことといわれる。

対人社会サービスにおけるpersonalは，人間に関係する社会サービスであり，それぞれの対象者の個別的事情に配慮したサービスという意味が含まれているといわれる。そして，高齢者，障害者，児童等に対して多様な援助により基本的な生活水準を保障することを目的とする。

社会保障及びNHSは中央政府が担うのに対して，対人社会サービスは地方自治体が担うことになっている。また，ボランタリー・オーガニゼーションと呼ばれる民間非営利団体も重要な役割を担っている[10]。

2 沿革

戦後の初期段階は「整備期」ともいわれ，1944年の障害者雇用法，1958年の同法改正などあるが，身体障害者の雇用問題が障害者サービスの中心的課題であり，「働ける障害者」だけを想定した政策であったといわれる。

1960年代からは「発展期」ともいわれ，「働けない障害者」のためのケア・サービスの問題を軸として展開した。重度の身体障害者，精神障害者，知的障害者は，1946年の国民保健サービス法によって公的医療システムのもとに置かれるようになったが，1959年の精神保健法以後，精神障害者と知的障害者のケアが，NHSの入院治療から自治体の施設ケアへとされていった。

1970年，「慢性病者及び障害者法」によって，施設ケアよりも在宅ケアに重点を置いたものに移行する。そして，1970年代後半以降，対人社会サービスや障害者サービスの大改革が行われた。利用者主権を確保するためにサービス購入費用の現金給付を求めた障害者の主張は，市場による福祉サービス供給を推進していた当時の保守党政権の政策にも合致していたといわれる。

1990年，国民保健サービス及びコミュニティケア法の制定で，精神障害者と知的障害者に対するコミュニティケアの提供を自治体の責任として明記した[11]。

3 障害者サービスの内容

(1) 障害者に対する社会サービスの特徴

1970年後半以降の障害者に対する社会サービスの改革は，①営利・非営利の民間セクターを含めたサービスの多元的供給，②サービスに対する利用者主権の確保，③精神病院と知的障害病院の閉鎖計画という特徴を有するといわれる[12]。

(2) サービスに対する利用者主権の確保の具体的内容[13]

(a) コミュニティケア（ダイレクト・ペイメント）法（Community Care《Direct Payments》ACT）が1996年に制定され，障害者は，一定の条件を満たす場合，直接コミュニティケア・サービスを購入することができるよう，

現金給付の権限を持つようになった。
(b) このダイレクト・ペイメントの受給資格は下記のとおりであり，比較的緩やかな基準により受給が認められている。
① 障害があること
② ケアラー（家族等介護者）の存在
③ 16歳以上であること
④ コミュニティケア・サービスの必要性についてアセスメントを受けること
⑤ （強制されるものではなく）進んで制度を利用すること
⑥ ダイレクト・ペイメントを管理できること（単独またはアシスタントを伴って）
　アシスタントを持つ場合でも最終的な自己決定ができること
⑦ 精神保健法に定められた特定対象，あるいは，刑事裁判の対象となっていないこと

その他，障害者本人から，障害児の親権を持つ人，あるいは障害のある親と生活する16歳から18歳の人等にも認められるよう，順次，その対象が広がっている。

(3) ダイレクト・ペイメントの存在意義
　ダイレクト・ペイメントの受給率は現実には高くないといわれる[14]。また，コミュニティケアの一連のプロセスを経由する過程での様々な課題もある。
　しかし，障害者運動の当事者から，パーソナル・アシスタントに支払う資金を持つことは，障害者が自らの選択を主張する上で最も重要な要素である，と述べられていることは[15]十分に留意されるべきことであろう。

4　障害児の家族

　2000年，介護者及び障害児法によって，障害児のニーズだけでなく，親や家族のニーズを認定してもらう権利が認められた。また，2004年の介護者（平等な機会）法によって，障害児をケアしている親には，ケアしていない親と同等の権利があることを明記し，障害児の家族もアセスメントの対象となった。
　2001年，医療とソーシャル・ケア法が制定され，サービスが必要と認定されれば，ダイレクト・ペイメントを障害児の家族にも支給できるようになっ

た。

さらに，2002年の就労法では，18歳以下の障害児を持つ親に，融通がきく就労形態を要求できる権利を与えた[16]。

第5　その他関連する制度

1995年，障害者差別禁止法が成立した。1999年，そこに規定されていた全国障害者審議会（NDC）は廃止され，新たに障害者権利委員会（DRC）が設置され[17]，さらに，2006年2月，平等法が成立した。これまでの機会均等委員会や障害者権利委員会等の役割を総括的に担う平等人権委員会（CEHR）が設置され，差別に対処することになった[18]。

2007年5月，福祉改革法で，再就職の可能性を個別に評価し，就労支援を行う仕組みが設けられ，就労可能な者には就労準備のための面接と就労計画の作成が義務づけられた[19]。

〈参考文献〉
- 久保純一・岡沢憲芙編『世界の福祉』（早稲田大学出版部，第2版，2004）
- 足立正樹編著『各国の社会保障』（法律文化社，第3版，2003）
- 武川正吾・塩野谷祐一編『先進諸国社会保障①イギリス』（東京大学出版会，1999）
- 萩原康生・松村祥子・宇佐見耕一・後藤玲子編『世界の社会福祉年間2007』（旬報社，2007）
- 日本弁護士連合会編『検証　日本の貧困と格差拡大』（日本評論社，2007）
- 小川喜道『障害者の自立支援とパーソナル・アシスタンス，ダイレクト・ペイメント　英国障害者福祉の変革』（明石書店，2005）23〜76頁

[1]　イギリスといっても，グレート・ブリテンの制度が中心となる。
[2]　本文の記述は，武川正吾ほか編『先進諸国の社会保障①イギリス』（東京大学出版会，2004）171〜176頁を参考にしている。
[3]　小林大造「イギリスの社会保障」足立正樹編著『各国の社会保障』（法律文化社，第3版，2003）28頁以下。
[4]　下夷美幸「家族クレジット・児童給付・障害者手当」武川正吾ほか編『先進諸国社会保障①イギリス』（東京大学出版会，2004）163頁以下，一圓光彌「イギリス」健康保険組合連合会編『社会保障年鑑2008年版』（東洋経済新報社，2008）305頁参照。

5 日本弁護士連合会編『検証・日本の貧困と格差拡大』(日本評論社, 2007) 213頁以下参照。
6 以上は，一圓・前掲注(4) 306頁，孫良「イギリス・社会福祉の現状Ⅳ (公的扶助)」萩原康生ほか編『世界の社会福祉年鑑2007・第7集』(旬報社, 2007) 57頁以下参照。
7 武川正吾「イギリスの最低生活保障制度」栃本一三郎ほか編『積極的な最低生活保障の確立―国際比較と展望―』(第一法規, 2006) 94頁，一圓・前掲注(4) 305頁，孫・前掲注(6) 59頁以下参照。
8 一圓・前掲注(4) 308頁。
9 金子光一「イギリス　制度・政策の展開」萩原康生ほか編『世界の社会福祉年鑑2007・第7集』(旬報社, 2007) 32頁，一圓・前掲注(4) 299頁以下参照。
10 以上は，武川正吾「総論―イギリスの社会保障体系―」武川正吾ほか編『先進諸国の社会保障①イギリス』(東京大学出版会, 2004) 17頁以下参照。
11 以上は，杉野昭博「対人社会サービス(3)―障害者―」武川正吾ほか編『先進諸国の社会保障①イギリス』(東京大学出版会, 2004) 303頁以下参照。
12 杉野・前掲注(11) 303～310頁。
13 小川喜道『障害者の自立支援とパーソナル・アシスタンス，ダイレクト・ペイメント―英国障害者福祉の改革―』(明石書店, 2005) 参照。
14 金子・前掲注(9) 43頁。
15 小川・前掲注(13) 137頁。
16 以上につき，孫・前掲注(6) 46頁以下。
17 障害者権利委員会(DRC)のことは，日本弁護士連合会人権擁護委員会編『障害のある人の人権と差別禁止法』(明石書店, 2002) 78頁以下参照。
18 金子・前掲注(9) 33頁。
19 一圓・前掲注(4) 309頁。

第3章 ドイツ

第1 ドイツの障害者に対する社会保障制度の概要

1 ドイツの社会保障制度の全体像

(1) 社会保障制度の定義と範囲

ドイツにおいては，年金保険，疾病保険，介護保険，労災保険等の基本的な社会保険制度に加え，労働政策の多くも社会保障の枠組みの中でとらえられるのが一般的である。これに各地方レベルで運営される社会扶助制度と社会福祉諸サービスを加えたものが社会保障の範囲であるといえる。

(2) 法的範囲

一般的に，社会法典（Sozialgesetzbuch: SGB）と呼ばれる法体系の中に位置づけられる諸制度が狭義の社会保障制度と定義づけられる。社会法典の体系は次の12編から成る。

- 第1編　総則
- 第2編　求職者基礎保障
- 第3編　労働助成
- 第4編　社会保障共通規定
- 第5編　法定疾病者保険
- 第6編　法定年金保険
- 第7編　法定事故保険
- 第8編　児童・青少年扶助
- 第9編　リハビリテーションと障害者参加
- 第10編　行政手続及び社会データ保護，運営機関の協力と第三者との関係
- 第11編　社会介護保険
- 第12編　社会扶助

社会法典は、社会保障分野の基本法であるため、個別の施策にかかる法規制は、原則として社会法典以外の諸法律によって規定される他、実際の運用においては各公法人の定款等によって規定される。

2 障害者福祉の法制度

障害者に対する援助等には、介護、保険・医療、教育、就労、社会生活への参加のための支援など種々のものがあるが、ドイツの社会保障制度は、対象とするリスクや対象者に応じて分立した諸制度から成り立っており、援助に対する給付についても、これを統一的に行う制度は存していない。

わが国の場合は、障害者に対する介護給付とリハビリテーション、就労、社会生活への参加のための給付（社会参加給付）などは障害者福祉施策として一元的に行われているが、ドイツでは、異なる給付制度により行われている。具体的には、介護に関しては、高齢者及び障害者も含めた要介護者全般に対して介護保険によって介護給付が行われており、一方、障害者の就労、社会参加給付は社会扶助などの給付として行われている[1]。

そこで、以下では、まず、介護保険制度を中心に概観し、その後、それ以外の障害者福祉施策に触れることとする。

第2　介護保険制度

1　介護保険法の特徴

(1) ドイツにおける介護保険法は20年以上にわたる討議を経て、1994年に公布され、翌1995年1月から施行された。

それまでのドイツでは、介護施設入居費用等が自己負担であったことなどから、要介護者のうち施設入居者の8割が生活保護を受けており、要介護者が自立した生活を送っているとは言い難い現状であった。そこで、介護にかかる費用につき保険方式とすることにより、要介護者が自立し、かつ自己決定に基づく生活を送れるようにすることを目的として介護保険法が制定された。

もっとも、介護保険が導入された最大の理由は、高齢の要介護者に対して、厳格なミーンズテストを伴わない社会扶助給付（老齢扶助）が大量に実施され、そのことによる実施主体（主として基幹自治体としてのゲマインデ）の

財政状況が逼迫したことを解消しようとする点にあったとも指摘されている[2]。
(2) ドイツでは，わが国と異なり，国民皆保険体制がとられておらず，被用者以外の者は強制加入ではなく任意加入の資格があるにすぎない。また，介護保険は，社会保険としての疾病保険（医療保険）と連動していることから，民間の疾病保険を購入している者は，民間の保険会社が経営する介護保険に加入しなければならない[3]。

したがって，公的介護保険と中心としつつも，これとほぼ同内容の民間介護保険が存するが，以下では，公的介護保険制度について説明する。
(3) ドイツの介護保険においては，被保険者の範囲及び要介護者の定義に年齢に関する要件は設けられておらず，若年の障害者であっても，要介護者に該当する場合には，介護保険による給付を受けることができる[4]。

但し，介護保険の給付は，等級ごとに給付の上限があるため，これまで個人の需要にあわせて支給されていた社会扶助の介護給付よりも下回ることがある。その結果，若年の身体障害者の中には，介護保険の実施が給付の削減と同じ状況を生んだと感じられることが少なくないとの指摘もある[5]。

2　基本原則

介護保険法（社会法典第11編）では，公的介護保険について以下のような原則を定めている。
(1) まず，給付についての権利に関する総則規定（目的）として，法の定める援助により，要介護者の生活における独立と自立を確保することとし（2条），具体的には，在宅介護の優先（3条）と予防及びリハビリテーションの優先（5条）が定められている[6]。
(2) また，介護保険は，要介護者が必要とするすべてを保障するものではなく，要介護者を支援する基礎的な保障を行うものであるとされている[7]。

即ち，ドイツの介護保険給付は，疾病保険のように，受給者の需要に完全に応えるものとはなっておらず，すべての給付に上限が存在していて，それを超える部分については，自分で介護サービスを確保しなければならない。これは，保険財源に一定の限界があることを前提に，介護需要を，①社会保険でカバーする部分（社会連帯に基づく部分）と，②個人でカバーする部分（個人の自助に基づく部分）に分けることを意味している。したがって，こう

した上限を超える費用を自分で負担することができない場合には，わが国の生活保護に相当する社会扶助から費用を補填することになる[8]。

3　保険者・被保険者・受給資格者[9]

(1)　保険者・被保険者

保険者は，連邦，州及び地方自治体とは独立した公法上の法人である介護金庫である。介護保険の被保険者の範囲は，疾病保険（医療保険）制度における被保険者と同一である。

(2)　受給資格者

被保険者は，保険料を納付することにより，要介護者となった場合に介護保険の給付を受ける権利を取得する。

「要介護者」とは，疾病または障害のために，日常生活において規則的に繰り返される活動（日常生活活動）[10]を行うのに，継続的（最低6ヵ月）に相当程度以上の援助を必要とする者をいう（14条1項）[11]。したがって，社会参加や文化活動のための援助，6ヵ月未満の短期的な援助，軽度の援助などの必要性は，介護保険において要介護者と認定することに結びつかない。また，介護補助具の使用などの措置を講じることにより自ら実施することが可能となる活動も要介護者認定において考慮されない。

「援助」には，日常生活活動自体を援助することのほかに，要介護者が自立して日常生活活動を行えるように監督または指導することが含まれる[12]。もっとも，この監督または指導は，あくまでも具体的な日常生活活動との関連性を有するものでなければならないとされている。この点，認知症患者，知的障害者及び精神障害者の場合には，具体的な日常生活活動と関連しない一般的な見守りが必要であり，特に在宅介護の場合にはそのことが介護に当たる家族等にとって大きな負担となっている[13]。

要介護者に対してその援助の必要性に応じた給付を行うため，必要な介護の頻度，介護のために必要な時間等に応じて，3段階の要介護度が設けられており（**表1**参照），この要介護度の認定に関しては，保険者である介護金庫の諮問機関である「医療保険のメディカルサービス」（Medizinischer Dienst der Krankenversicherung: MDK）が審査を行う（18条）。

要介護認定などに不服がある場合には，異議申立に基づく行政訴訟を提起することができて，社会裁判所（社会保険争訟を扱う特別の行政裁判所）で

迅速に処理される[14]。

表1　要介護度の区分

	介護の分野および頻度	必要介護時間
要介護度Ⅰ	身体の手入れ，栄養摂取及び移動に関し，1又は複数の分野の最低2つの活動について，最低毎日1回の援助を必要とすること。加えて週に何回かの家事援助を必要とすること。	1日最低90分 うち基礎介護に45分以上
要介護度Ⅱ	身体の手入れ，栄養摂取及び移動に関し，異なった時間帯に最低毎日3回の援助を必要とすること。加えて，週に何回かの家事援助を必要とすること。	1日最低3時間 うち基礎介護に2時間以上
要介護度Ⅲ	身体の手入れ，栄養摂取及び移動に関し，夜間も含めて24時間体制の援助を必要とすること。加えて，週に何回かの家事援助を必要とすること。	1日最低5時間 うち基礎介護に4時間以上

出典）松井勝明『ドイツ社会保障論Ⅲ―介護保険―』（信山社，2007) 4頁。

4　介護保険給付の内容[15]

　介護保険が要介護者自身に対して行う給付は，①在宅介護，②部分入所介護（デイケア，ナイトケア）及び短期介護（ショートステイ），③終日入所介護の3つのグループに分類されている。

　このほか，要介護者に対する給付だけでなく，在宅の要介護者を介護する家族等に対する給付を行っている点，現金給付である介護手当を支給している点，等において，わが国の介護保険とは異なっている。

(1)　在宅介護

　要介護者に対して現物給付として行われるものとして「基礎介護」及び「家事援助」があり，介護金庫の連合会がサービス供給契約を締結した介護サービス事業（認可介護サービス事業）の介護職員により実施される。

　介護現物給付には受給者の要介護度に応じた金額による上限が定められており（**表2**参照），基礎介護及び家事援助の費用がこの上限額を上回る場合には，超過部分は介護保険の給付対象とはならないため，自己負担とする。但し，要介護度Ⅲを上回る極めて多くの介護が必要な特別な場合には，上限を引き上げることができる。

　また，現物給付に代わる選択肢として，現金給付である介護手当が設けら

れている(**表2**参照)。なお,個々の要介護者がそのニーズに応じた援助を受けられるようにするため,介護現物給付と介護手当を部分的に組み合わせて受給することが認められている(組合せ給付)。

表2　給付額(2007年1月現在)　　　　　　　　　　　　　(単位:ユーロ)

	要介護度Ⅰ	要介護度Ⅱ	要介護度Ⅲ
介護現物給付(月額上限)	384	921	1,432 [1,918]*
介護手当(月額)	205	410	665
介護者に支障が生じた場合の給付(年額上限)	1,432	1,432	1,432
介護補助具(消耗品)(月額上限)	31		
技術的な介護補助具	費用の90%**		
住宅改造(一件当たり上限)	2,557		
デイケア・ナイトケア(月額上限)	384	921	1,432
ショートステイ(年額上限)	1,432	1,432	1,432
終日入所介護(月額上限)	1,023	1,279	1,432 [1,688]*
障害者援護のための終日入所施設での介護	ホーム報酬の10%(最高月256ユーロ)		
一般的な世話の必要な要介護者に対する給付(年額上限)	460	460	460

*　極めて多くの介護が必要な特別のケース。
**　要介護者の自己負担は1補助具当たり最高月額25ユーロ。
出典)松井勝明『ドイツ社会保障論Ⅲ―介護保険―』(信山社,2007)7頁。

　その他,介護補助具の支給として,介護用ベッド,車椅子,昇降機などの技術的な補助具の貸与,消耗品の支給を受けることができる。その必要性はMDKにより審査されるが医師の処方は必要とされていない。利用者負担は,技術的な補助具の貸与については費用の10%,消耗品の支給については月額31ユーロまで償還される。

(2)　部分入所及び短期介護

　部分入所は,その費用を要介護度に応じて定められた上限額まで介護金庫が負担する。

短期介護の給付は1暦年当たり4週間までに限定され，介護金庫の支出は1暦年当たり1,432ユーロを超えることはできないとされている。
(3) 終日入所介護
　終日入所介護は，要介護者が在宅介護または部分入所介護が不可能な場合，または，個々のケースの特別の事情により在宅介護または部分入所介護が考えられない場合に，介護ホームでの介護を受けることができるというものである（43条1項）。
　介護金庫は，要介護度に応じて定められた上限まで費用を負担するが，この上限額を超える費用は介護者自身の負担となる。但し，要介護度Ⅲを上回る極めて多くの介護が必要な例外的なケースでは，費用を特別の上限額まで負担することができる。また，食費及び居住費（ホテルコスト）も，要介護者自身の負担である（43条2項）。
(4) 介護者に対する給付
　ドイツの介護保険制度は，介護者のための給付規定を置いているのも特徴的であり，①週14時間以上無報酬による介護をしていること，②週30時間以上の就労をしていないこと，のいずれをも充たした場合には，年金及び労災保険の受給対象となる。

5　サービス供給者

(1) 介護金庫は，被保険者に対して，介護サービスを供給する債務を負い，金庫はその履行手段として介護施設とサービス供給契約を締結することにより，被保険者に対する介護サービスの供給を確保する[16]。
　サービス供給契約は，介護施設と介護金庫の州連合会との間で締結され，介護金庫の州連合会と介護施設経営主体の州連合会との間で締結される「大綱契約」の規範的効力に服する。この大綱契約には，わが国における施設指定基準に相当するものが多数含まれている[17]。
(2) また，2001年9月に「介護の質を確保する法律」が制定され，①MDKに質の審査と結果公表を行うことの根拠規定を定め，②大綱契約に「給付と質の協定」をおくことを義務づけている[18]。

6　利用者負担等[19]

　被保険者は，保険料算定限度額までの保険料算定基礎収入に保険料率を掛

けた額の保険料を支払う。保険料率は，児童を養育する場合は1.7%，児童を養育しない場合は1.95%である。

この保険料支払以外に，具体的な介護サービスを受けた場合の利用者負担はない。

第3 介護保険制度と他の制度との関係

1 医療保険による給付

わが国の場合と異なり，ドイツでは，訪問看護は，対象者が要介護者の場合であっても医療保険の給付として扱われる場合がある（社会法典第5編37条）。

具体的には，入院回避としての訪問看護の場合には介護保険の要介護者となった後も医療保険から給付され，入院回避ではなく治療目的達成看護として規約に基づいて行われる場合には介護保険の給付として行われる。

2 社会扶助による介護扶助[20]

公的扶助制度として「社会扶助」があり（社会法典第12編）[21]，その給付のひとつとして介護扶助が規定されている。これによって，介護を必要とする者のうち，介護保険の被保険者でない者，介護保険の要介護者に該当しない者，介護給付の受給要件を満たさない者，介護保険の給付だけでは必要な介護がカバーしきれない場合等について，その費用を自ら負担することができないときには社会扶助による介護扶助の給付が行われる。

社会扶助は，わが国の生活保護に相当するものであり，社会扶助には補足性の原理が適用される。このことに対応し，介護保険給付との関係については，介護保険の給付が介護扶助に優先すると規定されている（第11編13条3項）。

なお，介護保険の給付には要介護度に応じた上限が定められているが，介護扶助には上限が設けられておらず，個々の対象者の必要性に応じた援助が行われる。

3 社会参加給付[22]

(1) 社会参加給付の概要

障害があることにより必要となる援助には，介護以外に，保健・医療，教育，就労，社会生活への参加のための支援など様々なものがあるが，障害者に対する社会参加給付（リハビリテーション，就労及び社会生活への参加のための給付）は，介護保険ではなく，社会扶助などの給付として行われる。

　前述のとおり，介護保険では，社会参加活動のための援助は要介護者認定において考慮されないことから，こうした援助は社会扶助の給付として行われることになる。

　社会参加給付は，社会法典第9編及び個別の給付法に基づいて行われる。社会法典第9編は，既存の個別給付法と並列して存在し，個別給付法間の整合性を図るため，それら全般にかかわる事項を定めており，個別給付法に定めがない限り社会法典第9編の規定が適用される。

　給付内容は，①医学的リハビリテーションのための給付，②労働生活への参加のための給付，③上記①または②の給付を受ける機関における生計保障のための給付，④家族，近隣などの共同体での生活への参加のための給付から構成される（社会法典第9編5条）。

(2)　統合扶助

　重度の障害者[23]にとっては，とりわけ社会扶助の給付として行われる「統合扶助」が重要な役割を担っているとされている。

　統合扶助の目的は，①障害の防止並びに障害またはその影響の除去・軽減，②障害者の社会への統合である。具体的には，共同体での生活への参加を可能または容易にすること，できる限り介護に依存する必要がないようにすること等である。統合扶助は，個々のケースにおいて，こうした目的が達成される可能性があると見込まれる場合に限り行われる。

　社会扶助の補足性の原理は統合扶助にも適用される。また，統合扶助の給付は他の主体による社会参加給付が行われない場合に限り行われる。

(3)　介護保険給付との関係[24]

　給付の種類に関しては，わが国の場合と異なり，医学的リハビリテーションが介護保険の給付ではなく社会参加給付のひとつとして位置づけられている。

　援助の範囲に関しては，社会的な世話等に対する援助について，介護保険では，入所介護の場合には，介護に関する費用のほかに社会的な世話に関する費用も負担しているが，在宅介護の場合には，社会的な世話に相当する援

助は，家族や近隣の人によって行われるとの理由から，介護保険による介護現物給付の対象に含まれていない。

介護保険と社会参加給付との優先関係については，介護保険の給付は社会参加給付には該当しないことから，両者は並列的な関係に立つこととされている。

第4　その他の法制度

1　重度障害者の雇用促進

日本の障害者雇用促進法のモデルとなった制度であるが，1974年の重度障害者法により拡充され，2001年6月，社会法典第9編第2部に編集され障害者福祉の一環として規定された。

制度の内容は，20人以上雇用する使用者に対して重度障害者雇用義務を課すもので，公的・私的を問わず使用者は職場のポストの最低5％について重度障害者を雇用しなければならず，5％まで雇用していない場合には調整金が課され，雇用義務を満たした場合ないし雇用義務がない場合には，3年間（高齢重度障害者の場合には8年間）被雇用者の労賃の最高70％まで連邦雇用機関から補助金が支払われる。

2　障害者対等化法

この法律は，ドイツ基本法3条3項2文の「いかなる者も障害によって不利を被ることがあってはならない」という条文を根拠とし，2002年5月から施行されている。

制度の内容は，社会生活のあらゆる局面での障害者の不利益取扱いの禁止と平等な参加の実現，そのためのバリアフリーを義務づけていることである。

第5　わが国の制度との比較

1　制度全般

わが国では障害者福祉政策は一元的に行われているが，ドイツの社会保障制度は，介護給付については介護保険制度が中心的に担い，訓練等給付ある

いは地域生活支援事業については，社会扶助の障害者統合扶助等の社会参加給付が担う等，対象とするリスクや対象者に応じて分立した諸制度から成り立っている。

2 介護保険制度

(1) 財源

ドイツの介護保険制度における財源は100％保険者の保険料であるが，わが国においては，財源の半分が税金によってまかなわれている（国25％，都道府県12.5％，市町村12.5％）。また，利用料についても，ドイツが利用料負担なしとされているのに対して，わが国では利用したサービスの1割負担となっている。

(2) 被保険者

被保険者の範囲については，ドイツでは，要介護認定を受ければ，年齢にかかわりなく，すべての医療保険制度における被保険者が介護保険の対象者となる。

これに対してわが国では，被保険者を第1号と第2号に分け，第1号被保険者は65歳以上の者に限定され，第2号被保険者も40歳以上65歳未満の医療保険加入者で，かつ，国の定めた特定疾病が原因で介護が必要になった場合のみと，年齢や要介護となった原因による厳しい制限がある。

(3) サービス供給主体等

ドイツでは，典型的な現物給付型の社会保険制度が採用されていることから，介護金庫が介護サービスを現物で供給する責務を負っている。

これに対し，わが国では，サービス供給は，要介護者と介護サービス事業者との間の契約について，これをコントロールするための手段である指定・監督権限は都道府県，サービスの質の審査等の権限は国民健康保険団体連合会が持っており，保険者である市町村のコントロール機能は制度的に弱いものとなっている[25]。

(4) サービス供給契約

ドイツでは，サービス供給契約が介護施設と介護金庫の州連合会との間で締結されることから，個別契約での内容形成の自由があまり認められていない。これに対し，わが国の介護保険法は，費用償還方式を採用することにより，被保険者と介護事業者の私的自治が原則となっている。

この点は，付加的な介護給付について大きな違いをもたらすとされている。即ち，ドイツの場合には，介護保険の公法的規律に強行法的な性格を持たせることで私的自治を制限するのに対し，わが国の場合には，私的自治に委ねられていることから，実際に提供された介護給付が介護保険の償還条件を満たさないものであっても，要介護者と事業者との私的自治に基づく契約合意の存在が認定される可能性があるとされている[26]。

1　松本勝明「ドイツにおける介護給付と社会参加給付との関係」海外社会保障研究154号 (2006) 16頁。
2　倉田聡「ドイツの介護保険法における介護契約規制」岩村正彦編『福祉サービス契約の法的研究』(信山社，2007) 83頁。
3　倉田・前掲注 (2) 80頁。
4　松本・前掲注 (1) 18頁。
5　倉田・前掲注 (2) 81頁。
6　手塚和彰「ドイツ介護保険法の成立と展開（上）」ジュリスト1083号65頁。
7　松本勝明『ドイツ社会保障論Ⅲ―介護保険―』(信山社，2007) 2頁。
8　倉田・前掲注 (2) 70頁。
9　松本・前掲注 (7) 2頁以下。
10　具体的には，①身体衛生の領域では，身体の洗浄，シャワー浴，入浴，歯の手入れ，整髪，髭剃，排便・排尿，②栄養摂取の領域では，飲食に適した調整または食事介助，③身体移動の領域では，自力の起床及び着床，衣服の着脱，歩行，起立，階段の昇降または外出及び帰宅，④家事労働の領域では，買物，料理，住居の清掃，食器等の洗浄，下着類及び衣服の交換及び洗濯，住居の暖房などの各行為を指す（社会法典第11編14条4項）。この点につき，倉田・前掲注 (2) 71頁。
11　要介護認定においては，医学的な原因のみが意味を持つことになり，例えば，発達過程にある子供に通常必要となる援助は考慮されない。また，身体的な疾病及び障害と精神的な疾病及び障害が同等に考慮される。この点につき，松本・前掲注 (7) 88頁。
12　松本・前掲注 (7) 90頁。
13　松本・前掲注 (7) 100頁。
14　倉田・前掲注 (2) 80頁。
15　松本・前掲注 (7) 5頁以下。
16　倉田・前掲注 (2) 85頁。
17　倉田・前掲注 (2) 87頁。
18　倉田・前掲注 (2) 95頁。
19　松本・前掲注 (7) 16頁。
　もっとも，介護保険の財政は，1999年以降赤字が続いており，2004年には赤字額が8.2

億ユーロに達している。この点につき，松本・前掲注 (7) 71 頁以下参照。
[20] 松本・前掲注 (7) 121 頁以下。
[21] 社会扶助は，一般的な要扶助のほかに，いくつかの定型的な特別要扶助に対する給付を規定しており，具体的には，老齢及び生業能力低下にかかる保健扶助，障害者の社会統合扶助，介護扶助，特別な社会的困難克服のための扶助，その他の生活状況のための扶助がある。これらの扶助給付にあたっては，一般的な要扶助の場合に必要とされるミーンズ・テスト（資産調査）の厳格適用ではなく，定型的な給付事由該当性（年齢や所得要件）のみによって受給権が確定される。この点につき，倉田・前掲注 (2) 70 頁。
[22] 松本・前掲注 (7) 132 頁以下。
[23] 障害の程度（10 から 100 まで 10 刻みで示される）が 50 以上を「重度障害者」と定義し，これに該当する者については，その申請に基づき，州社会援護庁が重度障害者証明の発行を行っている。また，障害の程度が 30 以上 50 未満であって障害により適切な職に就けない場合には，連邦雇用機関が重度障害者と認定できる。
[24] 松本・前掲注 (1) 20 頁以下。
[25] 本澤巳代子「成年後見と介護保険」民商法雑誌 122 巻 4・5 号 101 頁。
[26] 倉田・前掲注 (2) 101 頁。

第4章 アメリカ

第1 はじめに

アメリカにおける障害者福祉の内容について，わが国で十分に知られているとは言い難い。それは制度や，制度を支える理念・背景が違うこと，自己責任が強調されてきた国柄であること，連邦政府レベルと州レベルの施策が分かれていること，民間の果たす役割が大きいこと等に起因するのであろう[1]。

そこで，アメリカでの社会保障制度の沿革について触れ，アメリカにおける障害者福祉制度の紹介をし，アメリカの障害者制度の特徴を示すと思われるADA法について触れ，近年の「福祉から就労へ」の動きについても触れることにする。

第2 社会保障制度史

1 1935年以後

F. D. ルーズベルトのいわゆるニューディール政策の一環として1935年に社会保障法 (Social Security Act) が成立し，アメリカは「社会保障」という用語を制度に定着させた世界初の国となった。成立した社会保障法は，年金保険と失業保険という2種類の社会保険，高齢者扶助，視覚障害者扶助，要扶養児童扶助という3種類のカテゴリー別扶助 (公的扶助)，並びに母子保健サービス，肢体不自由児福祉サービス，児童福祉サービスからなる社会福祉サービスという3部門からなっていた。

そもそもアメリカでは，連邦政府は外交や対外通商を扱い，市民生活を扱うのは地方政府の役割とする考えであり，救貧法以来の伝統を持つ一般救済は地方政府の施策とされてきたので，連邦政府直営であるのは年金保険だけ

で，それ以外は基本的に州政府事業として位置づけられたし，医療保険は欠落した形で出発していた[2]。

2　第2次世界大戦後

アメリカは，第2次世界大戦後の「黄金の60年代」を経験する反面，大量の貧困が横たわっていたといわれ，公的機関による公的扶助の受給制限措置が行われる動きもあった[3]。しかし，1964年の大統領選挙で，高齢者医療保険制度（メディケア）実現を公約に掲げたジョンソンが大勝し，1965年改正で，高齢者医療保険制度（Medicare，メディケア）と低所得者のための医療扶助制度（Medicaid，メディケイド）が追加された。それ以外にも，社会保障法はたびたび改正されている。

その後，1983年には，給付削減の社会保障法改正が行われ，1988年家族援助法，1996年には個人責任・就労機会調整法（PRWORA）が成立する。近年のアメリカは「福祉から就労へ（Welfare to Work）」の方向性とのせめぎ合いの中にあるものといえよう。

3　その他障害者に関連する法制

また，障害者に直接関連する法制としては，1918年スミス・シアーズ退役軍人リハビリテーション法（傷痍軍人へのリハビリテーションを計画）や1920年スミス・フェス法（身障者のための職業訓練，職業斡旋，カウンセリングなどのサービスを認可）に始まるリハビリテーションの流れがあるし，1968年建築物障害除去法（連邦の建物を造るとき障害者が利用できるよう義務。），1970年発達障害者サービス・施設法，1973年9月リハビリテーション法504条（差別禁止団体を拡げる，アクセス保障），1975年全障害児教育法（後のIDEA），1986年「更生法」の改正（重度の発達障害者に対しても雇用の機会が提供される），1990年7月ADA法（政府から援助を受けている団体という枠をなくす。差別内容・救済方法を具体化），1998年リハビリテーション法508条（電子・情報技術に対する障害者のアクセシビリティの保障を義務付ける），同年アシスティブ・テクノロジー法（障害者自立支援の装置や技術に関する法）などが成立している[4]。

第3 アメリカの障害者福祉に関連する制度

1 はじめに

アメリカの障害者に対する保健福祉サービスとしては，障害年金の給付や補足的所得保障による現金給付と，メディケア及びメディケイドによる医療保障が中心で，障害保健福祉施策を総合的統括的に提供する組織はない。また，行政が直接何かを実施するというよりも，民間のサービスを購入・利用するという手法が多くとられている。こうした手法はアメリカの行政そのものにおいて一般的にとられている手法といわれているが，このために類似のサービスが異なる行政機関によって所管され，異なる財源によってまかなわれるということが生じることにもなっている。

2 所得保障

(1) 年金制度（障害年金保険）

アメリカの社会保険としては，「老齢・遺族・障害・健康保険」(OASDHI: Old-Age, Survivors, Disability, and Health Insurance) という一般的制度がある。そして，信託基金の違いによって「老齢・遺族・障害年金保険」(OASDI) と「老人健康保険」(HI) に区分されるが，OASDIが代表的である。「社会保障庁」は社会保障法に基づき社会保障障害保険及び補足的保障給付という二大所得保障サービスを所管している。

障害給付は，完全被保険者資格を有する者，あるいはそれに準ずる者であって，2007年では12ヵ月以上継続して月額900ドル以上の実質的な有償活動に従事できないケースを障害事故と認定している。障害保険（DI）受給者は約830万人といわれる（2005年末現在）。主として給付は年金方式で行われているが，障害年金の既裁定年金平均月額は978ドル（2006年12月現在）である。OASDIの財政をまかなうために，現役世代が納める定率の使用者・被用者らに対する連邦の社会保障税（Social Security Tax）があり，保険料方式はとられていない。そして，その社会保障税が社会保障年金信託基金(OASDI Trust Fund)に振り分けられて管理運用されている[5]。

(2) 公的扶助（生活保護）制度

アメリカでは公的扶助は地方政府の責任で実施されているといわれ，それぞれの州政府が独自に公的扶助を実施している。

中央（連邦）政府には，日本の生活保護制度のような包括的な公的扶助制度は存在せず，高齢者，障害者，児童など対象者の特性に応じて補足的所得保障（SSI: Supplemental Security Income），メディケイド，貧困家庭一時扶助（TANF: Temporary Assistance for Needy Families），フードスタンプなどの各制度が存在している。

　補足的所得保障（SSI）は，1935年の社会保障法によって成立した老齢扶助と視覚障害者扶助及び1950年に成立した恒久的障害者扶助の3事業を統合した生活扶助制度で，1972年に成立した。主な運営は連邦の社会保障局の直轄であり，アメリカにおいては例外的なものである。財源は所得税などからプールした一般歳入によるものとされている。アメリカ福祉政策史では「画期的な事件」といわれているが，公的年金保険を「補足」するものにすぎないことも指摘されている[6]。その後，1996年に成立した「個人責任・就労機会調整法」（PRWORA）によって，SSIの受給資格が制限されたという。2005年12月現在の連邦SSI受給者は約711万人，新規無資産受給者の連邦SSI給付上限額は2007年現在で月額623ドルといわれている[7]。

3　医療制度と社会福祉サービス

(1)　医療制度　メディケアとメディケイド

　アメリカは沿革的に国民全体を対象とする公的医療保障制度が存在しておらず，政治上の争点になってきたが，現状ではなお医療の無保険者問題が指摘されており，また，介護は家族介護に委ねられた部分が多いといわれている[8]。

　医療に関しては，1965年改正で導入された高齢者及び65歳以下の障害者に対する医療保険であるメディケア（Medicare）と，低所得を対象として医療保障を行うメディケイド（Medicaid）があり，厚生省のもとの「保健財政庁」(Health Care Financing Administration) がこれらを所管している。

　メディケアは本来介護サービスに対する給付を目的としたものではないが，医療の延長上とみなされるケースについては限定的ながら給付対象とされているという[9]。メディケアの受給者には障害年金受給者も含まれており，約3880万人（99年）が加入している。入院サービス等を保障する強制加入の入院保険（HI: Hospital Insurance，パートA）と外来等における医師の診療等を保障する任意加入の補足的医療保険（SMI: Supplementary Medical

Insurance, パートB), 1997年予算均衡法 (BBA) によって選択プラン (後にMAと改名, パートC), 2004年に処方薬給付のパートDが導入されている。

入院保険のパートAの対象者の中に, 継続して2年以上, 障害年金の受給資格を有する者も含まれており, 給付対象となるサービスには, ①入院サービス, ②ナーシングホーム (SNF) による施設サービス (入居後100日のみ), ③在宅サービス (家事援助, デイケア, ショートステイ等は対象外) などがある。補足的医療保険のパートBの対象者は, パートAの加入者等であることだけでなく, 毎月の保険料を負担している必要があり, 給付対象となるサービスは, 医師の医療サービス以外に, 理学療法・言語療法や在宅サービス等が含まれているという[10]。

入院保険のパートAの財政は独立し, 社会保障税でカバーされており, 税率は1.45%という。補足的医療保険のパートBとパートDはSMIの信託基金の枠内で行われる。パートBの財源は費用の約4分の1を加入者の保険料 (2003年では月額保険料は58.7ドル, 2007年現在で月額保険料は93.5ドル) で, パートDの財源はコストの25.5%を保険料 (だいたい月額27.35ドル) でまかなっているといわれる[11]。

メディケイドとは, 連邦政府・州政府共同の低所得者に対する医療扶助制度であり, メディケイドプログラムにはSSI受給者を含む低所得の老齢者, 視力障害者, 一般障害者などを対象としている。そして, 扶助サービスの内容としては, ①入院サービス及び外来患者サービス, ②農村地区での診察サービス, ③病理検査及びX線検査, ④21歳以上の者に対する熟練看護サービス, ⑤在宅ヘルス・サービス, ⑥家族計画サービス, ⑦看護及び助産師サービスなどがあり, 受給者の15%弱の768万人が障害者といわれる[12]。このメディケイドの内容について, 連邦最高裁のオルムステッド判決以降, 障害者のみならず介護政策に関する地域ケアの拡充の動きも進められているという[13]。

(2) 社会福祉サービス (障害者サービス)

教育省 (Department of Education) のもとにリハビリテーションサービス庁 (Rehabilitation Services Administration) があり, リハビリテーションサービス庁は, アメリカにおける障害者に対する最も中心的な行政機関の一つとされる。そして, 職業リハビリテーション, 援助付き雇用, 自立生活セ

ンターへの助成などを行っている。職業リハビリテーションにあっては，障害者本人と個別雇用計画書を交わすことが義務づけられており，契約概念に基づくサービスの提供という特徴的な手法がとられている[14]。

　厚生省（Department of Health and Human Service）のもとに発達障害庁（Administration on Developmental Disabilities）があり，そのもとの発達障害協議会を通じて交付された助成金により，各州の発達障害協議会が各州に必要なサービスの内容を決定していくという。したがって，その内容は州ごとに一様でない。しかし，主なサービスは診断，評価，治療，介助，デイケア，住宅改造，職業訓練，教育，授産訓練，レクリエーション，権利擁護，情報提供，移動手段の提供などである[15]。

4　その他

　アメリカの社会保障の特徴として，行政機関から独立した形での機関が存在していることが挙げられよう。

　例えば，全米障害者協議会はリハビリテーション法によってその設置が定められた機関であるが，法律や制度が障害者本位のものとなっているか否かをチェックすることがその役割となっており，議会と大統領に対してのみ報告義務を負っており，ADA法でも中心的役割を担っているといわれている。

　同様の機関として，知的障害に関する大統領委員会，障害者雇用大統領委員会などがある。また，建築物及び交通機関の障壁に関する建設・交通改善命令委員会などがある。

　さらに，福祉サービスを執行する行政機関の要職を障害者自身が数多く占めているというのもアメリカの大きな特徴であるといえよう[16]。

第4　ADA法（障害者差別禁止法）

　1990年7月，ADA法（障害を持つアメリカ人法）がアメリカで成立した[17]。これはアメリカにおける1973年のリハビリテーション法504条の差別禁止モデルを連邦政府機関やその一定以上の補助金を受けている企業に限定せず，州や民間企業にまで適用を拡大したものである。内容は，障害者への差別を禁止するというだけではなく，社会に対し公正・平等な扱いを求める権利を具体化し，分野ごとに差別を類型化し，詳細な解釈規定をおき，救

済措置も細かく規定したものであった。リハビリテーション法では，リハビリが主であり，障害者への差別禁止が従であったものが，ADA法では障害者差別禁止が主となった。ADA法は障害者にではなく，社会に対するリハビリを主目的にしているともいわれる[18]。

アメリカのADA法は世界的に衝撃を与え，障害者の差別禁止の法制度が世界に広まり，1992年オーストラリア，1994年カナダ，1995年イギリス，1995年インド，2007年韓国など，障害者の差別禁止の法制度が作られた国は40ヵ国以上に及ぶといわれる[19]。

1999年，アメリカ連邦最高裁は，精神病院に入院していた知的障害者と精神疾患をかかえる2人が，本来，適切なケアを受けられれば地域生活が可能であるにもかかわらず，州がそうした措置をとらず，長期入院を余儀なくさせていることはADA法違反であるとの訴えを認めた（オルムステッド判決）。差別禁止として一般に日本でイメージされること以上に，ADA法の射程範囲について留意しなければいけないといえるであろう[20]。

第5 「福祉から就労へ」の改革

福祉の分野においては，1996年8月に成立した「個人責任・就労機会調整法」（The Personal Responsibility and Work Opportunity Reconciliation Act of 1996）による一連の福祉改革により，「福祉から就労へ（Welfare to Work）」が連邦政府の福祉政策の基本方針とされた点も指摘される。福祉受給期間が制限され，受給資格を厳格化する動きになったといわれるが，その評価にはなお時間を要するように思われる。

この個人責任・就労機会調整法（PRWORA）を受けて地方政府レベルでは，福祉指導員が個別に作った自立支援プログラムに基づき非営利団体などが作った様々なプログラムに参加させており（身体に障害があれば機能訓練等），生活保護受給者が減ったことを成果として挙げる立場もあるが，反面，ホームレスは倍増しているとの批判もされている。また，心臓病，糖尿病，ぜんそく，腰痛などの多くの病気をかかえる者にも公園清掃などの「就労任務」を求め，従わないと手当を減額され，一時，ホームレスになった人の報告もある[21・22]。

このアメリカにおける「福祉から就労へ」の改革の流れとその具体的制

度設計については，特に慎重に吟味することが必要であろう。また，障害者の就労問題は，ADA法のもとで雇用機会均等委員会（EEOC）が扱うので，ADA法との関連を無視できないことに留意すべきであろう。

第6　日本への示唆

アメリカ人自身が自らの社会保障制度について「半福祉国家」，「躊躇する福祉国家」と自己評価していたといわれる[23]。そして，多くの問題をかかえていることも指摘されているのであって，アメリカの社会保障のあり方を手放しに賛成し，導入するわけにはいかないであろう。また，アメリカの歴史的経緯に基づいてアメリカの制度が形成されていることからも，アメリカの社会保障制度を，わが国の制度に単純に当てはめて理解しようとすることには困難がある。

しかし，社会保障や福祉の向上と財源問題や自助努力との兼ね合いなど，米国でも模索が重ねられており，日本政府もアメリカの制度の一部参考にしていると思われる箇所もある。したがって，アメリカの制度を知ること自体，現時点で意味があることであろう。

また，ADA法にみられるように差別禁止という観点から，障害者問題の解決を目指してきたアメリカの方向性は十分参考に値しよう。わが国でも，2001年（平成13年）の日弁連人権大会後，障害者基本法が2004年（平成16年）に一部改正され，障害者差別禁止が理念としてではあるが規定された。そして，より具体的な権利を守るための障害者差別禁止法制定も視野に入れられているといわれる[24]。障害者の権利条約の批准，日本版ADA法の制定など課題は山積であるが，差別禁止という視点からも，障害者問題の理解を深め，事態を前進させることが求められているといえるのではないだろうか。

[1] http://wwwhakusho.mhlw.go.jp/hpyi200001/b0138.html参照。
[2] 古川孝順「社会保障の歴史的形成」藤田伍一・塩野谷祐一編『先進諸国の社会保障7　アメリカ』（東京大学出版会，2000）74頁以下。
[3] 1961年ニューヨーク州で，扶助の受給を極力不快なものにすることなどを内容とする条例が制定され，激しい議論を呼ぶ「ニューバーグ事件」が起きたが，ニューヨーク州高裁の禁止判決で一応の決着をみたという。この点につき，古川・前掲注(2)76頁。
[4] リチャード・K・スコッチ（竹前栄治監訳）『アメリカ初の障害者差別禁止法はこうして生

まれた』(明石書店, 2000) 18頁以下参照。
5　藤田伍一「諸外国の社会保障の現状と動向」健康保険組合連合会編『2008年版社会保障年鑑』(東洋経済新報社, 2008) 336頁以下。
6　野田博也「アメリカの補足的保障所得（SSI）の展開」海外社会保障研究160号（2007）130頁以下。
7　藤田・前掲注 (5) 341頁以下。
8　2002年現在で無保険者は全国で4360万人おり，保険がなければ民間病院（医師）は診察や手術をしてくれないこともあるし，無償の家族頼みの介護が多いという。大津和夫『介護地獄アメリカ』(日本評論社, 2005) 81頁以下，18頁以下参照。
9　伊原和人「アメリカの高齢者介護」住居広士編訳『アメリカ社会保障の光と陰』(大学教育出版, 新版, 2004) 231頁。
10　伊原・前掲注 (9) 234頁以下。
11　藤田・前掲注 (5) 338頁以下。
12　藤田・前掲注 (5) 341頁以下。
13　伊原・前掲注 (9) 301頁。
14　久保耕造・佐藤久夫「障害者サービス」藤田伍一・塩野谷祐一編『先進諸国の社会保障7　アメリカ』(東京大学出版会, 2000) 229頁。
15　久保ほか・前掲注 (14) 230頁。
16　久保ほか・前掲注 (14) 231頁以下。
17　ADA法の正式名称は「障害に基づく差別の明確かつ包括的な禁止について定める法律」(An Act to Establish A Clear and Comprehensive Prohibition of Discrimination on the Basis of Disability) である。
18　小石原尉郎『障害差別禁止の法理論』(信山社, 1994) 203頁。
19　石渡和実「障害者差別禁止法の動向―私たちが果たすべき役割―」財団法人日本知的障害者福祉協会『知的障害福祉研究support　№.612』(2008年1月号) 27頁。1995年，イギリスで成立したDDAに関しては，日本弁護士連合会人権擁護委員会編『障害のある人の人権と差別禁止法』(明石書店, 2002) 53頁以下参照。
20　伊原・前掲注 (9) 300頁以下参照。
21　大津和夫『介護地獄アメリカ』(日本評論社, 2005) 131頁以下参照。ここではニューヨーク市を題材にジャーナリストの視点も踏まえて書かれている。
22　難波利光「福祉依存から就労自立による社会保障削減期」住居広士編訳『アメリカ社会保障の光と陰』(大学教育出版, 新版, 2004) 104頁以下参照。
23　古川・前掲注 (2) 81頁。
24　笠松珠美「弁護士のための新法令紹介267　障害者基本法の一部を改正する法律」自由と正義55巻99頁。

第5章 障害者の権利条約

第1 障害者権利条約の策定経緯

1 現状

　障害者権利条約は，2006年12月13日に第61回国際連合総会で採択された後，2007年3月30日に各国政府による署名が開始された。同条約の2008年5月時点の署名国は128ヵ国にのぼり，25ヵ国が批准している（なお，同条約は批准国が20ヵ国に達してから30日後に発行すると規定されており，エクアドルが2008年4月3日に20ヵ国目の批准国となったため，同年5月3日，同条約は発効した）。日本政府は，2007年9月28日に同条約に署名しているものの，関連法規が未改正であり，いまだ批准には至っていない（2008年5月現在）。

2 条約の策定過程

(1) 国連における障害者に関する取り組み

　国連においては，すべての人民とすべての国民が達成すべき基本的人権についての宣言である世界人権宣言が1948年に総会で採択され，世界人権宣言の内容を基礎とする国際人権規約（自由権・社会権）が1966年に採択されているが，障害者の権利に関する総会決議が採択されたのは1970年代からである。

　1971年に「精神遅滞者の権利宣言」が，1975年に「障害者の権利に関する宣言」が，1976年に1981年を国際障害者年とする決議が，国連総会においてそれぞれ採択された。

　さらに，1982年，障害の予防，リハビリテーション並びに，障害者の社会生活と社会の発展への「完全参加」と「平等」という目標実現のための効果的な対策を推進することを目的として，国連総会は「障害者に関する世界行動

計画」を採択し，1983年からの10年間を同計画の実施期間と定めた。その過程でスウェーデン政府等から障害者権利条約制定の提案がなされたが，その見通しが立たず，1993年に，より拘束力の弱い「障害者の機会均等に関する標準規則（障害者の人権を守るためのガイドライン）」が国連総会で採択された[1]。

　1992年に「国連障害者の10年」は終了したものの，アジア各国においては，いまだ「国連障害者の10年」のスローガンであった障害者の「完全参加」と「平等」の達成が不十分であり，継続的な取り組みを宣言すべきであるとして，1992年，国連アジア太平洋経済社会委員会の働きかけにより，域内諸国政府によって1993年から10年間を「アジア太平洋障害者の10年」とする宣言がなされた。なお，同宣言終了後の2002年からは第2のアジア太平洋障害者の10年が発足している。

　その後，2001年，メキシコ政府の提案に基づき，障害者の権利条約制定を検討する特別委員会（アドホック委員会）の設置が国連総会で決議され，かかる総会決議を受け，2002年7月，第1回アドホック委員会が開催され，以後，特別委員会での議論を経て，障害者権利条約が策定されるに至った。

(2)　障害者による本条約策定過程への参加

　2002年7月，第1回国連「障害者の権利及び尊厳の推進，保護に関する包括的かつ総合的な国際条約を検討する特別委員会」（アドホック委員会）が開催されたが，そこではまず，同委員会への障害者団体の非政府組織（NGO）の参加資格の有無が検討された。第2回特別委員会においては，各国政府代表と障害者団体等を構成メンバーとする作業部会の立ち上げが採択され，最終的には同作業部会において「作業部会草案」が作成された。第3回特別委員会以降においては，かかる作業部会草案をたたき台として条約交渉が行われ，各国政府代表と特別委員会に参加登録したNGOがそれぞれ各条項に関して意見を出し合い，また障害者が自らの差別体験を語るといった形式で議論が進められたため，障害者の意見，意向が本条約に多く反映されることになった。

　障害者権利条約には，障害者の固有の尊厳，個人の自律及び人の自立の尊重，非差別，社会への参加等が一般原則として規定され，障害者に保障されるべき個々の人権や基本的自由及びそれらを確保し促進するための措置の締約国への要請等が規定されている。その条項には，例えばアクセシビリティ

に関する条項（同条約9条。条約締約国に対して，障害者が自立した生活を送り，社会に参加することを可能にするために，情報通信等の設備やサービスにアクセスすることを確保するための適切な措置をとることを義務づけている。）が盛り込まれるなど，障害者の意向が多く反映されている。これは，本条約の策定過程において，本条約の当事者である障害者自身が条約策定に主体的に関与したことによるところが大きい。

第2　障害者福祉政策の理念と条約の基本的意義

1　障害者福祉政策の理念

(1)　ノーマライゼーション

　1950年代，デンマークのバンク・ミケルセンは，ナチスの優生思想に基づく強制収容所への自身の被収容体験と重ね合わせ，知的障害者を巨大施設に収容し終生にわたり保護するという政策を批判し，ノーマライゼーションの理念を提唱した。その理念は，その後，スウェーデンのベンクト・ニィリエにより北米に紹介され国際的に広まった。ノーマライゼーションの考え方は，優生思想を批判し，人間としての尊厳を根源から問い直し，障害者を単なる保護の対象ととらえるのではなく，自立した社会生活を担う主体としてとらえ，従来，施設や病院にいることを実質的に強要されてきた障害者が，できる限り地域や家庭で日常生活を営む必要性を訴え，障害者の自己決定権を尊重するものである[2]。なお，このような考え方が広まった背景には，従来のように障害を個人の問題とする（医療モデル）のではなく，障害を社会にある障壁の問題であると考える障害観（人権モデル・社会モデル）の変化が関連している。

(2)　インクルージョン

　障害者権利条約は，ノーマライゼーションという概念をインクルージョン（排除を意味するエクスクルージョンの反対概念）という概念に置き換えているが，ノーマライゼーションの理念を継承しさらに発展させたものと位置づけられよう。ノーマライゼーションとインクルージョンの理念は共通するが，ノーマライゼーションという概念が使用されなかった理由として，欧米では障害者を社会に「統合する」という言葉に近い意味で使われることがあったことに関連する旨の指摘もある[3]。

2 条約の基本的意義

(1) 従前の障害者福祉における権利性

　日本の障害者福祉政策は，主に自由権と区別された社会権にかかわるものとして論じられてきた。そして，社会権については直接憲法の規定に基づき国家に対し積極的な配慮を求める具体的権利までは認められないとするのが判例であり，障害者は，長年にわたり社会から分離され法律が決めた基準の枠内で，いわば社会の余力の範囲内の生活をすることを余儀なくされてきた。

　その後，ノーマライゼーションの理念の国際的な広がりにより，日本（厚生労働省）においてもこれが基本理念とされ，障害者基本法にもその理念が明示されるに至った。

　しかし，その理念を実現するはずの施策は，税を基本財源とするサービスの提供や，障害者を取り囲む環境の規制による障害者の社会参加の促進等のいずれに関してもなお甚だ不十分な内容にとどまっており，理念と施策が乖離しているのが現状であるといわれてきた。

(2) 障害者権利条約での権利性

　これに対して，障害者権利条約は，すべての人権の不可分性，相互依存性及び相互関連性を前提とし（前文(c)項），障害者の人権としての完全な享有及び完全な参加を促進するため，例えば，差別を撤廃するため合理的配慮が行われることを確保するためのすべての適切な措置を取ることを求めているのであり（5条3項），また，経済的，社会的及び文化的権利に関しても，その漸進的に達成されるものは，自国における利用可能な手段〔資源〕の最大限の範囲内などで措置がとられるべきであるが，即時的適用の可能なものは，漸進的達成では許されないことが示されている（4条2項参照）[4,5]。

　このように，障害者権利条約にあっては，締約国は社会権の性質論や立法裁量論により障害者が本来有すべき権利の実現を漫然と留保することは許されないものと考えられるのである。

　また，障害者権利条約にしたがって障害者福祉政策を充実させるためには，その政策実現に要する財源を確保する必要があり，財政難を理由に本来必要とされる政策の実現を後回しにするようなことがあってはならないというべきであろう（但し，当然のことながら，福祉の充実の名目により安易に

税金を引き上げ，国の放漫財政は是正することなく，そのつけを国民に負担させるようなことは許されない。）。

第3　障害者権利条約の諸原則

1　一般原則

障害者権利条約3条において，同条約の一般原則が，以下のとおり規定されている。

(a) 固有の尊厳，個人の自律（自ら選択する自由を含む。）及び人の自立に対する尊重
(b) 非差別〔無差別〕
(c) 社会への完全かつ効果的な参加及びインクルージョン
(d) 差異の尊重，並びに人間の多様性の一環及び人類の一員としての障害のある人の受容
(e) 機会の平等〔均等〕
(f) アクセシビリティ
(g) 男女の平等
(h) 障害のある子どもの発達しつつある能力の尊重，及び障害のある子どもがそのアイデンティティを保持する権利の尊重

これらの一般原則のうち，特に差別禁止とインクルージョンの点について触れることにする。

2　障害に基づく差別の禁止と合理的配慮

障害者権利条約2条は，「障害に基づく差別」を定義し，「障害に基づくあらゆる区別，排除又は制限であって，政治的，経済的，社会的，文化的，市民的その他のいかなる分野においても，他の者との平等を基礎としてすべての人権及び基本的自由を認識し，享有し又は行使することを害し又は無効にする目的又は効果を有するものをいう。」とし，さらに「障害に基づく差別には，合理的配慮を行わないことを含むあらゆる形態の差別を含む。」として，アメリカのADA法の登場で注目される「合理的配慮」（Reasonable accommodation）[6]という概念を採用する[7]。そして，「合理的配慮」とは，「障害のある人が他の者との平等を基礎としてすべての人権及び基本的自由を享

有し又は行使することを確保するための必要かつ適切な変更及び調整であって，特定の場合に必要とされるものであり，かつ，不釣合いな又は過重な負担を課さないものをいう。」としている。

　この「合理的配慮」の背景には，障害を個人的なものとみて，専門家の指導を受けて障害のない人に近づく努力をしなければいけないという「医学モデル」の考え方から，障害は個人と社会環境等との関係で生じたものだというのいわゆる「社会モデル」の考え方への移行があり，権利を障害者に保障するためには，障害者が一方的に努力するのではなく，社会がそのための環境をつくらなければいけないとの指摘がある[8]。

　このように，障害者権利条約は，実質的な機会均等のための合理的配慮を行わないことも差別であると明示した上で（2条），あらゆる形態の差別を禁止している（3条(b)，5条）。

　なお，憲法14条は実質的平等を保障するものであるが，同条を根拠に現実の不平等の是正を国に請求することが容易には認められ難かったことからすれば，障害者権利条約において，締約国に対し合理的配慮義務が課された意義は大きい。

3　自立（自律）した生活及び地域社会へのインクルージョン

　障害者権利条約は，インクルージョンの理念を19条にて明確に規定し，従来施設や病院にいることを実質的に強要されてきた障害者が自己決定により地域で自立生活を行うことを権利として保障した。

　これまで日本の障害者の地域生活を支える制度には権利の概念がまったく入り込んでいなかったことからすれば，障害者権利条約が，障害者を当該権利の主体として規定したことの意義は大きい。なお，国連特別委員会議長であったドン・マッケイ氏は，この19条につき，障害者の生活のあり方を根本的に変化させるパラダイム・シフト（考え方の枠組みを転換すること）条項である旨発言したとされる。

　ところで，インクルージョンの理念のもとでは，障害者が自己決定により地域での自立生活を行うことを尊重する必要があるが，それは入所型の施設を一切不要とするものと解すべきではなかろう。但し，障害者権利条約を前提とする場合には，従来のように町から離れた場所に設けられた施設に隔離したり，閉鎖的な施設運営をすることは認められない。

第5章　障害者の権利条約　　173

4　教育,労働,生活水準,参政権

(1) 教育

障害者権利条約24条は,締約国に対して,あらゆる段階におけるインクルーシブな教育制度及び生涯学習を確保することを義務づけた。

インクルーシブな教育とは,障害のある人が障害を理由として一般教育制度から排除されず,地域の通常学校・学級で教育を受けることを基本としつつ,各個人の必要〔ニーズ〕に応じて合理的配慮が行われ,個別に支援を受けるべきとする考え方であり,そうした学校のあり方が差別のない社会づくりにつながるとするものである。

(2) 労働及び雇用

障害者権利条約27条は,締約国が,障害のある人に対して,特別な就労の場ではなく,インクルーシブでバリアを取り除いたアクセシブルな労働市場及び労働環境において労働を通じて生計を立てる機会についての権利を保障することを義務づけるとともに,あらゆる形態の雇用に係るすべての事項(募集,採用及び雇用の条件,雇用の継続,昇進並びに安全かつ健康的な作業条件を含む)に関し障害に基づく差別を禁止することなどを義務づけた。

(3) 適切〔十分〕な生活水準及び社会保護

障害者権利条約28条は,締約国に対し,自己及びその家族の適切〔十分〕な生活水準(adequate standard of living,食料,衣類及び住居を含む)並びに生活条件の不断の改善についての障害のある人の権利を認め,また,社会保護(social protection)についての障害のある人の権利を認めている。

(4) 政治的及び公的活動への参加

障害者権利条約29条は,締約国に対し,障害のある人が,直接にまたは自由に選んだ代表を通じて,政治的及び公的活動に効果的かつ完全に参加することができること(障害のある人が投票し及び選挙される権利及び機会を含む)を確保すること,特に,

　① 投票の手続,施設〔設備〕及び資料が適切であること,アクセシブルであること並びに理解し及び利用しやすいことを確保すること
　② 適切な場合には,支援技術〔支援機器〕及び新たな技術〔機器〕の使用を容易にすることにより,障害のある人が,選挙及び国民投票において脅迫を受けることなく秘密投票により投票する権利,選挙に立候補する

権利，並びに政府のすべての段階において効果的に公職に就き及びすべての公務を遂行する権利を保護すること
　③　選挙人としての障害のある人の意思の自由な表明を保障すること。このため，必要な場合には，障害のある人の要請に応じて，障害のある人自身により選ばれた者が投票の際に援助することを認めること
などを，権利として保障している。

5　条約の実効性を担保する規定
(1)　担当部局の指定と調整機関の設置
　障害者権利条約33条1項において，締約国に対して，同条約の実施に関連する事項を取り扱う担当部局〔フォーカルポイント〕を政府内に指定するとともに，異なる部門及び段階におけるこの条約の実施に関連する活動を容易にするため，政府内に調整のための仕組みを設置しまたは指定することに十分な考慮を払うとされている。
(2)　保護・監視機関の設置と参加
　また，障害者権利条約33条2項において，同条約の実施を促進し，保護し及び監視〔モニター〕するための枠組みを設置することとされている。この機関については，独立性が求められる[9,10]。しかも，同条2項においていわゆるパリ原則を考慮に入れること，同条3項において，特に，障害のある人及び障害のある人を代表する団体が，監視〔モニタリング〕の過程に完全に関与し，かつ，参加するものとされている。
(3)　障害のある人の権利に関する委員会
　また，障害者権利条約34条に基づき，障害のある人の権利に関する委員会（委員の選出に当たっては，障害のある専門家が参加することを考慮に入れるものとされている）が設置され，35条により各締約国は国連事務総長を通じて当該委員会に報告するものとされている。
　そして，36条に基づき，上記報告は，障害のある人の権利に関する委員会で検討に付され，委員会は，当該報告について，適切と認める提案及び一般的な性格を有する勧告を行うものとされている。
　以上のようなシステムで，障害者の権利条約は障害者の人権保障の実効性の担保を図っている。

第4　国内法への影響―特に，障害者自立支援法を中心として―

1　はじめに

日本政府は，2007年（平成19年）9月28日に障害者権利条約に署名したが，いまだ，これを批准するには至っていない。同条約を批准するためには，障害者差別や人権保障に関するすべての立法・行政・その他の措置が求められる。現在，外務省や，法務省，警察庁など9省庁で構成した「障害者権利条約にかかわる対応推進チーム」を発足させ協議に入っているという。

2　障害者自立支援法に関連して

本書第1部で中心的に取り上げている障害者自立支援法に関して，以下のような検討が必要となろう[11]。

(1)　障害程度区分の認定について

障害者権利条約3条(a)には，障害者について，個人の自律（自ら選択する自由を含む）及び人の自立に対する尊重，が規定されている。また，同条約19条では，障害のある人が選択の自由をもって地域社会で生活する平等の権利，どこで誰と生活するかを選択する機会を保障するために，国が効果的かつ適切な措置をとることが規定されている。したがって，どのような福祉サービスが提供されるべきかを決定するに当たっても，本人がどのような生活をしたいのかという視点が不可欠である。

しかし，障害者自立支援法では，コンピュータによる一次判定，次いで市町村審査会による二次判定が行われるけれども，本人の社会生活における必要性より，ある行為が「できる，できない」という身辺自立度による判断となり，障害者一人ひとりの違うニーズと相容れない場合が多いとの指摘もある[12]。6つの障害程度区分というシステムを維持しておいて，障害者本人の意向に沿う給付が本当にできるのか根本的な検討が必要だと思われる[13]。

(2)　応益負担について[14]

障害者自立支援法では，サービス利用に要した費用の1割を利用者が自己負担（定率負担）するという応益負担の仕組みとなっている。

しかし，障害者権利条約前文(e)によると，障害は機能障害のある人と態度及び環境に関する障壁との相互作用であり，障害は社会との関係で生じたものであるとの観点からは，そのサービス費用を社会ではなく障害者本人が何

故負担しなければいけないのか問われるであろう。

　また，障害者権利条約19条によると，障害のある人は，選択の自由をもって地域社会で生活する平等の権利を有し，締約国は地域社会への障害のある人の完全なインクルージョン及び参加を容易にするための効果的かつ適切な措置をとるものとされている。権利として地域社会に参加し，締約国はそのための効果的かつ適切な措置をとるものとされているのに，応益負担ということで障害者にその行動を起こすことに自己負担を求めることが，果たして障害者権利条約19条の趣旨に合致するのか疑問とされよう。

　さらにいえば，障害者権利条約27条では，障害のある人に対して，インクルーシブでバリアを取り除いたアクセシブルな労働市場及び労働環境において労働を通じて生計を立てる機会についての権利を認めており，同28条では，自己及びその家族の適切〔十分〕な生活水準（食料，衣類及び住居を含む）についての並びに生活条件の不断の改善についての障害のある人の権利を認め，また，社会保護についての障害のある人の権利を認めている。したがって，障害者の雇用を確保する制度，所得保障の制度が不可欠の前提となる。

　しかし，障害者自立支援法で障害者自身に自己負担を求めるだけの前提条件が，他の制度において実現しているといえるのか大いに疑問とされるのではないだろうか。

(3)　地域生活支援事業について

　障害者自立支援法では地域生活支援事業が制度として予定されている。しかし，そのような制度があるとしても，障害者が自分の望まない特定の生活様式で生活するしかない状況に現実に置かれていれば，それは障害者権利条約19条(a)のインクルージョンの規定に反するものと考えられる。その場合，そのような給付を用意しない事業者の問題ではなく，障害者の権利保障が実現していないということで，国等の責任になるものと考えられる。

　また，地域生活支援事業の移動支援において，厚生労働省では通勤を認めることになったといわれているが，各自治体の裁量に委ねられているため，現実には通勤に移動支援を受けることが困難な状況にあり，また職場での食事や排泄といった身体介護に支援はないといわれている[15]。そもそも，障害者権利条約27条1項では，インクルーシブでバリアを取り除いたアクセシブルな労働市場及び労働環境において労働を通じて生計を立てる機会についての権利が保障されており，同項(e)では，労働市場における障害のある人の

雇用機会を促進することや，障害のある人が職業を求め，それに就き，それを継続する際の支援を促進することが，国に求められている。したがって，通勤のための支援が得られないこと，職場での身体介護の支援が得られないこと等は，同条約27条に反する疑いがあるものと考えられる。

(4) 制定，改廃の手続きについて

障害者権利条約前文(o)で，障害のある人が，政策及び計画（障害のある人に直接関連のある政策及び計画を含む）に係る意思決定過程に積極的に関与する機会を有すべきであることを考慮するものとされ，同条約4条3項では，この条約を実施するための法令及び政策を策定し，実施するに当たり，並びに障害のある人と関連する問題についての他の意思決定過程において，障害のある人を代表する団体を通じて，障害のある人と緊密に協議し，かつ，障害のある人を積極的に関与させるものとされている。

したがって，障害者権利条約の批准及びそれに関連する法令や政策の策定過程だけでなく，広く障害者に関連する政策等の決定過程に障害者の積極的関与が必要である。

障害者自立支援法は，当事者不在で制定されたという批判があり，同法についての今後の改廃手続き，その他今後の検討に当たっては，障害者の積極的関与が不可欠となる。

3　その他国内法の整備

障害者権利条約を批准する場合には，数多くの国内法の整備が必要となるといわれているが，例えば，以下のような重要な整備が必要であることが指摘されている。

(1) 教育政策

障害者権利条約24条1項では，締結国に対して，あらゆる段階におけるインクルーシブな教育制度及び生涯学習を確保することを義務づけ，また，同条2項(a)では，障害のある人が障害を理由として一般教育制度から排除されないこと，(c)では，各個人の必要〔ニーズ〕に応じて合理的配慮が行われること，(d)では，障害のある人が，その効果的な教育を容易にするために必要とする支援を一般教育制度のもとで受けることなどが規定されている。同条約では，すべての障害のある子が地域の小・中学校に全員就学する機会を保障されるべきことを求めているといえよう。

わが国では障害のある子の義務教育は，原則として，障害のない子との分離，別学になっている。そして，学校教育法5条において，「市町村の教育委員会は，前条の健康診断の結果に基づき，治療を勧告し，保健上必要な助言を行い，及び学校教育法第17条第1項に規定する義務の猶予若しくは免除又は特別支援学校への就学に関し指導を行う等適切な措置をとらなければならない。」と規定しており，ここが振り分けの元になっているとの指摘がある。したがって，学校教育法5条の廃止を含めて，就学時検診を，すべての子に地域の小学校に入学させるためのものに改正する必要があろう。また，学校教育法施行令の規定を，障害の有無にかかわらず学齢児全員を地域の小・中学校に就学する機会を与えるように改めること等の改正が必要となろう[16・17・18]。

(2) 労働政策

　障害者権利条約27条は，障害者の他の者と平等な労働の権利を保障している。これは，障害者のための特別の就労の場を確保するということではなく，バリアを取り除くことで障害者が通常の労働市場や労働環境において平等に労働や雇用に参加できることを保障しているものである。そして，同条約は，この保障のために，社会に対して，合理的配慮を求めている。

　わが国では，雇用に関しては，障害者雇用促進法に基づき，一定規模以上の公的機関や民間企業に一定率以上の障害者雇用を義務づける制度及びその履行を担保するための「障害者雇用納付金制度」を設けている。しかし，この制度で意図されているのは，量としての雇用の確保であり，同条約の規定する質の確保ではない[19]。同条約を批准するに当たっては，このような制度の見直しが必要となろう。

(3) 参政権

　障害者権利条約29条は，障害者の政治的権利を保障し，締結国に対し，あらゆる障害者が，政治的及び公的活動に効果的かつ完全に参加することができることを確保するものとしている。

　同条約は，障害のある人に他の者との平等を基礎として，権利行使する機会を保障しているので，成年後見人が付く場合に選挙権や被選挙権を一律に剥奪する公職選挙法11条1号は改正が必要となろう。

　また，同条約29条(a)(i)では，投票の手続，施設〔設備〕及び資料が適切であること，アクセシブルであること並びに理解し及び利用しやすいことを

確保することが規定されている。したがって，見ることに障害がある人，書くことに障害がある人，話すことに障害がある人などすべての障害者に対して，選挙のことが本人に分かるように伝えられ，平等に有権者として投票できるように情報提供やアクセス，サポートなどの環境整備が必要となり，選挙法の改正も必要になろう[20]。

第5 まとめ

障害者権利条約は，すべての人権の不可分性及び相互依存性を前提とするとともに，障害者が社会参加の障壁及び人権侵害に直面しているとし，障害者の自律（自ら選択する自由を含む）及び自立の重要性を確認し，障害者の完全な共有及び完全な参加を促進するための合理的配慮を求めるものである。

日本の障害者に対する福祉政策は，理念としてはノーマライゼーションを基本とし，障害者基本法3条3項においても抽象的理念として障害者に対する差別禁止を謳うようになったものの，現実には社会の余力の範囲内での極めて不十分な政策にすぎず，司法における救済も憲法25条の性質論や立法裁量の壁に阻まれてきた。

今後は，障害者権利条約の批准に向けて，具体的かつ実効性のある障害者差別禁止法の制定[21]をはじめとして，障害者福祉に関する国内法の整備・改正が進められ，日本の障害者に対する福祉政策が大きく前進することが期待される。

そして，同条約の制定過程及び条約の規定からすれば，同条約の内容を実現するために，今後，障害者自立支援法の改廃も含めて国内法を整備する過程において，障害者及びその団体が参加することが不可欠となろう。

1 佐藤久夫・小澤温著『障害者福祉の世界』（有斐閣アルマ，改訂版，2004）207頁。
2 曽根信一『障がい者・児共生とは何か―「自立と共生」の福祉，教育・保育―』（ミネルヴァ書房，2007）6頁～9頁。
3 崔栄繁「消えた『ノーマライゼーション』のなぞ」東俊裕監修『障害者の権利条約でこう変わるQ＆A』（解放出版社，2007）85頁。
4 東俊裕監修『障害者の権利条約でこう変わるQ＆A』（解放出版社，2007）2頁参照。崔栄繁「地域生活が権利に」季刊福祉労働117号（2007）59頁参照。

5　障害者権利条約については日本政府仮訳が出されているが，これについては福祉労働編集委員会『季刊福祉労働』117号（現代書館，2007）などにおいて問題があると指摘されており，本稿では，川島聡・長瀬修仮訳（2008年5月30日付）http://www.normanet.ne.jp/~jdf/shiryo/convention/index.htmlを使用した。
6　「合理的配慮」という訳ではなく，「正当な条件整備」という訳も提案されている。「JDF権利条約小委員会：政府仮訳に対する意見2008年1月10日　日本障害者協議会（中村尚子）」http://www.nginet.or.jp/box/UN/data/kariyaku_JD080110.pdf。
7　石渡和実「障害者差別禁止法の動向―私たちが果たすべき役割―」財団法人日本知的障害者福祉協会『知的障害福祉研究support』612号（2008）27頁，崔栄繁「合理的配慮とはなんですか？」東俊裕監修『障害者の権利条約でこう変わるQ＆A』（解放出版社，2007）27頁。
8　崔・前掲注(7) 24, 25頁。
9　山崎公士，金政玉，石毛鍈子「対談　条約をすべての人の条約に」季刊福祉労働117号（2007）19頁以下。
10　2003年10月に廃案となった「人権擁護法案」の中の「人権委員会」では独立性が確保できないとして廃案となった経緯があるので，独立性のある機関を求めていく必要があると指摘されている。「JDF権利条約小委員会：政府仮訳に対する意見2008年1月10日　日本障害者協議会（中村尚子）」http://www.nginet.or.jp/box/UN/data/kariyaku_JD080110.pdf。
11　鈴木勉「障害者権利条約からみた障害者自立支援法」財団法人日本知的障害者福祉協会『知的障害福祉研究support』612号（2008）30頁では，「自立支援法によって立つ新自由主義原理は，従来の福祉供給の枠組みを根底から覆し，福祉分野に市場原理を導入した。人権保障を目的とする権利条約を批准するのであれば，自立支援法は部分的手直しではすまされず，抜本的見直しが不可避となるゆえんである。」と指摘している。
12　崔・前掲注(4) 65頁。
13　障害程度区分が違憲の疑いがあるものと論じるものは，初谷良彦「憲法13条（個人の尊重・幸福追求権）からみた『障害者自立支援法』の違憲性」財団法人日本知的障害者福祉協会『知的障害福祉研究support』613号（2008）35頁以下。
14　応益負担が障害者権利条約に抵触すると論じるものとして，崔栄繁「自立生活」長瀬修ほか編『障害者の権利条約と日本―概要と展望―』（生活書院，2008）199頁，鈴木靜「障害ある人の権利条約批准の課題」障害者生活支援システム研究会編『どうなるどうする障害者自立支援法』（かもがわ出版，2008）65頁。
15　西村正樹「職場における合理的配慮とはなんですか」東俊裕監修『障害者の権利条約でこう変わるQ＆A』（解放出版社，2007）84頁。
16　大谷恭子「教育はどう変わりますか」東俊裕監修『障害者の権利条約でこう変わるQ＆A』（解放出版社，2007）74頁。
17　姜博久「インクルーシブ教育って何ですか」東監修・前掲注(15) 71頁では，文部科学省が2007年（平成19年）4月から実施した特別支援教育も，地域の通常学校の通常学級に在籍する発達障害とされる子どもたちへの支援が加えられたとはいえ，原則分離の枠組みを

変えるには至っていないとの指摘がなされている。

[18] 国民教育文化総合研究所「インクルージョンをめざす教育」『障害児教育研究委員会報告書』(2000年4月17日) http://www.arsvi.com/2000/000417.htm。

[19] 松井亮輔「障害者の労働政策にどのような影響がありますか」東俊裕監修『障害者の権利条約でこう変わるQ&A』(解放出版社, 2007) 79頁では、「例えば、近年大企業などが障害者の実雇用率を上げるために障害者の雇用を目的として設立する子会社（「特例子会社」といわれ、そこで雇用される障害者は親会社の雇用率に算定できる）が増え、その数は今では200社以上に上りますが、それらの子会社での雇用条件や労働条件は、親会社である大企業のそれと異なるのが一般的であり、障害従業員のなかには正社員以外、つまり契約社員や嘱託社員として雇用されている人たちも少なくありません。」という実態が紹介されている。

[20] 馬垣安芳「障害者の投票権はどのように保障されますか」東俊裕監修『障害者の権利条約でこう変わるQ&A』(解放出版社, 2007) 86頁では、「当事者の意見を直接政治に反映させるためには、722人の国会議員がいるなら、人口比率から、少なくとも、身体障害の議員20人、精神障害の議員14人、知的障害の議員2人がいてもおかしくありません」と指摘している。

[21] 日本弁護士連合会人権擁護委員会編『障害のある人の人権と差別禁止法』(明石書店, 2002)。

第3部　障害者をめぐる実務上の諸問題

第1章 障害者と参政権

第1 視点の設定

　この章では，全盲の視覚障害者（以下，単に「視覚障害者」という）の選挙権を中心に論を進める。

　私たちが「障害者と参政権」というテーマを預かった当初は，ALS選挙権国家賠償請求訴訟[1]や引きこもり症状を持つ人の選挙権国家賠償請求訴訟[2]に焦点を当てることを思いついた。しかし，3つの理由から，焦点を視覚障害者に当てることにした。

　第1の理由は，両訴訟については，日弁連の意見書[3]をはじめとする数多くの論稿が出され，また公選法改正により一部解決もされた[4]ので，ある意味，決着の着いた問題であり，今さら論じることも少ないということにある。

　第2の理由は，視覚障害者の場合，①選挙情報を得る過程，②投票箱にたどり着く過程，③投票をする過程の各過程でいくつものバリアが存在しており，「障害者と参政権」を考える上で，ある意味，典型例である。

　第3の理由は，ALS患者と比べて視覚障害者の人数が圧倒的に多い[5]。その反面，訴訟で争われたことがないためか，法学者や弁護士が視覚障害者の参政権を論じることが少ない[6]。法学者や弁護士の目を視覚障害者の参政権に向けさせるという意図もある。

　以上の理由から，私たちは，①選挙情報を得る過程，②投票箱にたどり着く過程，③投票をする過程に分けて，視覚障害者から見たバリアの存在とその解消策を中心に論を進め，障害者の参政権について考察することにした。

　なお，調査に当たっては，大分市盲人協会の衛藤良憲氏や大分市選挙管理委員会の惣川一昭氏，谷岡卯一氏などから聴き取り調査を行った。快く応じてくださった方々にこの場を借りて感謝の意を述べたい。

第2 選挙情報を得る過程でのバリア

1 はじめに

障害者が投票するに際しては，選挙，候補者，政策等について十分な情報が提供されなければならないし，候補者または運動員，あるいは選挙民として，情報や自分の考え方を伝達する機会も保障されなければならない。障害に見合った適切な手段による両方向の情報の保障＝コミュニケーションの保障が選挙権行使の前提となる[7]。しかし，この双方向の保障はいずれも極めて貧しい状況にある。以下，視覚障害者の場合を例にして，その現状と問題点を指摘する。

2 選挙情報入手に関するバリア

(1) 選挙実施情報について

視覚障害者が，選挙実施についての情報を得ることは，マスコミ報道や日常会話などを通じてある程度可能であると思われるが，投票入場券が送付されてきても，それが投票入場券であることを視覚障害者は判別することができない。点字シールを貼って送付している例もあるが，制度的に保障されたものではなく，自治体の裁量による便宜供与にとどまり，地域格差がある。大分市では，「入場整理券」に，これが入場整理券である旨と選挙名の点字シールを貼付して郵送している。点字情報を必要とする視覚障害者のリストは，2004年（平成16年）に大分県盲人協会から提供を受けたが，個人情報であることからその後は提供を受けておらず，現在は視覚障害者からの申し出によってリストに追加している。しかし，点字シール付き入場券が送付されても，点字が理解できない視覚障害者には意味がない。目も耳も不自由な盲ろう者に対しては，選挙実施情報すら伝わらないことが考えられるが，対策は講じられていない。

(2) 選挙公報について

(a) 選挙公報の点字版

選挙においては，どの候補者や政党に投票するかを判断する上で，候補者の政見や政党の公約等に関する選挙情報が必要不可欠である。選挙公報はそのための重要な手段であるが，点字による選挙公報の発行は，国政レベルですら制度化されていない。その理由は，公職選挙法上の「選挙公報」は，候補

者から申請された掲載文を原文のまま記載しなければならないものとなっており（公職選挙法169条2項），点字による選挙公報の場合，選挙管理委員会が限られた期間内に誤りなく調整することができるかどうか，また調整したものを視覚障害者に対して公平に配布できるかどうかなどの技術上の問題があるためとされている[8]。

　選挙公報ではなく，視覚障害者の便宜を図るための啓発事業の一環として，候補者の氏名や経歴などを記載した点字による選挙の「お知らせ版」（ヘレンケラー協会などにより買い上げ）が，関係団体を通じて配布されているが，これは制度的に保障されたものではなく，民間の努力に頼っている状況であり，実施状況も地域によって異なる。

　大分市選挙管理委員会からの聴き取りによると，大分市では2007年（平成19年）の統一地方選で，選挙公報の内容全部を点字化したが，これは，同年知事選を実施した13都府県の内，6都県しかない。

　九州管内の県庁所在地の市選管に，点字版「お知らせ」の作成状況につき照会（2008年〔平成20年〕5月実施）した結果の概要は以下のとおりである[9]。

福岡市	国政選挙，知事，市長選挙については，すべて点字版が作成されている。
佐賀市	国政選挙，知事，市長選挙については，すべて点字版が作成されている。
長崎市	点字版は作成されていない。
熊本市	上同
宮崎市	上同
鹿児島市	国政選挙，知事選挙について作成されている。
那覇市	点字版は作成されていない。

(b)　選挙公報の音声版

　視覚障害者にとって，選挙公報の音声版があれば有用である。この点，選挙公報の音声版も，制度化はされていないが，自治体によって発行しているところがある。音声版には，選挙公報を読み上げるカセットテープ版と，文字情報を記録したバーコードを専用の機械が読み取る音声コード付き拡大版があり，2007年（平成19年）7月29日実施の参議院選挙では，前者が43都道府県，後者が14道府県で発行されたという。

　大分県選管によると，2007年（平成19年）7月29日実施の参議院選挙の

第1章　障害者と参政権　　187

際に初めて民間団体が作成した音声版を7月20日に入手したが，投票日まで9日間しかなかったことから，配布までは行わず，音声機能付きのホームページでその存在を広報したにとどまるとのことであった。

　九州管内の県庁所在地の市選管に照会（2008年〔平成20年〕5月実施）したところでは，福岡市，佐賀市，大分市，鹿児島市で音声版が作成されている[10]。

　ところで，選挙公報の音声版については，国分寺市議会議員の三葛敦志氏が，「音声データ化」を提言し，2006年（平成18年）11月に発表された第1回マニフェスト大賞の最優秀アイデア賞を受賞した。同氏の発想は，カセットテープによる場合には，頭出しに問題があり，テープの後の方の候補者になると飽きて聞かなくなるので平等性に問題があり実現できないとの総務省見解の壁を超えるために，CDやMD，CD-ROMを使って頭出しを容易にする方法採用すればよいというものである[11]。私たちは，三葛敦志氏に同調する。

(3)　演説会参加等による選挙情報入手について

　選挙に関する情報を的確に入手するためには，個人や政党の演説会への参加も必要であるが，視覚障害者にとってはそのための移動上のバリアが大きいが，そのための情報格差は放置されたままである。

3　選挙情報に関する視覚障害者のバリアについての提言

(1)　点字版・音声版選挙公報の制度化

　選挙情報に関する視覚障害者のバリアは，前述したとおり，公選法上の制度としては放置されたままであり，自治体の裁量による便宜供与という形で事実上の解決が図られているにとどまる。点字版，音声版の事実上の「お知らせ」の普及が，公選法により却って阻害されている側面もある。例えば，点字版・音声版が発行できない理由として，法定の選挙期間が短すぎて間に合わないという回答を寄せた市もあった。視覚障害者に対する選挙情報の提供の上で，選挙公報の点字版・音声版の普及は必要不可欠であり，選挙公報という基本的な選挙情報媒体については，速やかにこれを制度化すべきである。その妨げになっている選挙公報に関する規定や，短すぎる選挙期間の見直しが必要である。

(2)　個人や政党の演説会への参加に対する助成

視覚障害者が選挙に関する情報を的確に入手するためには，健常者と同じように個人や政党の演説会に参加する必要がある。その機会を保障するため，単独歩行が難しい視覚障害者に対する介助支援員の派遣等の施策の充実が必要である。

(3)　選挙情報発信に対する制約の撤廃

　公職選挙法が，情報の発信についても受信についても，選挙に関する情報の流通を異常に厳しく制限していることについて見直す必要がないかを検討すべきである。これは障害者だけの問題ではなく，すべての有権者・国民の問題であるが，障害のない者は許された手段の範囲でも情報を入手しあるいは発信できる。しかし，障害者がそれらの制限によって受ける選挙情報のバリアは，健常者に比べ甚大であり，健常者との形式平等で片づけられる問題ではない。例えば，公選法は戸別訪問を全面禁止するという厳しい制限をしているが，移動の自由に制約のある視力障害者ないし在宅の障害者にとって，候補者や運動員が直接訪ねてきて，親しく選挙情報に接することができることは極めて有効な選挙情報の入手の機会であり，その重要性は健常者よりはるかに大きいが，その回路は全面的に閉じられている。

第3　投票箱にたどり着く過程でのバリア

1　投票所まで

　視覚障害者にとって最大の課題は投票所にたどり着くことである。このことは，既に全盲の弁護士竹下義樹氏によって指摘されている[12]。

　また，今回私たちは，大分県盲人協会において，同協会副会長で，大分市議でもある衛藤良憲氏に聞取り調査を行ったが（氏は，全国で現在6名しかない全盲の議員である），氏も，「一番の問題は，投票所に行くまでです。」と指摘する。

　このように，視覚障害者が選挙権を行使する上での最大の障害は，外出・移動に関するバリアである。

　視覚障害者にとって，移動・歩行を単独で行うことは不安と恐怖を伴うだけでなく，生命の危険すら伴うものである[13]。

　投票所は通常は視覚障害者が日常的に行き慣れている場所ではない。そこに至るまでにどのような危険が存在しているかを予測することは難しい。こ

のような状況に置かれている視覚障害者が「投票に行く」という決断を下すことは，健常者からは想像できないプレッシャーを伴うはずであり[14]，そのように考えれば，上記の竹下氏や衛藤氏の指摘は頷ける。

2　移動支援の対象者と費用

(1)　「身体障害者ホームヘルプサービス事業」との比較

　かつては，国の補助事業である「身体障害者ホームヘルプサービス事業」があり，その一環として，視覚障害者の外出支援が行われていた。この外出支援の中には，投票所への移動も含まれていた[15]。

　しかしながら，この制度で支援の対象とされていたのは，基本的に「重度の身体障害者・児」であった。また，どのヘルパーを派遣するかはヘルパー事業所が決定し，ヘルパーの交通費や駐車場代なども，やはり利用者負担とされていた。自己負担金は所得税課税年額を基準に決められていた。市町村が定めている「ホームヘルプサービス事業運営要綱」によると，例えば14万0,001円以上の世帯では，1時間あたり950円とされているようである[16]。

(2)　障害者自立支援法下の移動支援

　障害者自立支援法のもとでは，障害者の移動支援は，「地域生活支援事業の一環として，市町村が統括補助金や単独予算で実施する制度」に変わった[17]（法77条1項3号）。

　この事業で移動支援の対象者とされるのは，「屋外での移動が困難な障害者及び障害児」であり（由布市移動支援事業実施要綱2条，小諸市移動支援事業実施要綱2条，岩見沢市移動支援事業実施要綱1条等参照），従来のホームヘルプサービス事業よりも支援の対象者は広がった。

　そして，支援の対象となる移動には「社会生活上必要不可欠な外出」が含まれることから，当然投票所への往復も支援の対象となると解される[18]。

(3)　このように，投票所への往復が移動支援の対象となるとしても，移動支援事業の実施主体は原則として市町村とされ，支給できる対象，使用目的，さらには負担金を取るか否かは，市町村が決定することになっている[19]。

　そのため，移動支援の費用負担は，後述のように，自治体によって相当程度に異なっているのが現状であり[20]，市町村の考え方や財政事情等により大きな市町村格差が出てくることが予想されている。「きょうされん」（旧共同作業所全国連絡会）が2006年（平成18年）に行った全国調査[21]でも，移動支

援事業について1割負担とする自治体が82.3％と大半を占めるが，応能負担制度をとる自治体も9.3％あり，負担なしとする自治体も1.5％あった。

また，1割負担の基礎となる移動支援の費用の基準も各自治体でまちまちである。

例えば大分市の場合，障害者手帳等を持つ人に対する身体介護を伴わない移動支援については，所要時間1時間以下で2,400円（自己負担240円），1時間を超える場合30分ごとに900円（自己負担90円）である。

ところが，隣接する由布市では，所要時間30分以上1時間未満で1,500円（自己負担150円），所要時間1時間以上1時間30分未満で2,250円（自己負担225円）と，相当の差がある（後掲別表参照）。

絶対額としてみれば必ずしも大きいとはいえないが，選挙権という，「公務」の側面も持つとされる権利[22]の行使にあたって，このような差異が許されるのかは疑問なしとしない。

さらに問題となるのは，支援提供に伴う交通費等の実費が全額利用者負担とされている点である（この点については，利用者負担を明文で規定する自治体とそうでない自治体があるようであるが，明文規定のない自治体についても，利用者負担とされているようである。）。この費用も含めれば，障害者の負担はさらに重くなる。

3 投票所入り口から投票箱まで

(1) 段差などの問題

投票所入口で段差などがあれば，当然移動の障害となる。「段差があるのではないか」という想像が働くだけで，視覚障害者は，投票所まで足を運ぶのをためらうかも知れない。

その意味で，簡易スロープの設置は，視覚障害者にとっても重要な援助手段であり，投票という観点からいえば，投票支援のための設備といえる。私たちが大分市選管に聴き取りをしたところでは，昨年は，大分市の場合，簡易スロープを新たに2カ所に設置したそうである。価格は大が約26万円，小が約4万円であった。

このほか，障害者は靴の脱着に困難を伴うことが多いため，投票所にマットを敷いて土足で投票できるようにすることも，障害者の移動の自由を高め選挙権行使を容易化する施策の一つといえよう。大分市では，昨年は新たに

1ヵ所にマットを設置し，その費用は，20万5,800円（マット70本分）かかったそうである。

(2) ガイドヘルプの引き継ぎの問題

投票所に入ってからの問題はもう一つある。移動支援事業のガイドヘルパーは，原則として，投票所の入り口までしか案内できないという問題である。

投票所の中まで案内するとなると，投票の秘密を侵害される可能性が出てくる。そこで，現状では，ガイドヘルパーは投票所の入り口まで案内し，投票所内では，原則として案内係が必要な手助けをするという仕組みになっている。

例えば，大分市選挙管理委員会『投票事務の手引き』第5章 (10) 項によると，「代理者や整理・案内係等に，身体の不自由な選挙人が投票に来てないか常に注意を払うように指示する。特に，車椅子の選挙人や身障者の選挙人が介添人なしで投票に来た際には，必要に応じて登場所入り口のスロープを上がる手助けなどを行い，選挙人が不自由することなく投票できるように配慮する。」とされ，障害者が投票所内で移動する際しては，案内係が必要な配慮することとされている[23]。

4　有権者でなく投票できる場所を移動する

投票所まで出かけることが困難であるならば，投票所（投票できる場所）が有権者のところまで来ればいい。このような観点からすると，郵便投票制度や電子投票制度，わが国では実施されていないが巡回投票制度なども，視覚障害者が投票所（投票できる場所）にたどり着くのを支援する制度といえよう。

これらの諸制度については，日弁連の意見書[24]の「第2　3．諸外国における投票所外投票制度」の項で比較的詳しく紹介されているので，本稿では詳述しない。

5　提言

(1) 費用格差の解消と無料化（提言1）

上記のように，移動支援を受けた場合の利用者の負担額は自治体によって様々である。

このような差異に合理性があるか。選挙権という権利の性質に遡って考える必要があるだろう。

　端的に結論をいえば，選挙権の行使には「公務」の側面があるとされている以上，少なくとも選挙権行使のための外出について自治体によって差異を設けるのは合理性がないし，健常者が特に費用負担なく行けるのに（投票所は通常は徒歩ないし自転車で行ける程度の距離にある）障害者は費用を自己負担しなければならないとする点にも合理性がないと考える。

　そこで，まず第1に，選挙権行使のための外出については，移動支援費用を，支援提供に伴う交通費等の実費も含めて完全に無料化することを提言する。

(2)　投票所内もガイドヘルパーで（提言2）

　現在は，ガイドヘルパーが投票所内に入ることは認められない場合が多く，投票所内での移動支援は案内係が担当している。

　しかし，例えば複数の視覚障害者が同時に投票に来た場合（障害者施設が近くにある投票所などでは起こり得る事態だろう），案内係では十分な対応ができない可能性がある。

　また，現在の移動支援事業の優れた点の一つに，利用者が移動支援事業の実施施設を選べるため，普段外出介助に利用しているガイドヘルパーを投票所の往復介助にも利用できる，言い換えれば「おなじみさん」に外出介助をしてもらえるという点がある。視覚障害者にとって，見知らぬ投票所内での単独行動が不安と恐怖を伴うものであるとすれば，投票所内でもなじみのガイドヘルパーに介助してもらえるということは，視覚障害者から外出のプレッシャーを軽減し，投票率のアップにも繋がるものといえよう。

　そうすると，投票所内にも原則としてガイドヘルパーが入れるようにすることは，視覚障害者の選挙権行使を支援するものといえよう。

　このことによって生じる投票の秘密侵害の危険は，視覚障害者が記載台で投票用紙に記入している時にガイドヘルパーが待機するスペースを，視覚障害者の記載行為が見えない位置に設けるなどの対策によって，容易に防止できると考えられる。

　そこで，ガイドヘルパー待機スペースを投票所内に設けた上で，覚障害者を投票所まで案内したガイドヘルパーが，当該視覚障害者を投票所内も案内できるようにすることを提言する。

表　移動支援を受けた場合の自己負担分の比較[25]

	投票所との往復に	1時間かかった場合	2時間かかった場合	備考（各自治体の特色）
大分県	大分市	240	420	負担額は身体介護を伴う場合と伴わない場合で同一（多くの自治体では別利用料）。利用時間の上限が定められている。「社会生活上必要不可欠な外出」について月60時間、余暇活動等社会参加のための外出について月30時間。支援提供に伴う交通費等の実費は利用者負担。
同	由布市	150	295	身体介護を伴わない場合の負担額。伴う場合、1時間400円、2時間655円。有料道路、有料駐車場等の利用料は別途利用者負担。
同	中津市	150	295	身体介護を伴わない場合の負担額。伴う場合、1時間400円、2時間655円。
同	日田市	150	295	他に「重度障害者移動支援事業」として介護タクシー等を利用した場合の初乗り料金を市が支給する事業を独自に行っている。明文の規定はないが、支援提供に伴う交通費等の実費は利用者負担。
同	臼杵市	150	295	身体介護を伴わない場合の負担額。有料道路、有料駐車場等の利用料は別途利用者負担。
長野県	小諸市	150	300	経済活動にかかる外出等を支援対象から除外。
埼玉県	所沢市	76	150	身体介護を伴わない場合の負担額。利用者の自己負担分は移動支援費用の5％（大半の自治体は10％）。
同	毛呂山町	150	300	身体介護を伴わない場合の負担額。サービス提供者に一定の資格要件（研修等修了すること）を課す。
岩手県	岩見沢市	150	295	身体介護を伴わない場合の負担額。サービスの対象者は「屋外での移動に著しい制限のある者」
茨城県	筑西市	400	662	負担額は身体介護を伴う場合と伴わない場合で同一。支援提供者の交通費等の実費を利用者負担とする。

※　時間区分の仕方は自治体により異なる。例えば、1時間以下はいくら、1時間を超えると30分ごとにいくらと規定するやり方（大分市）、30分あたり75円で単純計算するやり方（小諸市）など様々である。また、「1時間かかった」の意義も、1時間未満、1時間以下、1時間までなどを含む。ここでは、投票におよそ1時間かかった場合と2時間かかった場合の目安を示したと考えてほしい。

※　比較対象は大分県内を中心に資料が入手できた自治体をランダムに選択した。厳密な比較を行ったものではなく、あくまで、自治体間に相当の差があるということを知ってもらうための参考と考えてほしい。

第4　投票をする過程でのバリア

1　はじめに

　視覚障害者の場合，ようやく投票所にたどり着いた後も，自らの意思で自由に投票することにも様々なバリアが待っている。ここでは，視覚障害者からみた投票する過程でのバリアを指摘し，最後に改正への提言を行いたい。

2　投票用紙に書き込む際のバリア

　視覚障害者の場合，点字投票[26]，代理投票[27]，自書投票[28]のいずれかを選ぶことになる[29]が，いずれにも長所・短所がある。

(1)　点字投票の場合

(a)　長所

　視覚障害者が点字投票をする場合，後述するような自書投票にみられる無効票になる危険は少ない。現に，1998年（平成10年）実施の参議院通常選挙での点字投票の有効投票率は比例区・選挙区ともに97％を超えている[30]。

　また，中規模以上の都市であれば，点字投票の数がある程度以上集まるため，投票者を特定できず，投票の秘密を守れる。

(b)　短所

　点字ができる視覚障害者は，視覚障害者の1割弱しかいない[31]。即ち，1996年（平成8年）の身体障害者実態調査によると，20歳以上の視覚障害者は30.4万人で，そのうち点字ができるのは2.8万人とされる。この原因は，事故や病気等による中途失明者は，点字ができないという点にある。

　また，小規模の町村では，点字投票の問題が顕在化する。例を挙げると，簡易点字盤しか設置していないため扱いづらい。開票の際，点字を読める盲学校の教師が地域内にいないため，職員が対照表を参考にして点字を解読しているが，慣れない作業であるため，間違うことも少なくないとか，ひどいときは故意に間違うこともある。

　さらに問題なのは，点字投票者が1人しかいない地域もあり，投票の秘密が守れないという深刻な問題もある。私たちが調査したところによれば，開票作業に当たった職員が，点字投票者に直接電話をして，読めないから誰に投票したか教えて欲しいといわれたことがあったとのまことしやかな噂を耳にした。

(2) 代理投票の場合
(a) 長所

無効になる危険が極めて少ない。

点字ができない視覚障害者も利用できる。

(b) 短所

投票の秘密が守れるかという問題がある。もちろん，代理投票は職員が行っており，守秘義務が課されているが，それでも投票する側からすると，いったん自己の政治的信条を明かすことには抵抗があり，このため，点字投票や自書投票を無理に行う例も少なくない。

例えば，交通事故で体に重い障害を持った方が，「事故後14年間，代理投票を行ってきたが，投票のたびに自分の政治信条を明らかにしなければならず，とてもつらかった」と話されたと報告されている[32]。

(3) 自書投票の場合
(a) 長所

点字ができない視覚障害者も利用できる。

投票者を特定されるという危険もないため，投票の秘密も守られる。

(b) 短所

点字ができない視覚障害者は，投票用紙に書き込む際に，読めるように書くのは困難である。読めないと無効票となる。

新見市選挙管理委員会の小林保氏によれば，視覚障害者は，「これまで，投票の数日前から，小さく切った紙片を投票用紙に見立て，候補者名を書く練習を何度も重ねたうえで，投票に参加してきた。選挙後も，果たして自分の投票が正しく読み取ってもらえたか不安だった」とされる[33]。

3 電子投票[34]の場合

(1) 電子投票の実施

視覚障害者の場合，点字投票，代理投票，自書投票の3つ投票方法は，いずれも一長一短ある。

ところで，2001年（平成13年）制定の「地方公共団体の議会の議員及び長の選挙に係る電磁的記録式投票機を用いて行う投票方式等の特例に関する法律」は，いわゆる電子投票を可能にした。そして，2002年（平成14年）6月23日の岡山県新見市での実施を皮切りにいくつかの自治体で電子投票が実

施し，現在まで17例ある。
(2) 電子投票の長所

『電子機器利用による選挙システム研究会報告書』[35]によれば，「音声による案内や音声入力装置，点字によるサポート等を行う」(同報告書29頁)ことにより，高齢者・障害者の便宜を図ることが検討されている。

新見市における電子投票は，障害者にも大変歓迎されたことが報告されており[36]，視覚障害者の団体からも，音声ガイダンスによる電子投票の方法を求める声が大きい[37]。

また，電子投票の長所として，同報告書によれば，「①選挙人に対するメリットとして，投票時の利便性の向上，開票結果の迅速な公表，有権者意思の正確な反映など……選挙事務執行に対するメリットとして，事務の効率化・迅速化，疑問票・無効票の減少など……このほか，紙資源の節約により環境保護など」が指摘される（同報告書8～9頁）。

(3) 電子投票の短所

しかし，電子投票には，いくつかの短所が指摘されている。例えば，①候補者Aに投票したにもかかわらず候補者Bに投票したように記録されてしまう可能性を完全に排除できない，②ハッカーが侵入し，投票データを不正に書き換えてしまう可能性を完全に排除できない，③機械の故障により投票できない可能性を完全に排除できないという短所がある。

現に，2003年（平成15年）7月20日実施の岐阜県可児市の市議会議員選挙では，電子投票の結果が無効になり[38]，この選挙で当選した市議会議員は全員が失職し，再選挙が行われることになった。影響があまりにも大きかっただけに，電子投票を差し控える自治体も多い。

4 改正への提言

(1) 提言内容

これまでに述べた各投票方法の長所・短所を踏まえ，私たちは，以下に述べるバーコード印字・点字打刻併用方式を提言したい。

(a) 晴眼者の場合

① タッチパネルなどにより，候補者を選択する。

② 候補者を選択すると，データをサーバーに集積するとともに，候補者名・バーコード・点字を印刷・打刻した投票用紙が排出される。

③ 投票者は，排出された投票用紙に間違いがないことを確認して，投票箱に投票する。
④ 集計は，あくまで投票用紙によって行う。バーコードが印字されているので，機械により高速に処理できる。
⑤ 投票終了後即座に，サーバーに集積されたデータに基づいた速報値を出すが，これはあくまで参考資料にすぎない。
⑥ 従来通りの自書投票も選択できるようにする。
  (b) 視覚障害者の場合
① 音声ガイダンスにより，候補者を選択する。
② 候補者を選択すると，データをサーバーに集積するとともに，候補者名・バーコード・点字を印刷・打刻した投票用紙が排出される。
③ 排出された投票用紙に誤りがないかは，点字ができる視覚障害者は，投票用紙に打刻された点字で確認し，間違いがないことを確認できれば，投票箱に投票する。
④ 点字ができない視覚障害者は，バーコード部分をバーコードリーダーにあてると音声で読み上げる方法により確認する。
⑤ 晴眼者の④～⑥と同じ（但し，⑥については，従来通りの点字投票・代理投票も選択できるようにする）。
(2) バーコード印字・点字打刻併用方式の長所
  (a) 晴眼者・視覚障害者共通の長所
① 容易に投票できる。
② 無効票になる危険が少ない。
  (b) 視覚障害者固有の長所
① 代理投票を用いる必要がないため，投票の秘密が守れる。
② 晴眼者の投票にも点字を打刻するため，点字であるが故に特定されるという問題も生じない。
  (c) 選挙管理委員会から見た長所
① あくまで紙ベースで集計するため，候補者Aに投票したにもかかわらず候補者Bに投票したように記録されてしまう可能性を完全に排除できないとか，ハッカーが侵入し，投票データを不正に書き換えてしまう可能性を完全に排除できないという電子投票の抱える短所を排除できる。
② 開票作業が迅速にできる，疑問票・無効票がない，という電子投票特

有の長所を享受できる。
(d)　マスコミ・一般国民から見た長所
　サーバーに集積されたデータに基づいて，各候補者の得票数の速報値[39]を即座に公表できる。これにより，従来行ってきた投票者に対する出口調査などは不要になろう。

5　小括

　『電子機器利用による選挙システム研究会報告書』では，「タッチパネル方式」，「テンキー／キーボード方式」，「ボタン方式」，「マークシート方式」，「パンチカード方式」が検討され，いずれの方式も高齢者・障害者には何らかの対策が必要とのコメントが付されている（同報告書10〜13頁）。
　しかし，私たちの提案するバーコード印字・点字打刻併用方式は検討されていないようである。
　もちろん，私たちの提案するバーコード印字・点字打刻併用方式にも機械の故障により投票できない可能性を完全に排除できないというリスクも残っているなど，完全なものとは言い難い。ただ，ユニバーサルデザインの投票方式として，検討に値するのではないかと思う。

第5　視覚障害者以外の障害者のバリアと選挙運動のバリア

1　聴覚障害者
(1)　手話通訳
　全国ではじめて立会演説会に手話通訳がついたのは，1967年（昭和42年），東京都中野区で開かれた国政選挙の立会演説会であり，1971年（昭和46年）には，立会演説会の手話通訳が公費でつくようになった。ろうあ者にとっての普通選挙は1971年（昭和46年）に始まったといわれるほど大きな意義があったが，83年（昭和58年）11月，立会演説会自体が全廃され，わずかな権利保障も後退した。立会演説会の代わりに，国政選挙と都道府県知事選挙については政見放送が行なわれるようになったが，手話通訳は認められなかった。その後，音声もしくは言語機能に障害を有する候補者の政見放送については，87年（昭和62年）から録音物使用による政見放送が認められるようになり，95年（平成7年）の参議院議員通常選挙では，比例代表の政見放送に

ついて手話通訳が導入され，1996年（平成8年）の衆議院選挙から，小選挙区の政党持込のビデオによる政見放送について，政党の判断で手話通訳ができるようになった。

2009年（平成21年）以降の衆議院選挙から，衆議院比例区でも手話通訳ができるようになっているが，参議院選挙区，知事選の政見放送の手話通訳はまだ実現していない。実施が強く求められている字幕放送はまったく実施されていない。

政府が手話通訳や字幕放送に消極的な理由は，手話通訳者の全体的人数が少ないことや都道府県ごとの手話通訳者にばらつきがあること，字幕放送は技術的に難しいことなどが理由とされているが，その程度の理由でいつまでも実施が見送られているのは問題である。

(2) 視覚による情報の制限

公職選挙法は，選挙期間中の視覚による選挙情報（文書，チラシ，ポスター，ビデオなど）の利用を原則として禁止している。これは，健常者にとっても問題であるが，聴覚障害者にとって，視覚による情報が遮断されることは，健常者の場合に比べてより深刻な情報バリアである。

2　言語障害者

言語障害者が，候補者または運動員として自己の考えを他者に伝えようとする場合のバリアも深刻である。選挙に関して言葉を補う手話通訳者の支援制度はない上，言葉の替わりに文書を活用しようとすると，公選法の法定外文書頒布罪に問われる。公選法が選挙運動用文書の利用を原則禁止していることは，表現の自由一般に対する不当な制約としてしばしば裁判で争われているが，それは言語障害者にとっては，利用できる表現手段のほとんどを奪っている。

3　身体に重大な障害がある者

在宅の寝たきりになっている高齢者や障害者にとっては，「第3　視覚障害者が投票箱にたどり着く過程でのバリア」で指摘した移動支援をいかに行うかが最大のバリアとなっている。投票支援だけではなく，演説会への参加などを含む移動支援は切実な問題である。投票については，在宅投票制度も拡充されているが，それだけでは情報のバリアは解決されない。

4 障害者が選挙運動に参加する場合のバリア

(1) 障害者が選挙運動に参加しようとする場合，行く手には大きなバリアが横たわっている。「公職選挙法」という名のバリアである。

原則と例外を転倒させたわが国の公職選挙法のもとでは，個人が自由に行える選挙運動としては，わずかに，①個々面接（知人に路上や電車の中でたまたま出会った場合に投票の依頼をすること），②電話による投票依頼，③幕間演説（演劇や映画等の鑑賞のために参集している人々や勤務のために集まっている人々に対して，幕間を利用したり休憩時間を利用して演説を行うこと）が認められているにすぎない（各県の選挙管理委員会ホームページ参照）。

しかし，①の個々面接は，重度の言語障害者には不可能であるし，重度の視覚障害者にとっても，たまたま知人を「見かける」ことがあり得ない以上，ほとんど不可能といえよう。②と③が言語障害者に不可能なのはいうまでもない。また，健常者は電話により投票依頼ができるのに，言語障害者が電子メールで投票を依頼すれば，文書頒布として公職選挙法違反に問われる。

このようにみると，わが国の公職選挙法は，障害者が選挙運動に参加するという事態を，ほとんど想定すらしていないという他はない。

(2) 公職選挙法が障害者の選挙運動への参加に対していかにバリアとなるかを具体的に示したのが，玉野裁判[40]である。この裁判は，言語障害4級を持つ玉野ふい氏が，1980年（昭和55年）の衆議院議員総選挙及び参議院議員通常選挙の際に，支持する候補者のため後援会加入申込書などを配布したとして，公職選挙法違反に問われた刑事事件である。

本事件の控訴審判決で，大阪高裁は，結論としては一審の有罪判決を維持したものの，「選挙運動に関し言語障害者と健常者との間に実質的不平等が存することは否めない。」とした上で，「立法政策上……，健常者と言語障害者との間に存在する事実の不均等を，健常者以上の文書配布を許すことによって埋め合わせるということも，十分検討に値するであろう。」と述べていることは注目に値する（大阪高判平3・7・12）。

しかしながら，本稿では，紙数の関係もあり，このような判例が存在する事実と，従来公選法の問題は，主に表現の自由，政治活動の自由との関係で論じられてきたが，障害者の選挙運動への参加という観点からは，平等原則

違反も争点となり得ることを指摘するにとどめる。

第6　まとめと提言

1　本報告では，視覚障害者の問題を中心に，身体障害者の参政権行使のバリアの現状と問題点を検討し，個々のバリアごとに若干の提言を試みた。事態は次第に改善されてきているが，その速度はあまりにも遅い。手話通訳や字幕放送，選挙公報の点字化・音声化は，問題点があるといっても，技術的な問題や予算上の問題，現行公選法の規定との関係で制度化が先送りされているにすぎない。遅々とした歩みも，政府や国会が熱意をもって取り組んだ成果というより，障害者が果敢に提訴した裁判闘争や障害者団体の運動に押されてしぶしぶ実現してきたという印象を受ける。

2　身体障害者の参政権は，健常者と同一条件であるということでは実質的に保障されているとはいえず，下記の制度的保障を必要とする。
　第1に，投票権の保障ないし実質化である。そのためには，投票所への移動を容易にした上で，点字・代理・在宅投票等，投票所における自書主義原則を修正・拡大する必要がある。この点，私たちは「費用格差の解消と無料化」，「投票所内もガイドヘルパーで」，「バーコード印字・点字打刻併用方式」を提言する。
　第2に，障害を持つ人が投票に必要な情報を得るための保障である。演説会等における手話通訳，点字選挙公報等である。この点，私たちは，「音声データ化」，「短すぎる選挙期間の見直し」を提言する。
　第3に，被選挙権の保障である。障害を持つ人が立候補し，被選挙権を行使する場合の政見放送等への手話通訳の保障等と議員活動への援助である。
　第4に，障害を持つ人が，積極的に，運動員ないし一般市民として選挙活動をし，日常的に政治運動を行うことに対する保障である。

3　以上の考察から，取り急ぎ以下の提言をする。
　① 選挙公報の点字化・音声化，政見放送における全面手話通訳導入は，速やかに実現すべきであり，その障害となっている公選法の規定（選挙公報の定義，選挙期間）は速やかに是正されるべきである。

② 選挙運動用文書の制限や戸別訪問の禁止は，選挙情報の取得や発信に関する障害者の権利を著しく制約している。国際水準に適合するような改正が検討されるべきである。
③ 選挙情報の入手や選挙運動，投票等に必要な障害者の移動について，介護支援員の派遣等の施策を強化すべきである。
④ 弁護士及び弁護士会としては，身体障害者の参政権の保障の趣旨に反し，あるいはその行使を不当に阻害している要因について，裁判の提訴を含む支援を行うことを検討すべきである。例えば，投票のため投票所に移動する費用等の請求，投票所のバリアフリー化に関する瑕疵（スロープの設置不十分，案内係不備等の瑕疵）に対する損害賠償請求，障害者の投票率が，集団として健常者に比べて著しく低いなど，投票の価値が損なわれていることに対する損害賠償等，について検討の余地があると思われる。

1 東京地判平14・11・28判タ1114号93頁。
2 最判平18・7・13判時1946号41頁。
3 日本弁護士連合会「投票の機会の保障を求める意見書」(2003年2月21日)。
4 2003年（平成15年）の公職選挙法の改正により（平成16年3月1日施行）郵便等による不在者投票について，対象者が拡大されるとともに，「代理記載制度」が新たに創設され，ALS患者の投票が可能になった。しかし，視力障害による外出困難者でも，1級の視力障害があるというだけでは，郵便投票を利用できない。
5 日本ALS協会公式ホームページ内の資料（http://www.alsjapan.org/common/whatis/alsdata01.pdf）によると，ALSの国内の患者は2004年（平成16年）時点で6,774人。2006年（平成18年）版『障害者白書』によると，18歳以上の視覚障害者は，約30万1000人。
6 井上英夫『障害をもつ人々と参政権』（法律文化社，1993），川﨑和代『障害をもつ人々の参政権保障をもとめて』（かもがわ出版，2006）という優れた論稿を紹介しておく。この章の執筆に当たっても参考にさせていただいた。
7 井上英夫「障害をもつ人々と政治参加」河野正輝・関川芳孝編『講座障害をもつ人の人権1』（有斐閣，2002）18頁。
8 政府見解は，福山哲郎参議院議員の質問趣旨書の政府答弁書に詳しいが，これは下記ホームページから入手可能である。
 http://www.sangiin.go.jp/japanese/joho1/syuisyo/166/syuh/s166002.htm
 http://www.sangiin.go.jp/japanese/joho1/syuisyo/166/touh/t166002.htm
9 国政選挙及び知事選挙は，県選管の所管であるが，市選管に照会したにとどまる。
10 国政選挙，知事，市長選挙等の選挙の種類別の確認はしていない。

[11] 経済界2008年4月15日号88頁。
[12] 井上英夫『障害をもつ人々と参政権』(法律文化社、1993) 150頁。
[13] 日比野清「移動における人的支援の現状と課題－視覚障害者の支援を中心に」NORMALIZATION SEPEMBER, 2007号17頁。
[14] ガイドヘルパー技術研究会監修『ガイドヘルパー研修テキスト視覚障害編』(中央法規、2007) 106頁。
[15] 大分県盲人協会事務局長中村氏（氏は大分市職員として福祉行政に長年携わった経験を持つ）への聴き取りによる。
[16] 玉野市ホームヘルプサービス事業運営要綱、宿毛市ホームヘルプサービス事業運営要綱、小諸市ホームヘルプサービス事業運営要綱などを参照。
[17] 小沢温・北野誠一編『障害者福祉論』(ミネルヴァ書房、2007) 107頁。
[18] 例えば大分県由布市の移動支援事業実施要綱3条では、移動支援の対象として「社会生活上必要不可欠な外出」が挙げられ、その具体例として「公的行事への参加」が挙げられている（限定列挙、同要綱3条3項2号）。規定の仕方に若干の差はあるものの、大分県内の主な市、長野県小諸市、岩手県岩見沢市等、筆者が収集したすべての移動支援事業実施要綱で「社会生活上必要不可欠な外出」を支援対象として規定している。
[19] 小沢ほか・前掲注(17)107頁。
[20] 小沢ほか・前掲注(17)107頁。
[21] 「障害者自立支援法における影響調査」(きょうされん、調査期間2006年（平成18年）10月26日〜11月28日) 参照。なお、「きょうされん」の同調査はインターネットを通じて入手できる。
[22] 選挙権の性質については、「選挙人は、一面において、選挙を通して、国政についての自己の意志を主張する機会を与えられると同時に、他面において、選挙人団という機関を構成して、公務員の選挙という公務に参加するものであり、前者の意味では参政の権利をもち、後者の意味では公務執行の義務をもつから、選挙権には、権利と義務との二重の性質があるものと認められる」とするのが通説(二元説)である（芦部信喜・髙橋和之補訂『憲法』〔岩波書店、第3版、2002〕238〜239頁参照）。従来、選挙権の「公務」性は、棄権の自由を制約するもの、選挙権の行使・不行使に対する国家の干渉を正当化するものとしてともすればネガティブにとらえられがちであったが、障害者の参政権保障の観点からは、選挙権の公務性に積極的な意義を付与し得るかもしれない。
[23] もっとも、同手引きの(6)項によると、「……身障者の介護者等は、入場が認められているが、選挙事務の公正適確な処理、投票の秘密の厳守及び投票所内の秩序を妨げない範囲内で、最終的には管理者が判断する。」とされているので、ガイドヘルパーが投票所内に入って移動支援をすることは、管理者の裁量によって認められそうである。
[24] 前掲注(3)。
[25] 各自治体の移動支援事業実施要綱（ただし日田市のみは地域生活支援事業）を参照し、一部聴き取りにより補足して作成した。
[26] 公職選挙法47条。
[27] 公職選挙法48条。

28 公職選挙法46条1項。
29 この他, 記号式 (公職選挙法46条の2) もあるが, 視覚障害者の利用が想定し難いことから割愛した。なお, 公職選挙法施行令59条の3により, 在宅点字投票は認められておらず, 視覚障害者団体からはこの点の改正を求める声も大きい。
30 市民がつくる政策調査会「『障害者・高齢者等の参政権』現状の課題と提案」6頁。なお, http://www 5 c.biglobe.ne.jp/~can/gshp/data/data001.htm でもデータを閲覧できる。
31 前掲注 (30) 6頁。
32 小林保「投票のバリアフリー化へ第一歩 全国に先駆けて電子投票を実施」ノーマライゼーション2002年10月号63頁。
33 小林・前掲注 (32) 63頁。
34 電子投票については, 岩崎正洋『eデモクラシーシリーズ第2巻 電子投票』(日本経済評論社, 2004) や, 電子投票普及協業組合公式ホームページ (http://www.evs-j.com/) が詳しい。
35 http://www.soumu.go.jp/s-news/2002/pdf/020201_2.pdf により入手可能。
36 村田拓司「日本初・新見の電子投票―アクセシビリティに着目して」季刊福祉労働97号120頁。
37 2003年(平成15年)の公職選挙法の改正の際(平成16年3月1日施行), 参議院では,「情報化社会の進展に伴い, 障害者, 高齢者等, 誰もが公平かつ容易に使用できるユニバーサルデザインに基づいた電子投票システムを早急に確立すること」という付帯決議がなされた。
38 最判平19・7・8は, 選挙を無効とした名古屋高判平17・3・9判時1914号54頁を追認した。
39 得票数の確定は, あくまで紙ベースで行うので確定値でなく, 速報値であることには注意されたい。
40 本件は刑事事件であり, 玉野「事件」と呼称するのが普通なのであろうが, この裁判に関わった弁護士・支援者らは, 本件は, 障害者の政治活動の自由を実質化するための「裁判」なのだというこだわりをもって, 本件を玉野「裁判」と呼んできた。そこで, 本稿でも玉野「裁判」と呼ぶこととする。

第2章 知的障害者と証人（本人）尋問

第1 尋問における実務的な工夫

1 はじめに

(1) 弁護士が知的障害者とかかわる一事例として，知的障害者が不法行為の被害者となった事案における損害賠償請求訴訟の原告代理人としての関与がある。

このような場合のうち，特に密室内での傷害行為や性的暴行などを端的に立証する方法として，被害者である知的障害者本人等の尋問を申請する必要に迫られる。

(2) この点，本人尋問等以外の代替的な立証が可能な事案も考えられる（証人の説明状況を録画したデータや，証人から事情を聴き取った第三者による陳述書等）。

民事訴訟では伝聞法則はないため，反対尋問を経ない証拠についても一定の事情のもと証拠能力が肯定されていることとのバランスから考えても，このような立証方法を講じておくことにも一定の意義はあると思われる[1]。

但し，反対尋問を経ていない陳述書等は，それが信用できることについて合理的な理由がない限り，あるいは他の証拠関係との整合性等を考慮して信用性があると判断できる特段の事情がない限りは，その信用性はかなり低いという理解が一般である。紛争後に作成された録画データ等の証拠についても，反対尋問によるテストや他の客観証拠による補強を経ない場合には，裁判所からは極めて低い証拠評価しか得られない可能性がある[2]。

このため，密室内での傷害行為や性的暴行が行われた事案などにおいて，相手方が行為そのものを否認し争っている場合には，結局，被害者である原告本人の本人尋問等によらざるを得ないことになる。

(3) ところで，証人能力を規制する規定は，民事訴訟法上存在しない。宣誓

しない証人等の供述であっても，証拠能力を欠くものではなく，裁判所の自由心証に委ねられる。このため，知的障害等の事情が証人尋問の支障となることはない[3,4]。

但し，知的障害者であることを含む証人の属性は，証言の証拠価値に影響する。証人が知的障害者であることが，証拠評価としてマイナス方向に働く可能性は否定できない[5]。

また，証人尋問とは，一般に，証人に対して口頭で質問し，口頭の応答を得るという方法で行われる証拠調べと理解されている[6]。証人が口頭での尋問の理解や口頭での応答が困難である場合，通常の証人尋問手続では，適切な証拠評価を受けられない可能性がある。

以下では，知的障害者を原告本人ないし証人とする不法行為に基づく損害賠償請求事件を念頭に置き，上記のような証拠評価上のリスクを回避するポイントを検討してみることとした[7,8]。

なお，以下，特に区別の必要がない限り，本人尋問の「本人」についても「証人」と同義に扱う（民事訴訟法210条参照）。また，特に断りがない限り，以下に「法」とは民事訴訟法を，「規則」とは民事訴訟規則を指すものとして用いる。

2 知的障害者の証言の証拠評価に関する問題とその解決
(1) 問題の整理

知的障害者の証言の信用性について問題とされるポイントは，以下の2つに整理できる。

(a) 知的障害者の知覚・記憶・表現

一般に，「知的障害者は，健常者に比して，知覚や記憶，その再生（表現）能力に劣っている」との先入観があることは否定できない。知的障害を理由として，裁判所が，証人の知覚・記憶・表現能力について疑いを抱く危険がある。

(b) 知的障害者の叙述

福祉的な観点からは，知的障害者が口頭で言語的な叙述を行うことを必ずしも目指していない。むしろ，言語的な表現が困難であれば，それに代替する手法を考えるべきであるとされている。また言語的な表現がなされていても，それが真にコミュニケーションできていることを意味するわけではない場合がある[9]。

このようなことから，知的障害者は健常者と比較し，言語的な表現に長けておらず，言語的な表現を核心とする立証を意図している「証人」，「証言」に根本的になじまない場合がある。
(2)　問題解決へのアプローチ
　上記(1)の分類を踏まえて，知的障害者の証人尋問に当たって検討・準備しておくべきと思われる点は以下のとおりである。
(a)　証言の前提となる「知覚・記憶・表現」の正確性に関する立証
(ｱ)　一見して知覚・記憶・表現に問題のない証人については不要のことであるが，相手方からこの点について指摘があり，あるいは裁判所がこの点に疑問を抱いている様子が窺えるのであれば，この点についての厳格な立証を避けて通ることはできない。
　一般論として，知的障害者の記憶能力に関する専門家の意見書，関係者の陳述書，学術文献の提出等を検討しておく必要がある。また，個別論として，証言をする原告の特性の立証のため，親族や施設職員の陳述書や人証申請も必要になると思われる。
　知的障害のある女性3名が原告となり，雇用主であるA社の代表取締役を被告として，被告が原告らに対し身体的，性的，精神的虐待を行ったこと等について損害賠償請求をした事件（いわゆる水戸事件）においては，被告が原告らに対し，身体的・性的・精神的虐待を行ったか否かが争点の一つとなり，知的障害者の証言の信用性が正面から問題となった[10]。
　この水戸事件においては，
　① 記憶テストであることを予め告知しない偶発学習の記憶に関する研究においては，知的障害児・者と同程度の生活年齢の健常児・者との間に記憶成績に差異が認められない
　② 長期間の記憶の保持に関する研究では，一度憶えた情報についての記憶の衰退速度や保持は健常児・者と変わらない
との海外の研究結果について，大学教授らの意見書が提出されている[11]。
　また，知的障害を持つ元従業員らが，職場で虐待を受け，賃金未払いのまま劣悪な条件で働かされたなどとして雇用主の元社長らに対して損害賠償を求めた大津の「サン・グループ事件」[12]においても，弁護団は知的障害者の能力・記憶特性に関する主張について，専門家に相談をしている[13]。
　これらの民事事件における原告側の立証上の工夫は，実務上非常に参考に

なる[14・15]。

　一方で，刑事事件ではあるが，知的障害を持つ児童の証言の信用性が問題となった，著明な「甲山事件判決」は，このような専門家意見書等に対する過信を自制する上で参考になる。

　甲山事件においては，唯一の証拠であった園児の証言の信用性が争点となり，検察側の立証はこの証言の信用性を基礎づけるための鑑定に費やされた。

　このような鑑定が実施されたことに対し，浜田寿美男教授は，一般的・抽象的な場で行われたテストの結果だけから，個々の具体的な場面での行動や供述を推断する鑑定の危険性を強く指摘している。浜田教授は，鑑定によって明らかになった供述能力は供述の真実性の必要条件であっても十分条件でないと指摘した上で，供述の真実性判断に当たっては，そのような供述に至った経過が重要であると説いている[16]。

　このような浜田教授らの意見を踏まえ，最終的に甲山事件差戻後控訴審判決は，知的障害のある年少児の証言の信用性と鑑定の関係について，

① 　精神遅滞者とされる証人について，一般的供述能力自体を備えているか否かについては鑑定が必要である旨

② 　一般の供述者においても個人差としてみられる供述の特性や供述者の性格といった人的な要素は通常は供述分析の中で裁判官が判断考慮しているが，精神遅滞者の場合，特別なものが存在する可能性があるため，供述能力に関する鑑定の際に併せてこの点に関する鑑定を求めることも有用である旨

③ 　そのような人的な要素を越えて，具体的供述の信用性そのものについて鑑定を求めることは相当でない旨

を判示した[17・18]。

　供述能力について専門家の意見等を得ることができた場合にあっても，その射程には限界があること，供述の信用性立証（あるいは信用性の吟味）は別途必要であることを忘れてはならないであろう。

(イ) 供述経過の保存

　知的障害者の証人尋問を準備するに当たっては，証人がそのような供述をするに至った経過を保存して，証言内容が新たな学習の成果であるという評価を受ける危険に対応できるよう，信用性立証の準備をしておく必要があ

る。

　例えば，視力障害，中度の精神薄弱，左半身麻痺及びてんかん等の障害を負っている男子Xが原告となり，同人が在籍するY市立養護学校内で加療約3週間を要する右眼結膜下出血の傷害を負ったとして損害賠償を請求した事件においては，知的障害者が証言をした録音テープの評価が問題になった[19]。

　この事件においては，X本人が被害状況を供述したとする2本の録音テープ反訳書（平成元年3月3日に法律事務所で録音された「3・3供述」と同年4月3日に学校において録音された「4・3供述」）のうち，時期的に後に作られた「4・3供述」の反訳書の信用性を裁判所が否定した。この「4・3供述」は被害状況を認定する上で重要な証拠であり，これについて判断を異にしたことが一因となって，控訴審は原審[20]と異なり，Xの請求を棄却することとなった。

　この控訴審判決は，①知的障害等を負っているXの供述内容が客観的な状況に整合しないことをまず指摘している。さらに同判決は，②「4・3供述は，本件体罰後7ヵ月経過後の供述であるが，それより以前の3・3供述と比較すると，時期の遅い4・3供述の方が，Sの援助を受けずに答えられる場面が増えており，また，学校側の質問に対する回答よりもN弁護士に対する回答の方が明確であることが際立っており，学習をした結果ではないかとの疑問が残る上」，③「4・3供述においても，Sの援助を得て，本件体罰に関する供述を始めることができたことと，被控訴人が答えに詰まると側に居るSの援助を求める傾向は顕著であることからすると，4・3供述もSの影響下でなされたものであることは明らかであり」とした上で，「それでは，その供述のどこまでがその当時の被控訴人の記憶に基づくものか判然としないといわなければならない。」と指摘している。

　上記控訴審判決の指摘のうち，①の客観的な状況との整合性は個別の事案ごとの証拠評価の問題であるが，②と③は問題である。

　今後同様の事件を取り扱うに際しては，裁判所ないし相手方より供述が詳細化したとの指摘がなされる危険性に対する配慮が必要と思われる[21]。

　事前の本人からの詳細な聴き取りは通常の証人尋問と同様に避けられないものと思われるが，可能な限りその過程はすべて録画し，供述の信用性立証に役立てられるよう，また裁判所の疑問や相手方の批判に耐え得るよう，本

人の供述の経過を保全しておくことが望ましいと思われる。
(b) 「叙述」の工夫
　知的障害者が記憶を自由に再生して叙述するには，民事訴訟法に定められた証人尋問手続に関する規定を最大限活用するとともに，裁判所に対して証人の特性に応じた配慮を求める必要がある。
　この点，知的障害者については，
① 抽象的もしくは複雑な質問の理解が困難
② 能動と受動の区別が困難
③ 質問の意図を「察する」ことが苦手（質問者が細部について誤った質問をした場合，否定的な回答をする場合がある）
④ 威圧的状況・緊張状態等のストレスを受けやすい
⑤ 誘導的な質問に乗りやすい
⑥ 日時の特定が苦手（日時についての関心が薄いため）

などといった供述特性があることが指摘されている[22]。
　個別の尋問内容に関する工夫や配慮を求めるだけでなく，証言をする環境についても可能な限りの配慮が必要である。尋問の場所は，知的障害者が慣れた環境（自宅や施設内等）が好ましい（法185条）。親族や施設職員などの付添人の申出（法203条の2）や遮へい措置（法203条の3）についても申出をすべき事案が多いと思われる[23]。また，証人には，少なくとも原告代理人弁護士自身に慣れ親しんでもらう必要がある。
　証人である障害者が表現をする手助けとしては，言語的な表現を補うための絵や人形などを利用した尋問と証言が最大限活用されるべきである（規則116条[24]及び119条[25]）。
　そして，このような尋問を行った結果については，証人が表現した内容を正確に把握してもらうため，ビデオテープで録画をし，調書添付を受ける必要がある（規則68条）[26]。
　近時，大分地裁に係属していた案件においても，施設において人形等を使用した穏やかな雰囲気の中での所在尋問が，柔軟に実施された例がある（後述第2）。今後もこのような積極的な運用が望ましいと思われる。
　さらに，以上の民事訴訟法ないし民事訴訟規則に基づく一般的な対応のほか，証人の個性に応じた工夫と裁判所への注意喚起・配慮の要請が必要である。例えば，具体的に尋問方法について配慮を求めた水戸事件弁護団の意見

書は，他の事案においても応用が可能なものと思われる[27]。

このように，民事訴訟法ないし民事訴訟規則に認められた範囲内にあっても，一定の工夫は可能である。証人が慣れた環境において，証人に緊張を与えないよう十分な配慮をした上で，証人が表現しやすい手法によって尋問を実施することが，法廷での真実発見，ひいては障害者の権利を保護することにつながるものと考えられる。

3 小括

以上のとおり，知的障害者の証人尋問は，対審構造下における相手方との闘いであると同時に，裁判所の偏見を払拭し，裁判官の前で証人から真実を引き出す闘いでもある。被害者が知的障害者であることを理由に提訴を諦めて泣き寝入りする事案が1件でも減り，法廷で真実が現れることを願ってやまない。

第2 証人尋問における工夫を行った一事例

1 事案の概要

知的障害のある女性X（発達は小学校1年生程度，施設に通所中）が，無人の屋外（自動車内）でYから性的暴行を受けたものとして，Xが損害賠償請求訴訟を提起した事案である。

Xの様子がおかしいことに気づいた施設職員が聴き取りを行い，性的暴行の事実が発覚し事件化した。

Yは訴訟提起前から判決に至るまで，一貫して性的暴行を行った事実を否認しており，性的暴行の有無が正面から問題となった[28]。

2 証拠の状況

弁護士に相談に来た際に立証方法を検討したが，証拠としては，X本人の供述のみであり，物的証拠はなかった。

3 採証活動

(1) 弁護士関与以前に行われていたもの[29]
　・施設職員による口頭での聞き取り　　複数回

- 施設職員による録音を伴う聞き取り　複数回
- 警察官（女性）による事情聴取　　　1回

(2) 弁護士関与後に行ったもの
- A弁護士（女性）による事情聴取（DVD録画あり）　1回

4　証人尋問実施にあたっての留意点

　最終的に訴訟を提起し，証人尋問を実施するにあたって，代理人弁護士が留意した点は主に以下の4点である。

(1) 裁判上の主張立証に向けた証言能力（知的能力）の具体化

　一般論として，発達の相当年齢による推測には非常に問題がある。なぜなら，発達は，障害者の個性によってかなり異なるのが通例だからである。

　例えば本件Xの場合は，言語能力は部分的に高度な発達をしていることが窺えたが，一方で数的概念については高度な認知は困難であった。同じ施設利用者で，計算や日時の記憶に極めて秀でている知的障害者などもいたことと比較しても，このような彼女の個性は明らかであった。

　施設内での作業への参加，施設外でのテニスへの参加，時候の葉書のやりとりなどを通じて，代理人A弁護士は，Xについて以下のポイントを確認した。

名前を記憶できるか	可。極めて正確
名前の誤認はないか	可。かなり難しい漢字による識別が可
妄想はないか	無し。体験しない事実の語りはない
言語能力	単語による応答程度。2語文を話すことはほとんどない
数字の認知の程度　計算	極めて簡易な数のみ（オーダーは一桁程度と思われた）
回数	極めて少数回数のみ（オーダーは一桁程度と思われた）
時間	不可（認識は可）
前後関係(順序)把握	不可
カウント	可
季節把握年把握	不可
年齢，誕生日などの認知	可

場所の認知の程度	行動範囲が極めて限られており、言語表現による認知は不可
物的特徴の認知はどの程度できるか	近い記憶はよく保たれているが、過去の頻繁でない経験については、認知は保たれているかどうか不明。言語表現不可

　なお、性的認識、性的反応については、ダイレクトに確認することは難しく、記憶や認知の汚染を防止するため、施設職員から、それまでの行動パターンを聴き取りすることにとどめた。施設職員によれば、性的認識や性的行動は乏しく、性的事項について羞恥心を感じている様子は窺えなかったとのことであった。

(2) 「記憶の汚染」の回避

　知的障害者の証人尋問を実施した場合、反復継続する誘導的質問により迎合的な回答を学習する問題点が指摘されることがある。

　このため、受任後直ちに、事情聴取は最低限にとどめるよう施設側に要請を行った。また、一方で、Xの持つ迎合性の有無・程度を代理人Aが、上記と同様に日常的なふれあい(施設内外の活動参加)を通じて確認した。

　A弁護士による事情聴取は受任後尋問までの間の1回のみにとどめ、それ以外の交流の中では、一切事件の内容は聞かないよう努めた。

(3) 嘘をつく能力と動機の有無の確認

　知的障害のレベルによっては、嘘をつくことがそもそも困難な場合がある。このため、故意に嘘をつきわける能力があるかどうかを、やはり上記と同様に日常的な交流の中で、代理人A弁護士が確認した。

　この点、知的障害と虚偽発言の能力の相関については、多様性がみられる。

　虚偽発言をするものの、すぐにばれる程度の人もいるし、高度な嘘をある程度つくことのできる人もいる。

　Xの場合は、「嘘」の認識自体がまったくなかったと考えた。語弊を恐れずにいえば、思考の集中力が続かず、時に投げやりな傾向が認められ、相手の思考を読んでそれを操作しようとするような複雑な思考能力はないと思われた。

(4) 証人尋問において非言語的表現がなされた場合の証拠化方法の検討

　Xの表現は主として語彙によるが、時に、身振り、手振りなどによること

が認められた。強い表現欲求がある場合，この欲求はうなり声などでしばしば示された。

その一方で，コミュニケーション自体に消極的で，人見知りが強い傾向が認められた。また，上記のとおり思考に持続性がないことから，いったん表現欲求が出たときに，逃すことなく上手にそれを拾い上げる方法を検討する必要があった。

5　尋問に際しての工夫
(1)　人見知りへの対策

上記のように，能力の確認のために訪問と遊びの時間を持った。その中で，Ｘは徐々に代理人の存在に慣れてきた。

共同で尋問する予定であったＵ弁護士にも途中で遊びの機会を持ってもらい，慣れてもらうよう努めた。

その時点では，Ｘは「弁護士」というカテゴリーについての認識はできるようになっていたが，何をするのかは，まったく理解していなかったと思われる。

「話を聞く人」や「何か自分のためにしているらしい」ことは認識している様子で，施設利用者の中でも，とりわけ自分に関心を持って来ているということに対する理解と受け入れを確立することができた。

(2)　緊張による自傷行為の防止策

Ｘは，ストレスがたまると自傷行為を行う傾向が見られた。本件に関して聴取を受ける際，周囲の様子がいつもと違い異常であることを認識していた。羞恥心はないと思われたが，叱られたり，責められたりしていると認識している様子で，自傷行為（自分の手をかきむしるような仕草）に及ぶことがあった。

面談を重ねる中で，手遊びをさせることで，思考の持続を維持させ，自傷行為を軽減することができそうだったことから，尋問当日は，紙粘土などの手遊び道具をいくつか準備して証人の側に置くことにした。これにより，尋問当日，Ｘの自傷行為は一切見られなかった。

(3)　自発的な証言獲得のための尋問の工夫

コミュニケーションに関して，Ｘは極めて受動的であることから，質問に対する自発的な回答をどう引き出すかは非常に問題であった。

誘導すると迎合性が見られ，よく考えずに回答する傾向が顕著であった。このため，自己矛盾をしばしば起こすが，論理的な整合性に関する意識はまったくなかった。

迎合性による矛盾を回避するには，否定や肯定を完全に排除した質問に徹する必要があると考えた。

なお，このような尋問スタイルによった場合，質問者に対する親和性が損なわれ，回答はまったく得られなくなる可能性（無反応）があると思われた。そのためにも，Xと尋問担当弁護士との信頼関係の確立は，尋問成功の絶対条件であると考えた。

(4) ドールプレイの導入

Xは，突発的に，表現欲求を強く訴えるときもあった。その際，これを言語に依存することなく表現させ，これを調書に残す方法が課題となった。

そこで，家事事件などで年少幼児などに用いられるいわゆるドールプレイの手法を用い，非言語的な証言を獲得することを試みた。

ドールプレイの導入に当たっては，事前にリハーサルを試みたり，もともと見たことのある道具を用いたりすると，記憶の汚染との批判を受ける可能性があった。このため，ドールプレイは尋問当日のみ，使用する道具は，後日の疑念を回避するため，尋問当日の朝に代理人弁護士らが購入に行き，以下の人形等を選んで準備した。

- 男の子の人形　　布製　　着衣あり
- 女の子の人形　　布製　　着衣あり
- ミニカー　　　　様々な形や色のものを5〜6種類
- 紙粘土　　　　　色つき　数種類
- 落書き帳
- 色鉛筆

6　尋問の実施状況

(1) 証人尋問は，Xの慣れた通所施設内において実施された。

尋問に際しては，施設職員の中で，Xに親和性の高い者を，Xの視界に入らない背後に着席させることとなった。同室しているだけでXに安心感を与え，緊張感を緩和することになるため，裁判所がこれを許可した意味は非常に大きかったと思われる。

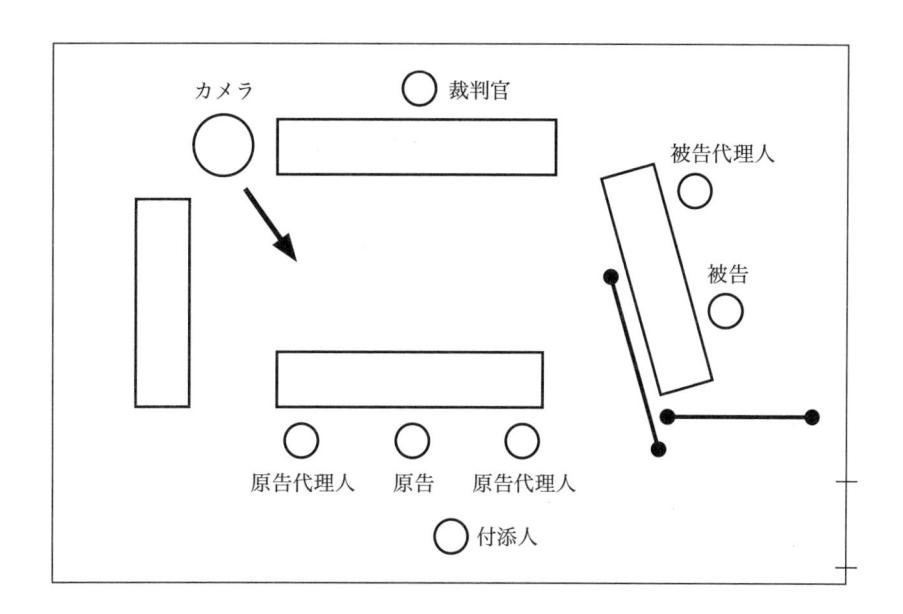

```
                カメラ        ○ 裁判官
                 ○
               ┌─────────────┐
              ┌┐              ┌─────┐ ○ 被告代理人
              ││              │     │
              ││              │     │ ○ 被告
              └┘              └─────┘
               ┌─────────────┐
                ○      ○      ○
              原告代理人  原告  原告代理人
                      ○
                     付添人
```

また，同席したYについては，遮へい措置がとられた。

人形等の道具の利用は，すべて許可された。

以上の尋問の状況はすべてDVDで録画され，調書添付された。

(2) 尋問実施にあたり，関連性のない事項について会話することについて裁判所の許可を求め，これに対して理解を得ることができた。これは，いきなり核心部分から切り出すと，それだけで緊張してXが無反応となる可能性があったためである。

7 証人の状況

(1) 上記のような状況もあったためか，Xは比較的早い段階で，状況になじみ，緊張感が解けた様子が窺えた。

尋問は全般にわたって，無言か「うん」や単語程度の極めて短い発語しかなかった。

(2) 表現欲求は，よく出た。消極性はみられず，思考も持続することができたと思われる。

(3) 自傷行為は，紙粘土をひっきりなしに触って手遊びすることで回避できた。

第2章　知的障害者と証人（本人）尋問　　217

(4) 複数のミニカーから特定の車種を指さした表現により，犯行に使用された車種の特定ができた。また，車体からの具体的な出入りの状況についても，同様にジェスチャーにより表現ができた。この点について複数回聞いても，矛盾はなく，証言の一貫性が保たれた。

(5) 無人の屋外での被害状況について，人形を使って説明するように促すと，Xは人形の服をしきりに脱がそうとし，うなり声をあげた（人形は当初，上下の衣類が縫いつけられており，脱ぐすことができなかった）。

そこで，急遽，ハサミを準備して，服と人形を縫いつけていた部分を切り離して見せたところ，直ちに着衣を一部脱がせた（具体的には，上着は脱がさず，ズボンや下着もすべては脱がさずに下げるだけであった）。

その上で，Xは女の子の人形の上に男の子の人形を乗せ，いわゆる正常位の姿勢を再現させ，男の子の人形を前後に激しく揺すってみせるという性行の様子を再現してみせた。

経験を踏まえた表現であることを強く窺わせる特徴的な「執拗さ」がみられ，さらに，興奮した様子で，尋問をしていた代理人A弁護士の腕や首に接触しようとするなどした。

(6) 反対尋問においては，時期や回数に関する言語的な質問が行われ，前後矛盾した回答が繰り返された。

視覚的でないと認知・理解が難しいと考え，代理人A弁護士の手の指をつかって再主尋問を実施したが，矛盾した回答部分について整合性のある回答が得られることはなかった。質問内容に対する認知自体に問題があるように感じられた。

(7) 最後に，しきりに紙粘土に触っていたので，性器について質問をした。

すると，Xは，男性器の形状を自ら作ってみせた。Yの性器の堅さについて紙粘土より固いか柔らかいかを質問したところ，「硬い」と即答した。

8 判決における評価

上記の結果，第一審（大分地裁）においてはXの供述の信用性が認められ，2007年（平成19年）10月，請求認容判決がなされた。参考として，判決の要旨（プライバシーに配慮して一部修正している）を掲載する。

1 最判昭32・2・8判タ71号52頁参照。
2 加藤新太郎ほか「研究会　事実認定と立証活動2　陳述書の光と陰—報告文書を中心として—」判タ1220号28頁（村田発言）。
3 民事訴訟法207条, 201条2項。
4 耳が聞こえないことや口のきけないことについては，規則122条によるカバーが可能である。
5 信濃孝一「証人義務」門口正人編『民事証拠法体系第3巻各論Ⅰ』（青林書院, 2003）4頁。
6 新堂幸司『民事訴訟法』（弘文堂, 第3版, 2004）568頁。
7 知的障害者の訴訟手続上の権利保護に関する研究会『裁判における知的障害者の供述（研究報告）—知的障害者の声を司法に届けるために—』(2001)。
　水戸事件弁護団を中心に制作された文献である。本テーマについて最もよくまとまった, 実際の裁判に基づく非常に有益な論考, 意見書等を含む文献である。水戸事件のたたかいを支える会ホームページ（http://www.iris.dti.ne.jp/~globe/）にて紹介されている。
8 名古屋弁護士会高齢者・障害者問題特別委員会第三部会編『知的障害者民事弁護実務マニュアル』（名古屋弁護士協同組合, 2002）。
　名古屋弁護士会のホームページ内のhttp://www.aiben.jp/page/frombars/katudou/k-09aiz/titeki/titeki-top.htmでは, 無料で閲覧できる。
9 坂井聡『自閉症や知的障害をもつ人とのコミュニケーションのための10のアイデア』（エンパワメント研究所, 第2版, 2007）67頁。
10 水戸地判平16・3・31判タ1213号220頁。
11 前川久男・佐藤克敏「意見書」前掲注（7）3-1頁以下。この点に関する日本における研究結果は少なく, 海外における研究結果を提出する上で専門家の協力は必要不可欠である。
12 大津地判平15・3・24判タ1169号179頁。
13 サン・グループ裁判出版委員会『いのちの手紙』（大月書店, 2004）58頁以下。
14 水戸事件のたたかいを支える会編『絶対, 許さねえってば—水戸事件のたたかいの記録—』（現代書館, 2006）。
15 水戸事件第一審（水戸地判平16・3・31）においては, これらの立証活動が判決に具体的に反映されており, 立証の成功例として参考になる。
16 浜田寿美男「甲山事件と『園児証言』」日本心理学会編『裁判と心理学—能力差別への加担—』（現代書館, 1990）101頁。
17 大阪高判平11・9・29判時1712号3頁。
18 参考までに, 証言の信用性に関する原審以前の判断を紹介する。
　① 一審は証人の知的障害を特に問題とすることなく, この点を補強するために検察側の申請した鑑定等を認めぬまま, 供述の経過等から証言の信用性を否定（神戸地判昭60・10・17判タ583号40頁）。
　② 控訴審はこの点を含む一審の判断を問題として差戻し（大阪高判平2・3・23判タ729号50頁）。
　③ 差戻審は「『精神遅滞児であるから, 健常者と異なった能力や特性があり, その供述の信用性を判断するためには, 健常児のように一定の基準をあてはめてはならない』

というような考えをとることはできない」旨判示して，証言の信用性判断にあたって知的障害者について特段の配慮をすることを否定し，その余の理由もあわせて，結論として証言の信用性を否定（神戸地判平10・3・24判時1643号3頁）。
19　名古屋高平7・11・27判例地方自治147号46頁。
20　名古屋地判平5・6・21判タ838号255頁。
21　この点，本人からの度重なる聞き取りを「学習」，「練習」として信用性減殺に用いる手法は問題であり，知的障害に関する無理解であるとの指摘もなされている。この点につき，関哉直人「知的障害者の判例百選①名古屋市立南養護学校体罰事件」堀江まゆみ他編『PandA-J』(2008) 44頁以下。
22　島田博祐「陳述書」。前掲注(7) 3-1頁以下，3-22以下。
23　映像等の送受信による通話の方法による尋問（法204条）という方法もあるが，テレビ電話による尋問がかえって証人を混乱させる事態になるおそれについて十分な配慮が必要であろう。
24　第1項「当事者は，裁判長の許可を得て，文書，図面，写真，模型，装置その他の適当な物件を利用して証人に質問することができる。」
25　「裁判長は，必要があると認めるときは，証人に文字の筆記その他の必要な行為をさせることができる。」
26　「裁判所書記官は，前条（口頭弁論調書の実質的記載事項）第1項の規定にかかわらず，裁判長の許可があったときは，証人，当事者本人又は鑑定人の陳述を録音テープ又はビデオテープ（これらに準ずる方法により一定の事項を記録することができる物を含む。）に記録し，これをもって調書の記載に代えることができる。」
27　西村正治ほか「知的障害者に対する尋問方法に関する意見書」。前掲注(7) 2-1頁以下。
　　尋問方法について，「具体的な事実を問う質問にする」「仮定の質問をしない」「時間の順を追って質問する」といった配慮を詳細かつ具体的に求める等を内容とするものであり，他事件においても非常に参考になる。
28　知的障害者の証人尋問における実務的工夫というテーマの設定上，本稿は，実際の事件におけるX代理人弁護士の視点により執筆をした。
29　ほとんどの事案において，弁護士に相談するより以前（当然，裁判所で証人尋問を受けるより以前）に，周囲の者によってこのような慎重な聴き取りが行われるのが通常と思われる。
　　本人からの度重なる聴き取りによってその後の証言の信用性が減殺されるとの主張（前掲注(14)参照）があり得ることを意識し，相談当初から十分に対応を準備しておく必要がある。

【第一審判決要旨】

第1　総論

　本件は，原告が，被告より，過去約5年の間に，強制わいせつ等の性的被害を受けた事件であり，それを原因として原告が被った精神的被害を，被告に対し請求しているものである。

　本件で主な争点となっているのは，被告による加害行為の存否である。

　そして，加害行為の存在を立証する唯一の証拠は，原告の供述であるところ，被告は，原告の知的障害を理由に，その信用性に疑問を呈している。

　しかし，知的障害者の供述であっても，信用性を肯定できる場合があることは，我が国の司法の場合において，もはや周知の事実であり，被告の疑問は，知的障害者に対する無知・無理解から生じる，認識の誤りというほかない。

　また，本件では，加害行為の立証として日時・場所・回数につき詳細な特定はなされていないが，これは原告が知的障害者であるという本件の特殊性に鑑み，やむをえないし，過去の知的障害者が被害者となった事件の判例を見ても，日時・場所・回数の特定はなくとも，加害行為の立証は十分に認められている。

　以下，これら2つの問題点を中心に，詳述する。

第2　原告供述の信用性

　1　原告の記憶能力

　(1)　本件事件の被害者である原告は知的障害者である（最新の検査結果によると，中等度の知的障害であり，知的能力の発達段階は7歳児程度のレベルに遅滞しているとされている）。

　知的障害者については，その記憶特性故に，記憶という知的機能全般について，劣っているとの誤解を受け，供述を信用されない結果となることが多いが，専門的見地から見れば，それは誤りである。

　まず，知的障害者の記憶能力の特性として，短期記憶の容量が健常者に比べて限定的であり，保持期間も短いため，ある事件の細部について，健常者であれば記憶しているような情報を記憶していないということが，しばしば見られる。このため，健常者の場合と異なり，物事の細部についての記憶が曖昧であることは，供述の信用性を減殺する要素とはなり得ないのである。また，知的障害者は，イメージ的記憶（楽しかった，辛かった等自己の感情を伴う記憶）については健常者同様，長期記憶として残りやすい反面，意味的な記憶（日時のような自己に関係しない客観的事実に関する記憶）に弱点を持つことが指摘されている。

　このため，知的障害者の場合は，健常者と異なり，本人にとって極めて重大な事件が起こった場合であっても，それが起こった日付を覚えていないということが十分起こりうるのであり，これもまた，供述の信用性を減殺する要素とはなり得ないのである。

他方，知的障害者の記憶能力に関し最も重要なことは，一旦長期記憶として保持された記憶については，その質は健常者のそれと全く異ならないということである。知的障害者が，自らが受けた虐待行為等について語る場合，前述のような特性により，健常者が通常覚えているような細部について思い出せない，特に日時や場所等の客観的事実を思い出せないということは十分考えられるが，知的障害者が事実の核心部分について覚えている以上，その事実が存在したことを疑う理由は全く存しないのである。
　以上の知的障害者の記憶に関する特性を前提とし，専門家は知的障害者の供述の信用性を吟味する方法として，①供述内容の核心部分に一貫性が見られるかどうか，②供述が情動に結びついたものかどうか，で判断すべきとしている。
　これを本件について見るに，原告が受けた性的虐待という被害体験は，原告にとって恐怖や苦痛，羞恥といった情動に結びついたものであることは，明白であり，②の点では問題はない。
　そこで，以下①の点に的を絞って，述べることとする。
(2)　原告供述の一貫性
　原告は本件加害行為を初めて打ち明けてから，その後も一貫して被告から性的被害を受けたことを供述し続けているのであり，供述内容の核心部分である本件事件の加害者及び加害行為が行われた状況・態様については全く変遷が存在しない。
　以下，具体的に検討する。
　ア　加害者に関する供述
　原告は，数回の聞き取り，および証人尋問に至るまで，本件の加害者が被告であると一貫して供述し続けているのである。このように，供述内容の核心部分というべき，本件事件の加害者につき，原告の供述には一貫性が認められる。
　イ　加害行為が行われた状況に関する供述
　原告は，初めに事件について聞かれた際，被告と2人で外出した際，森の中に連れて行かれてパンツを脱いだ，と話している。その後の聞き取りでも，さらに詳しく，被告が前もって原告を誘い，被告運転の車ででかけたと供述している。
　このように，原告は，被告と外出した際に本件加害行為が行われたという点につき，一貫した供述をしているのであり，本件事件が行われた状況という供述内容の核心部分につき，原告供述は一貫性が認められる。
　ウ　加害行為の態様に関する供述
　原告は，本件事件につき，被告が，原告にズボンを脱ぐように命令した，被告自身はパンツを半分だけ脱いでいた，と供述している。さらに，被告に性器を無理矢理持たされたこと，それが最初は柔らかく，後から堅くなっていったこと，それが原告の性器に挿入されたこと，その後腹部に射精されたことについても，供述している。このように，原告は，本件加害行為の態様という，最も核心的な部分につき，一貫した供述をしているのである。
　(3)　以上のように，原告の供述は，供述内容の核心部分である本件事件の加害者及

び加害行為が行われた状況・態様については全く変遷が存在せず，一貫性が認められる。
　2　原告の供述能力
　知的障害者には，健常者とは異なる供述特性（尋問者に迎合する・特定の質問に対するパターン化された返答様式が形成される）があり，そのために質問に対し適切な答が出来ず，その供述は信用できないと評価されてしまうことがある。しかし，知的障害者であっても，適切な質問の仕方をすれば，信用できる供述を得ることは可能である。具体的には，知的障害者にストレスやプレッシャーを与えるような質問の仕方は避ける，言語的説明によるよりも，記憶に関連する具体物（人形やミニチュア，積み木・粘土などのような実際を再現できるもの）を使用しながら，記憶場面を再現させる，といったものである。
　本件では，原告に対する聞き取りは，基本的に原告の親しい相手が，原告の慣れ親しんだ場所において，これを行っており，原告証人尋問においてもまた同様の配慮がなされたものであるから，原告にとってストレスやプレッシャーは，さほどなかったと考えられる。さらに，原告証人尋問においては，おもちゃの車や人形等を用いており（「ドールプレイ」），このドールプレイは，知的障害者の記憶再起の方法として，体験した実際場面をリアルに再現できる極めて有効な方法とされている。原告の証人尋問は，この方法によって，より具体的かつリアルなものとなっており，中でも，本件加害行為の態様について再現した部分は，体験に基づいてその場面を再現していることは明らかと考えられる。
　ここで，被告は原告の供述には変遷が存在することから信用性に欠けると主張する。しかしながら，これは前述した知的障害者の供述特性を無視した尋問に由来する混乱から生じていると考えられ，決して虚言や体験記憶の有無を反映しているわけではなく，原告の供述の信用性を否定するようなものではない。また，変遷や矛盾があるのは，加害行為の枝葉に関する部分であり，知的障害者が物事の細部や日付といった点についての記憶が曖昧であることは，前述の記憶能力の項で述べた通りであるから，これをもって，原告の供述の信用性が減殺されるものではない。
　以上の通りであるから，原告の供述は，本件加害行為を立証するものとして，その信用性が認められるというべきである。
　3　臨床心理士による分析
　原告の供述について，原告の記憶能力・供述能力双方を診断し，発達心理学，認知心理学，供述心理学，臨床心理学の視点から意見を述べたBは，「過去約5年の間にかけて被告が原告と外出した際，複数回もしくは少なくとも1回は原告が証言する被害行為があったことは間違いないと推認される。」としている。
　このことからも，原告供述に信用性が肯定できることは，明らかである。
第3　加害行為の特定について
　本件では，加害行為として，具体的な日時・場所・回数は特定されていない。

しかし，これは，本件には被害者が知的障害者であるという特殊性があり，知的障害者は，前述のように，日時のような意味的な記憶については，残りにくいという特性を有しているのであるから，やむをえないものである。
　かかる場合，少なくとも民法上の不法行為の成立に必要な加害行為としては，一定期間内に複数回もしくは少なくとも1回，加害行為が行われたことが認定できれば，必要にして十分な立証というべきである。
　そのように解さなければ，知的障害者が被害者となった事件において，知的障害者が法的に救済される道は閉ざされ，知的障害者の裁判を受ける権利は，画餅に帰すといっても過言ではない。
　このことは，知的障害者が被害者となった過去の判例に鑑みても，自明の理である。

第4　結語
　以上検討したように，本件で主な争点となっている加害行為の有無につき，これを立証する証拠となる原告の供述は信用性が肯定でき，また，それにより過去約5年の間にかけて，被告から連れ出され外出した際，複数回もしくは少なくとも1回は，強制わいせつ等の被害を受けたものであることが認定できる。
　よって，不法行為の成立に必要な加害行為の存在は，十分に立証されたというべきである。

以上

第3章 障害者の損害賠償額の算定──逸失利益を中心に──

第1 逸失利益に関する判例等の動向と障害者の逸失利益

1 問題の所在

　交通事故等によって障害者が死亡し，あるいはさらに重度の後遺症を負って障害の等級が上がったという事件が発生したとき，障害者の代理人となった弁護士は，逸失利益算定の問題に直面することになる。

　わが国における保険実務は，逸失利益の算定に当たって，労働能力の喪失をもって損害ととらえる労働能力喪失説を基本として採用していると考えられる[1]。このため，もともと被害者に就労能力や就労可能性がなかった場合には，労働能力喪失説の立場から逸失利益を認めることは極めて困難になる。

　以下では，事故によって障害者が死亡した事案を念頭に置き，逸失利益に関する一般的な判例法理の変遷，障害者の逸失利益に関する下級審判例の状況，さらに障害者の逸失利益に関連する学説の状況を順に概観する。

2 逸失利益に関する判例法理の変遷

(1) 最判昭42・11・10判タ215号94頁

　交通事故にあった原告が，左膝関節部及び左足関節の用廃，左大腿部下腿短縮等の障害により労働能力を一部喪失したことによって，現実の収入減以上の逸失利益の賠償を求めた事案である。

　この事案に対し，最高裁は，「損害賠償制度は，被害者に生じた現実の損害を填補することを目的とするものであるから，労働能力の喪失・減退にもかかわらず損害が発生しなかった場合には，それを理由とする賠償請求ができないことはいうまでもない。」と判示した。

　同判決は，後遺障害があり，労働能力の喪失が認められる場合であっても，まったく減収がない事案においては逸失利益を認めないとの立場であり，い

わゆる差額説の見解に立つといわれる。

差額説とは、不法行為がなければ被害者が現在有しているであろう仮定的利益状態と、不法行為がなされたために被害者が現在有している現実の利益状態との間の「差額」を損害とする見解であり[2]、いわゆる通説的見解として、労働能力喪失説や死傷損害説（後述4(1)）などとよく対比される見解である。

(2) 最判昭56・12・22判夕463号126頁

しかし、その後、最高裁はこの見解に一部修正を加える。

事故以前はかなりの力を要する仕事をしていたが、事故後は座ったままでできる業務に従事するようになり、給与面については格別不利益な取扱いを受けていないという事案について、最高裁は、（いわゆる差額説によれば）財産損害を観念できない事案であるとしつつ、「それにもかかわらずなお後遺症に起因する労働能力低下に基づく財産上の損害があるというためには、たとえば、事故の前後を通じて収入に変更がないことが本人において労働能力低下による収入の減少を回復すべく特別の努力をしているなど事故以外の要因に基づくものであって、かかる要因がなければ収入の減少を来たしているものと認められる場合とか、労働能力喪失の程度が軽微であっても、本人が現に従事し又は将来従事すべき職業の性質に照らし、特に昇給、昇任、転職等に際して不利益な取扱を受けるおそれがあるものと認められる場合など、後遺症が被害者にもたらす経済的不利益を肯認するに足りる特段の事情の存在を必要とするというべきである。」と判示した。

この判例は、差額説の立場を採用しつつ、被害者の努力によって減収がカバーされている場合等について、差額説に修正を加える余地があることを示したものである[3]。

(3) 最判平8・4・25交民29巻2号302頁[4]

その後の平成8年4月25日、著名な「貝採判決」が出された。

判決のもととなったのは、交通事故により知能障害、運動傷害等の後遺障害を受けて症状固定した被害者が、リハビリを兼ねて海で貝を採っていたところ、症状固定から6日後、貝採り中に心臓麻痺を起こして死亡したという事案である。

最高裁は、「交通事故の被害者が事故に起因する傷害のために身体的機能の一部を喪失し、労働能力の一部を喪失した場合において、いわゆる逸失利益の算定に当たっては、その後に被害者が死亡したとしても、右交通事故の

時点で，その死亡の原因となる具体的事由が存在し，近い将来における死亡が客観的に予測されていたなどの特段の事情がない限り，右死亡の事実は就労可能期間の認定上考慮すべきものではない」旨判示した。

これまで判例が採用していた差額説の立場からは，事実審の口頭弁論終結時より前に事故との因果関係がなく被害者が死亡した本件においては，死亡時以降の逸失利益が認められない可能性があった。この判例は，事実審の口頭弁論終結時において現実に発生しないことが明らかになった損害についても，損害賠償の対象範囲に含めたものである。

この判例が従前の判例の立場を実質的に変更したといえるものかについては，議論のあるところである。ただ，少なくとも，現実に生じた損害をもって逸失利益とする差額説の厳格な損害概念を，一定の価値判断を背景に変更したものと解することはできるであろう[5,6,7]。

(4) 小括

以上に概観したように，わが国における逸失利益に関する判例法理は，差額説を基本に，結論の妥当性を得るための修正を加えるという方向で展開してきたと理解できる。

このような判例の展開で問題点として指摘すべきは，上記の判例法理が，障害者の逸失利益の低廉化という疑問に直面せぬままであったということである。この問題は，保険実務が一般に採用している労働能力喪失説についても当てはまる。

差額説及び労働能力喪失説のいずれの見解によったとしても，あるいは判例法理による修正を加えたとしても，算定根拠となる基礎収入ないし基本となる労働能力が低い障害者については，健常者と同等の逸失利益を算定することはできない。即ち，同一の損害を受けたにもかかわらず，障害があることによって，健常者と比較して賠償額が低額となってしまう不平等は避けられない。

ただ，その一方で，上記の貝採判決は，「損害」概念が利益状態の差額計算などによって導かれるものではなく，一定の価値判断を伴う擬制的な概念であることを示している。

3 障害者の逸失利益の問題に関する下級審判例の状況

最高裁判例及びこれに関する主要な議論が障害者の逸失利益に関する問題

を解消しないため，下級審判例は，従前の最高裁判例の枠組みの中で，可能な限りこのような問題を解消しようと努力している。

以下，2例を紹介する。

(1) 大阪地判昭55・12・2判タ437号89頁

(a) 視力障害者（左眼の視力はゼロ，右眼の視力は眼前での手動を判別し得る程度の状況）である原告が，駅のホームから線路に転落して，進入してきた電車に両脚を轢断された事案について，大幅に減額をしつつも一般労働者の賃金センサスをもとに逸失利益を算定した裁判例である。

同判決は，「原告は，本件事故当時44歳の男子で，当時は無職であったが，稼働する意思を有していたことは明らかであり，本件事故がなければ，63歳である昭和67年まで，従前大阪で稼働していた頃と同様の仕事をして，相応の収入を得ていたはずである」と指摘する。その上で，事故の当時無職であった原告について，賃金センサス男子労働者学歴計対応年令平均給与額の3割程度の収入を得ることができたとして，最終的に1412万円の逸失利益を認定した。

(b) 本件は重度の視覚障害を有していた上に無職であった原告について，収入を得ていた蓋然性に着目して逸失利益を認めた点に先例的な意義があると思われる[8]。

ただ，その一方で，健常者と比較して逸失利益の基本となる賃金の認定割合が低廉にすぎること，具体的に就業の実績のなかった事案についてどの程度応用ができるのか明らかでないことなどについて，問題を残すこととになった。

(2) 東京高判平6・11・29判タ884号173頁

(a) 養護学校に在学していたA（16歳，自閉症児）が，同校の体育授業の一環として行われた水泳訓練に参加したところ溺死したという事案について，死亡による逸失利益を一般労働者の最低賃金を基礎として算出した判決である。

同判決は，まず年少者の死亡損害の算定に関する一般論として，「死亡した未就労の年少者の逸失利益の算定にあたっては」，「おのずから将来の発育の過程においてその能力か将来発展的に増大ないし減少する可能性かあるから，なお，現時点で固定化して現価を算出するには不安定，不確実な要因等の存在も多分に予測され，これらを全く無視することができない場合があ

る。」,「このような場合には,不確実ながら年少者であるが故にまた潜在する将来の発展的可能性のある要因をも,それが現時点で相当な程度に蓋然性かあるとみられる限りは,当該生命を侵害された年少者自身の損害額を算定するにあたって,何らかの形で慎重に勘案し,斟酌しても差し支えないものと考える。」と判示した。

その上で同判決は,Aの就労可能性を具体的に認定し,県の最低賃金から10パーセントを減額した収入を基礎として,逸失利益を算出した。

(b) この点,原審[9]は,養護学校の卒業生の平均年収を基礎として逸失利益を算定していたため,原審と控訴審では判断をまったく異にすることとなった。

本判決は,少年であるAの将来の可能性を評価して,一般労働者の最低賃金をベースに逸失利益を算出した事案であり,その問題意識は高く評価できる。また,障害者の逸失利益について詳細な検討を加えた高裁レベルの初めての裁判例[10]としても,非常に意義のあるものと考えられる。

ただ,その一方で,本判決が,差額説ないし労働能力喪失説的な観点をベースに,「潜在する将来の発展的可能性のある要因」が「現時点で相当な程度に蓋然性かあるとみられる限り」例外的な斟酌を行うとした点については,前記の大阪地裁昭55年判決と同様の問題が残ることとなった。

結局,本裁判例の理論によっても,およそ就労可能性のない障害者についての不平等を解決することができない可能性が高いのである。

(3) 小括

以上のように,下級審判例は判例理論をベースに,事実認定上の努力を重ね,逸失利益に関する障害者と健常者の不平等を解消しようと努力していることが窺われる。しかし,このような下級審判例の苦悩からは,判例理論に依拠する限り,不平等の解消に限界があることが浮き彫りになってくるように思われる。

ここで立ち返って問題とするべきは,これまで判例が基本的な立場として採用してきた差額説が,論理的に正当なものであるのか否かという点であろう。差額説に対する批判は数多いが,逸失利益の算定方法に関していえば,同説が当然の前提のように拠って立つ賃金センサスの問題をまずもって指摘するべきである。

この点,差額説を厳密に貫徹することの問題性は,既に上記判例・裁判例

第3章 障害者の損害賠償額の算定―逸失利益を中心に― 229

の修正に表れている。そればかりでなく，賃金センサスの平均賃金額が平均的収入を算出する上で決して合理性のあるものではなく，かえって性や学歴による不公平な取扱いにつながることは，既に指摘されているところである[11]。加えて，本稿が問題としているように，賃金センサスの平均賃金額と同程度の収入を得る見込みのない障害者にとっては，不平等の契機を増やすだけで結論の妥当性をみない。賃金センサスから導かれる平均賃金に基づく計算などといったものは，擬制をもっともらしく見せている作業にすぎないのであり，このような擬制を前提とした差額説に固執する合理的理由は，実は見当たらないのである。

4　障害者の逸失利益に関連する学説の状況[12,13]

このように差額説を離れ，障害者に対する平等な取扱いという観点から本問題を根本から解決しようとするのであれば，新たな立場から損害論を再構築するほかないことになる。

以下では，障害者の逸失利益の問題を解決する上で参考になる見解を紹介する。

(1) 死傷損害説[14]

西原道雄教授は，従来の差額説に対し，その具体的な算定方法に疑問を示すとともに，生命侵害による損害賠償額の定額化を主張した。

同説は，死傷損害における具体的な損害額の算定に当たって，財産的・精神的損害を統合した一つの非財産的損害を観念する。その上で同説は，損害事実は死傷それ自体であるところ，本来は換算不可能なものを金銭的に評価するのであるから，適切な賠償額は差額説の計算式によって発見されるのではなく，創造されるものである旨主張するのである。

新潟水俣病訴訟において，原告らが個々の原告ごとの逸失利益を主張立証せずに一律請求をするに際してはこの死傷損害説が引用され，判決は慰謝料の要素として，実質的に一律請求を認めた[15,16]。

この見解の根本には，死傷によって実際に生じた「損害額」なるものがどこかに存在し，これは客観的に把握できるはずだという観念に対する批判的視点，そして人間の価値は本来的に平等であるとの理念があり，まさに本稿の問題意識になじむ見解といえる。

(2) 評価段階説[17]

淡路剛久教授は，人身損害に関する死傷損害説をベースに，当事者は損害を項目・費目ごとに個別的に立証・請求できる（個別的損害評価）ほか，被害に応じた損害を総額で請求することもできる（包括的損害算定）との見解を主張する。

　淡路教授はまず，当事者が積極損害，消極損害（逸失利益），慰謝料の三大費目に従って損害を主張立証する場合には，これに基づき裁判官が損害の評価を行うべきであると説く。そして，現実収入によらずに平均賃金による賠償を認めた裁判例は平均賃金による賠償保障をしたものと評価した上で，平均賃金までは具体的な収入額の立証なしに逸失利益の賠償を認めるべきであると主張する（個別的算定）[18]。

　その一方で，当事者が一つの非財産的損害たる人身損害を個別の損害費目に分解せず，被害に応じた損害額を総額で請求したときには，裁判官が創造的役割を発揮してその金銭評価を行うべきであると説くのである（包括的算定）[19]。

　ここに個別的算定とは，交通事故損害賠償について発展してきた損害評価の方法であり，包括的算定とは公害・薬害の損害賠償請求の方式（包括請求）を中心に発展してきた損害評価の方法である。これらを矛盾なく統一的に基礎づける法理論として，淡路教授は本説を主張するのである。

　淡路教授の見解は，死傷損害説の問題意識を契機として，損害の評価が性質上証拠によって確定できない事実や不確実な事実に依存している場合には，問題を立証責任の問題として原告の不利に扱うのは不当であり，むしろ裁判官が創造的役割を発揮して段階的評価を行うべきだとの考えに基づくものである[20]。

　個別的算定を求めた上で最低賠償額の保障を求めるにしても，包括的算定を求めるにしても，障害者の逸失利益に関する不平等を回避する可能性をもつ見解である。近時の損害論に関する学説においても一定の評価を受けており，障害者の代理人にとって参考にすべき点の多い学説と思われる。

(3) 実体経済損害説（後出第2）[21]

　瀬戸久夫弁護士が提唱する見解である。瀬戸弁護士は，健常者であっても障害者であっても生産・所得・支出の循環系の中に位置づけられていることに着目し，収入ないし労働能力のない障害者にあっても，消費という意味で社会経済に貢献していることを指摘する。即ち，個々人の所得や労働能力で

はなく，社会経済全体に対する消費の喪失をもって損害と構成すべきと説くのである。

その上で，具体的な損害算定に当たっては，国民総生産，国民総所得，あるいは国内総生産といった数値をもとに金銭的評価をするべきであると主張する。理論的には，死傷損害説ないし評価段階説の包括的算定に親和性があるものと考えられる。

(4) 小括

障害者も含めた損害の平等な回復という観点から，以上の諸説は非常に参考になる。障害者の損害賠償請求に取り組むに際しては，まずは上記学説のような問題意識をもって臨むことが重要であろう。

ただ，残念ながら，これまでの判例においては，これらの見解がそのまま反映されたとは言い難い状況にある。新潟水俣病判決にみられるように，慰謝料の要素として問題意識を取り込んだ裁判例が散見されるにとどまるようである。

5　まとめ

以上のとおり，障害者をめぐる逸失利益の評価については依然として不平等が残されたままである。従前の判例理論を一部修正し，あるいは個別事案において一定の配慮をした事実認定をすることによる解決にも限界がある。

さらに，このような問題がある一方で，平等の観点から被害者間の収入格差が賠償額に反映することを避けようとする解釈論は，わが国以外ではさほど有力には論じられてはおらず，他国の裁判例や運用実体などの援用をすることは困難なようである[22]。膨大に集積された保険実務にもなじみ，比較法的にも違和感のない差額説ベースの判例理論を変更するのは，今後も困難ではないかとも思われる。

今後，わが国において，障害者の逸失利益について妥当な結論を得ようとすれば，上記4項記載の諸説のような立場を主張しつつ，結論としては慰謝料の補完的機能に活路を見いだすことが最も現実的ではないかと思われる。

この点，前記の東京高裁判決は，わざわざ傍論において，「人間一人の生命の価値を金額ではかるには，この作業所による収入をもって基礎とするのでは余りにも人間一人（障害児であろうが健康児であろうが）の生命の価値をはかる基礎としては低い水準の基礎となり適切ではない（極言すれば，不法

行為等により生命を失われても，その時点で働く能力のない重度の障害児や重病人であれば，その者の生命の価値を全く無価値と評価されてしまうことになりかねないからである。）。」との価値判断に言及している。裁判官が，問題意識を有しつつも，従来の判断枠組の限界の中で苦悩していることを窺わせる表現である。

この傍論にも示されているように，逸失利益算定に当たって障害者が不当に不平等な取扱いを受けているという問題意識は，法曹全体において共有可能なものである。学説の議論状況を背景に，原告代理人弁護士として個別事案においていかなる主張をしてゆくのか，理論構成を重ねてゆく努力が今後も必要不可欠なものと思われる。

第2 実体経済を前提とする逸失利益論[23]

1 問題提起

本稿では，就労前の若年障害児・者，その中でも，現代医学等では回復不能な障害を負い，就労可能年齢に達しても就労不能が明らかな若年障害児・者（例えば，脳性麻痺により全介助を要する重度障害児・者）について，不法行為損害賠償法上の逸失利益を検討する。

ここで，問題となるのが，一般論として主張される「現在の民法上の損害賠償法理によれば，現実に収入・利益が失われるか，あるいは少なくとも，稼働能力の喪失を認められて初めて損害の発生を観念し得ることとなるから，少なくとも稼働能力の喪失を立証できなければ，逸失利益を認定することができない。」という法理の法的妥当性・合理性である。

2 逸失利益についての一般論

不法行為に対する金銭賠償に関して，実定法上，損害の概念規定や損害の金銭的評価の方法にかかわる算定原理規定等は存在しない。これらについては裁判官の規範的な法創造的裁量に委ねられている。

損害の金銭的評価の方法にかかわる算定原理について，最高裁判所は，「年少者死亡の場合における右消極的損害の賠償請求については，一般の場合に比し不正確さが伴うにしても，裁判所は，被害者が提出するあらゆる証拠資料に基づき，経験則とその良識を十分に活用して，できうる限り蓋然性のあ

る額を算出するよう努め，ことに右蓋然性に疑いがもたれるときは，被害者側にとって控え目な算定方法（たとえば，収入額につき疑いがあるときはその額を少な目に，支出額に疑いがあるときはその額を多目に計算し，また遠い将来の収支の額に懸念があるときは算出の基礎たる期間を短縮する等の方法）を採用することにすれば，慰謝料制度に依存する場合に比較してより客観性のある額を算出することができ，被害者の救済に資する反面，不法行為者に過当な責任を負わせることにもならず，損失の公平な分担を窮極の目的とする損害賠償制度の理念にも副うものではないかと考えられる。要するに，問題は，事案毎に，その具体的事情に即応して解決されるべきであり，所論のごとく算定不可能として一概にその請求を排斥し去るべきではない。」と判示する[24]。

　現時点における多くの判例実務は，この最高裁判例に立脚して，年少者ないし主婦については，あたかも賃金センサス（しかも，ほとんどのケースにおいて第1巻第1表）が「経験則と良識を活用した蓋然性のある額」であり「客観性のある額」として，あるいは，「事実認定として合理性のある額（事実認定として不合理であり，別の数値を用いる方がより合理性があるという事情が認められないものとしての）」として，損害の金銭的評価の方法についての算定基準として確立しているかのように扱っているように思われる。

　しかし，賃金センサスを基準とするのも1つの基準ではあり得るが，問題は，わが国の市場経済下において，生命・身体侵害の場合における生命・身体の経済的価値，即ち金銭的価値を表章する客観的な社会的相当性のある基準は何かということである。賃金センサスという統計（市場経済下における1つの部分的な統計）が，裁判において，損害額算定基準として，主婦・年少者のみならず障害児・者に対しても，経済的かつ法規範的有意性を有するのかである。

3　賃金センサスの実体

(1)　賃金は，労働者にとっては生活を支える主な収入であり，企業にとっては生産・営業・サービスなどの事業活動に必要な費用の一つにしかすぎない。そして，賃金には，相互的に関連性を有する経済的な性格として，労働者の生計費（健康で文化的な生活を送る上での糧），労働市場における労働力の価格（商品市場における価格と同様に，労働力の需要と供給が均衡する賃金相

場で決定）及び企業にとっての生産の必要コスト（企業の賃金支払能力と表裏の関係）という3つの側面がある。

(2) 賃金構造基本統計調査（以下「賃金センサス」という）は，毎月勤労統計調査（以下「毎勤統計」という）と同様に一般的な賃金に関する標本調査としての賃金統計であるが，賃金水準の動きをみる賃金水準統計である毎勤統計と異なり，様々な賃金格差をみる賃金構造（企業内賃金構造及び企業間賃金構造）統計である。なお，支払われることになっているモデル賃金ではない。

賃金センサスは，事業所に対する継続調査であるので，現在と過去の賃金比較（平均賃金の上昇率等），年齢間格差等の賃金実態の比較・動向を明らかにする。

賃金センサスの調査範囲・対象は，毎年6月を調査時点とする農林水産業と公務を除く全産業，事業所規模5人以上，常用労働者（一般労働者＋パートタイム労働者），所得税・社会保険料・組合費等を含む現金給与総額（退職金，療養・休業補償等は除く）である。そして，調査結果の分析で使用される統計表の賃金は，企業規模は10人以上計，経営形態は民営事業所のみで，一般労働者は所定内給与，パートタイム労働者は所定内給与（時間給）である。賃金センサスには，一般労働者とパートタイム労働者を合わせた常用労働者計の所定内給与についての集計はないので，一般労働者のみの賃金を表章する。そして，会社ないし団体の役員及び自営業主と家族従業者は，基本的に労働者には該当しない。

毎勤統計は，国民経済計算の雇用者所得の推計，失業給付金額改訂などの指標として用いることを想定して，できる限り広範囲の賃金を把握しているが，これに対し，賃金センサスは，企業間賃金格差や企業内賃金格差など，異なる部門間で賃金水準の比較をするにあたって，できるだけ条件をそろえて比較（平均）できるように，範囲を絞った労働者の賃金を表章している。

(3) 賃金センサス（とりわけ第1巻第1表）における平均賃金の意義

賃金センサスは，統計学上の統計であり，賃金の「平均」を表章するものであり，労働者集団を広く観察し，賃金についての共通の規則性を発見することに意義を有する。そして，これを前提として，比較対照される各労働者集団を観察し，各労働者集団の賃金相異性を発見することに意義を有する。賃金センサスの「調査の設計」における母集団は，9大産業の常用労働者5人以上の事業所で，全国で約140万事業所，常用労働者数は約3500万人であ

り，これを前提とする標本設計は，一定の抽出方法に基づく抽出事業所数が約7万1000事業所，抽出労働者数が約151万人となっている。但し，賃金センサスにおける表象賃金は，前述したように，常用労働者のうちパートタイム労働者を除く一般労働者であり，企業規模10人以上の計となっていることに留意しなければならない。

4　全体経済の実相

賃金は，種々の政策的要素に規定された国民（障害者・高齢者等を含む）経済社会における1つの部分的要素でしかない。ところで，賃金センサスに表章される賃金が損害額算定の基準となり得るのであれば，その基準の社会的相当性・合理性が，まずもって経済的意味において正当化されなければならないはずである。もし，経済的正当性を有しないのであれば，法的正当性ないし根拠も有しないはずであり，裁判官が単に恣意的に損害額算定の基準を設定していることになる。前記最高裁判決が「経験則とその良識を十分に活用して，……できうる限り蓋然性のある額を算出するように努め，……より客観性のある額を算出することができ……」と判示している法的意味は，賃金センサス上の平均賃金が，事実認定として，国民経済的に社会的相当性を有しているのであれば，これを基準として客観性のある合理的な法的損害額を算出することができ，損害賠償制度の理念に沿うということにあるからである。

(1)　経済政策

純粋な市場主義経済下にあっては，「政府の市場介入は害あって益なし」，あるいは，「市場が効率的な資源（労働も資源の1つ）配分をかなえる」という公理が成立する。ここにおいては，個々人の技量・能力・努力の差により所得格差ないし賃金格差が生じるのは当然のこととなる。

しかし，このような市場主義経済社会は存在しないし，わが国の経済社会とはまったく異なる。わが国の経済政策をみるに，政府が民間に介入し，労働者等の国民生活を保護し，あるいは，支援を要する国民には敗者復活策等を講じ，というように種々の経済政策が実施されている（これは公知の事実である）。

もし，賃金センサス上の平均賃金が個々の労働者の技量・能力・努力のみによって生み出され獲得されているのであれば，主婦も年少者も，障害児・

者でないことを前提として，平均的な国民ないし労働者として，賃金センサス上の平均賃金が損害賠償額の算定基準とすることも合理性があるのかもしれない。しかし，実際には，政府の種々の経済政策により，労働者の賃金が保障され，国民の生活が保障されているのである。

(2) 政府においては，経済不況下における景気対策として，供給サイドの政策をとろうとすれば，市場メカニズムのもとに，企業の効率化や非効率な政府部門の縮小という構造改革により経済全体の生産力という供給側面を改善して景気を回復していわゆる最適経済を実現しようとする。これに対し，需要サイドの政策をとろうとすれば，市場機能の限界を認め，政府が積極的に介入して財政支出を増やして政府が自ら需要を生み出し，景気回復を図り最適経済を実現しようとする。このようにして景気が全体的に上向けば，失業者は職を得る機会が増えるし，労働者の賃金のみならず社会各層の所得も伸びることになる。そもそも，経済社会全体の合計所得が上昇しなければ，その果実の行き渡りようがないからである（経済は必ずしも「一方が得をすれば他方が損をする」というゼロサムの状況ではない）。合計所得が増大すれば，その後の税金や補助金等を使った所得再配分政策によって，労働者のみならず国民各層にその果実を行き渡らせることになる。

以上から分かるように，最適経済活動を決定する要素として，その1つは国全体が持つ生産能力（供給側）であり，他の1つは国全体で作った物等を，国民がどれくらい買うか（需要側）である。そのため，実現される経済活動水準は，供給能力と合計需要のいずれか小さい方によって決定されることになる。

(3) 経済社会における金銭的評価

(a) 国民総支出（GNE）

財貨・サービスへの政府支出・民間投資・個人消費支出を合算し，それに財貨・サービスの輸出から財貨・サービスの輸入を引いた差額を加えて得られたものをいう。これに対し，政府の財政支出・民間投資・個人消費支出に財貨・サービスの輸出を加えたものを，一般に「総需要」といい，総需要から輸入を差し引くと国民総支出が得られ，この総支出と「国民総生産」（GNP）とは等しい金額となる。そして，国民総支出あるいは国民総生産の数額から「資本減耗引当（主として減価償却費）」を差し引くと「国民純生産」に等しい金額（市場価格で表された国民所得，NNP）が得られる。NNPが市場価格表

の国民所得だという意味は，賃金や利潤や利子あるいは地代等使用料を合算して得られる国民所得と比較して「間接税」（障害者も高齢者も負担する消費税等）の分だけ金額が大きくなるからである。
(b) 国民所得（NI）
　国民の賃金・利潤・利子・配当・地代等使用料といった生産諸要素（労働・資本・土地など）に帰属する所得を合計したものであり，いわば「要素所得」の合計額となる。このような意味では，国民所得は「要素費用表示」であり，賃金や配当といった生産要素価格で表示されたものである。これに消費税等の間接税を加え，補助金等を差し引くと，NNPとなる。この国民所得は，賃金等の「雇用者所得」，「法人留保」等の「企業所得」を含む。
(c) 国内総生産（GDP）
　GNPから「海外からの純所得」（「海外からの要素所得受取（海外子会社からの配当等の受取分）」－「海外への要素所得支出（海外への配当等の送金分）」）を差し引いたものである。
(d) 三面等価
　国民所得推計が純概念か粗概念か（「資本減耗分」の処理），市場価格表示か要素費用表示か（「間接税－補助金」の処理），国民概念か国内概念かで推計値は若干異なるにしても，これらの概念的基礎が共通になれば，国民所得は生産（生産国民所得）・分配（分配国民所得）・支出（支出国民所得）のどの面から推計されても，理論上一致する関係にあり，これを，国民所得分析で「三面等価」（経済循環，即ち国民所得循環の三面は理論的には同額）という。
　1993年（平成5年）の国民所得循環－三面等価を図表化すると次頁のようになる。
　図表の分配欄で雇用者所得，企業所得，財産所得を合計した金額は要素費用表示の国民所得（NI）に該当し，賃金，配当，利子などの形で分配される。これに資本減耗分などが加算された金額が，支出欄で民間消費，政府支出，国内投資などに支出される関係にある。その意味で，国民所得統計は「生産→分配→支出」の循環構造を数字的に明らかにする包括的な計数のシステムだということになる。
　以上から分かるように，経済の実相を「生産面」から出発すると，経済は「生産→分配→支出→生産→分配→支出……」という形で循環しているということになる。即ち，雇用者所得は，国民所得循環の分配面に位置づけられ，国民

所得の中の1つの要素にしかすぎないことが分かる。

(単位：10億円)

支　出		生　産		分　配	
民間最終消費支出	278,704	第1次産業	9,787	雇用者所得	263,100
政府最終消費支出	44,771	第2次産業	186,450	企業所得	74,356
国内総固定資本形成	140,433	第3次産業	278,784	財産所得	33,835
在庫品増加	620	統計上の不突合	417	「要素所得表示」の国民所得	371,291
財貨・サービスの輸出入差額	10,911				
				間接税－補助金	33,728
国内総支出 (GDE)	475,438	GDP	475,438	固定資本減耗	74,383
海外からの要素所得純受取			4,381	統計上の不突合	417
国民総生産 (GNP)					479,819

※「統計上の不突合（ふとつごう）」といわれている計数が出ているのは，国民所得の三面から推計が行われる場合，理論上は相互に一致すべきであっても，統計上のソースの相違から三面相互間に多少の推計上の誤差が生ずることを示している。
出典）経済企画庁『国民経済計算年報』。

(4) 公的財政の機能と経済

(a) 財政には3大機能がある。

　第1の役割は資源配分であり，資源配分とは，「公共財」と「民間財」との間の適切な配分を実現することを指す。かつての日本経済の高度成長過程では，産業の拡大に重点を置いたため民間投資が行きすぎ，そのため産業が急角度に拡大し，その結果，社会資本あるいは生活基盤の施設との間に不均衡が発生した。そのような状態では，財政は当然，大規模な財政政策を実施して，公共投資を重視して道路や港湾を整備し，公害が発生しないように環境施設を充実するなど，いわゆるインフラストラクチャーの充実に向かうこととなった。その意味で，現代財政は民間投資と公共投資との間の資源配分上の調和を図るために，非常に大きな役割を担う必要があるし，現実にも，このような役割を担っている公共事業は，所得分配政策の典型である。

　財政の第2の役割は，「所得再分配」である。例えば，わが国では財政支出の中で，年々社会保障費の比重が高まってきており，1960年度（昭和35年度）には，一般会計歳出における社会保障費の割合は13％であったが，70年度（昭和45年度）には16％，80年度（昭和55年度）には21％に上昇している。具体的には，公的扶助やその他の年金などへの支出の増大がこれである。このような所得再分配は，現代財政が担う第2の大きな役割である。

　第3の役割は「総需要管理」であり，財政は，支出の増減や収入面での増税・

減税を通じて，不況，インフレーション及び景気過熱を回避するのに大きな役割を果たしている。減税も所得の再分配政策の典型である。また，財政出動として減税の代わりに公共事業を行っても，所得の再配分という意味では減税とまったく同じである。即ち，公共事業の場合には，その財源として税金を徴収される人々から，その公共事業によって直接間接に雇用され，賃金を支払われる人々への所得再配分となるだけである。

(b) 財政・金融政策は，完全雇用国民総生産が絶えず実現されるように，計画された総需要の水準を管理することを1つの大きな目標とする。完全雇用（全労働力の有効利用状態）及び全資本の有効利用（資本の遊休がない状態）のもとにおける国民総生産が完全雇用国民総生産であるが，このような経済社会は存在しない。

失業と資本の遊休をもたらすデフレ・ギャップ（完全雇用国民総生産が完全雇用国民総生産での計画された総需要を上回る場合の両者の差と定義されている）がある場合には，完全雇用国民総生産を実現するために，経済政策は必然的に拡張的となる。財政政策においては，積極的財政政策を展開するため，政府支出を増加させるか，減税を実施して，民間経済主体の可処分所得を増加させ，消費と投資を増加させることになる。他方，金融政策においては，金融緩和を行って市中金利を低下させ，民間投資を増加させることになる。また，物価上昇と過剰投資をもたらすインフレ・ギャップ（完全雇用国民総生産が完全雇用国民総生産での計画された総需要を下回る場合の両者の差と定義されている）がある場合には，総需要を抑制するような緊縮的な経済政策がとられる。財政政策においては，政府支出の削減か増税政策をとることになる。

即ち，景気が後退すると，政府は，景気を回復させようとして，減税や福祉予算あるいは各種補助金ないし給付金等の公的資金によって政策的に資金・資源の分配に介入し，あるいは，公共投資による積極的な財政支出政策（例えば，赤字国債の増）を展開する。減税や補助金等の公的資金によって民間が自由に使えるお金を増やせば，物やサービスを積極的に買い消費需要が増えることになり，財政支出により公共投資を実施すれば，投資需要が増え雇用機会が増えることになる（賃金の確保・保障）。労働資源を有効利用するには，公共投資が重要かつ有効な政策の1つとなる。不況期における公共投資は，余剰労働力・遊休設備の有効利用となることはもちろんであるが，これ

を呼び水として消費を刺激し景気を回復させるものとして実施される。

(c) 以上から分かるように，経済社会において，国民経済上実現されなければならないことと個々の企業や銀行の経済活動とのギャップを埋めることのできる唯一の主体は政府であるということである。政府の財政・金融政策等の種々の政策（国民「所得」の面からいえば「所得政策」）実施のもとに，国民経済が成立し動いているということである。

そうであれば，賃金センサスにおける「平均賃金」なるものは，数多くの経済指標のうちの1つにしかすぎないもので，賃金をもって生計の資としている労働者一人一人が自己の技量や能力や努力のみをもってして，賃金ないし平均賃金なるものを得ているものではないし，得ることもできないということは自明の理といわなければならない。賃金ないし平均賃金は，ある意味では，政府の所得政策によってしか実現され得ないということである。

全体経済を構造的に分析すれば，景気の状況に応じて，政府は，増税や国債発行によって財政資金を調達して公共事業，減税等に支出・配分したりなどするが，これに伴い必然的に所得の再分配が起こる。また，失業者への保険給付や公的扶助，一般生活困窮者への補助金，医療保険，高齢者・障害者への年金・各種給付金などの社会政策（所得政策の1つ）も，企業倒産防止のための公的資金の投入，企業再建資金の公的助成，雇用採用・維持のための助成金・給付金，雇用創出のための奨励金，新事業設立のための支援金，農業者等への補助金などの経済政策（これらのいわゆる補助金の相当部分は労働者の賃金となるもので所得政策の1つ）も所得再分配として，景気対策として重要な経済的意義を有している。

労働者の賃金をはじめとした国民所得は，経済社会において，政府が最適経済を実現するために実施する各種経済政策等の所得政策に相対的に依存しているもので，賃金センサスにおける平均賃金なるものは，政府の所得政策と離れた独立した意義を有するものではないことは明らかである。

賃金センサスなるものは，前述したように，労働者の賃金に関する1つの限定的な統計資料の1つにしかすぎないもので，同一企業内における学歴・年齢別平均賃金や職種別平均の比較，あるいは，自社の個別賃金と同業他社の類似労働者賃金との比較や自社の労働者構成を考慮しての同業他社との賃金水準比較においてしか，その意義を有しないのであり，人間の生命・身体侵害の場合における経済的価値＝金銭的価値を評価するための算定基準とな

るものではない。生命・身体侵害の場合における逸失利益が人間の経済的価値（金銭的価値）であるとすれば，その逸失利益は経済的に評価する必要があり，経済的評価に耐え得る基準を設定しなければならないはずである。そうであれば，国民経済全体の経済的価値を表章するGNEあるいはNNPあるいはNIあるいはGDPを基準として，国民一人一人の金銭的評価額をもって逸失利益とすべきである。

(5) 労働市場

(a) 労働者は，自己が提供するサービスの質や量に関して，通常大幅な自由裁量の余地を持っているが，労働者が自らに課された任務を真面目に遂行するかどうかは，企業の業績に大きな影響を与えることになるため，労働者が真面目に仕事をすることを奨励するような仕組みが労働市場には必要となる（利潤分配制度としてのボーナス制度，後払い賃金制度としての退職金制度等）。また，労働者は，自らの労働の質を，教育や訓練によって向上させることができる。労働者は，労働という人的資源を所有し，労働サービスを企業に提供するということになる。

このような労働市場は，前述したことから分かるように，市場メカニズムのみによって形成されるものではなく，政府の財政・金融政策等の経済政策や社会政策によって大きく左右されるものであることに留意しなければならない。

(b) 労働者が提供するサービスの対価は，よく知られているものは賃金であるが，様々な形態をとる。賃金以外にも付加給付という様々な対価があり，法定福利厚生と呼ばれる公的な付加給付（健康保険，厚生年金や共済年金等の公的年金，失業保険などの社会保障制度が含まれる）と法定外福利厚生と呼ばれる企業独自のものがある（社宅・官舎，退職金・企業年金，保養所などの福利厚生施設などが含まれる）。

さらに，前述したように，労働者は，政府の経済・社会政策（所得政策）の実施により，実質的には，公的資金を源資とした賃金等の報酬を受け取っている。

(c) 労働能力を有しない高齢者や障害児・者（労働の対価としての賃金自体を生み出さない人間）を対象とする介護ビジネス（これは，いわば障害者ビジネスともいうべきもの）においては，2001年度（平成13年度）には福祉用具市場規模が3兆2134億円（前年度比1.2％増），2002年（平成14年）10

月1日現在における居宅サービス事業所及び介護保健施設に限っても，合計8万7,805事業所があり（このうち介護保健施設における定員は72万3,802人，在所者数は68万6,800人，従業員総数は44万0,105人），2003年（平成15年）11月暫定版の「介護保健事業状況報告概要」にある介護保険給付決定状況は給付総額4246億円（現物給付9月サービス分と償還給付10月支出決定分の合計）であることが認められる。また，居宅介護サービスの最大手企業で東証1部上場企業である株式会社ニチイ学館の決算をみると，年商が2001年（平成13年）3月期実績で1079億円，2002年（平成14年）3月期実績で1325億円，2003年（平成15年）3月期実績で1627億円にのぼっていることが認められ，従業員総数は2003年（平成15年）9月実績で8万2,717人にものぼっていることが認められる。

　以上からも分かるように，労働能力を有しないとされる障害者や高齢者が莫大な経済的価値を生み出し，経済全体に多大な波及効果を生み出しているのであり，これに伴い，介護ビジネスの現場で働く健常労働者（労働能力を有する労働者）は，賃金等の報酬を得ているのである。障害者や高齢者は，いわば消費の対象ないし客体としてのみ扱われ，このような消費の経済効果として，介護業界における労働者の賃金等の報酬を生み出している，というような経済的評価も不可能ではないが，障害者や高齢者も，経済社会における共同体における一員として，単なる消費の対象や客体としてではなく，健常者と共同して，多大な経済的価値を生み出し，健常労働者の賃金等の報酬を生み出していると，経済的には把握すべきものである（これは経済学の常識）。

　そして，このような介護ビジネスないし福祉産業においては，多大な補助金等の公的資金を源資として運営され，その多くは補助金の投入によって事業展開が始まるものであることも認められる。補助金等の公的資金によって，福祉産業は活況を呈しており，福祉産業労働者は，公的資金を源資とする賃金を得ているものである。

(d)　さらに，注目しなければならないのは，労働市場ないし労働実態の多様化である。健常労働者がその労働の対価として賃金等の報酬を得るとしても，正規社員労働のみならず，パート労働，契約社員労働，派遣社員労働，請負社員労働といったように，就業形態が多様化していることであり，その賃金実態も，学歴や年功等に関係なく成果型賃金に移行しているという社会的

事実を経済的に評価しなければならないということである。2000年（平成11年）10月に実施された「就業形態の多様化に関する総合実態調査」の結果によると，この時点で既に，産業計において非正社員が27.5％を占めており，卸売・小売業及び飲食店計においては非正社員が43％も占めている社会的事実を直視しなければならない。

このような社会的事実を合理的に直視するならば，パート労働者を除く常用労働者を対象とする賃金センサスに表章される平均賃金をもって，逸失利益の算定基準とすることは不平等・不合理極まりないということになる。そして，賃金センサスにはほとんど反映されないボランティア等の無償労働やいわゆる地域通貨を使用した地域経済などの問題に鑑みれば，賃金センサスにおける平均賃金なるものは，損害額の算定基準となるものではないことが明らかである。経済の全体構造から賃金センサスを評価するとすれば，ごく限られた部分社会における金銭評価にしかすぎないもので，算定基準として合理性を有しないといわざるを得ない。

5 損害額の算定基準

そこで，全体経済の実相を直視して，経済的・金銭的根拠を有する損害額の算定基準を定立するとすれば，裁判官において経験則とその良識を十分に活用した蓋然性のある客観的な額は，国民経済全体からするGDP等を算定基準とすることこそ合理性があるものと認められる。

損害の内容を分析すると，経済的損害（賃金の低下・喪失等），生命・身体自体の損害（死，後遺障害）及び精神的損害（慰謝料）の3つに分けられる。このような損害を填補するものとして損害賠償法理は構築されなければならない。そして，損害額の認定については，それが経済分析のもとに経済的基礎・根拠を有するものではなければならないことは前述のとおりである。経済合理性に鑑みれば，曖昧なフィクションを基礎・根拠とするものであってはならない。よって，生命・身体侵害の場合には，その損害の内容は，生活動作能力の低下・喪失，労働能力の低下・喪失という生存能力を含めた生活侵害と把握すべきもので，そうであれば，経済合理性を有するGDP等の経済統計資料を算定基準とすべきことになる。

仮に，このような算定基準が合理性を有しないとしても，労働能力を有しない障害児・者や高齢者が，健常者との経済共同体における共同作業として，

経済的・金銭的価値を生み出すのに多大な貢献をしているという経済実体からして，労働能力を有しない障害児・者等においても，少なくとも，最低賃金を基準とした逸失利益ないしこれに相当する損害額は認容されなければならないと考える。

1 例えば，㈶日弁連交通事故相談センター『交通事故損害額算定基準─実務運用と解説─』(21訂版，2008) 72頁以下，104頁以下等。
2 加藤一郎編『注釈民法 (19)』(有斐閣，1965) 53頁以下等。定義は，潮見佳男『不法行為法』(信山社，1999) 214頁に記載された定義によった。
3 同様に，本判決を差額説に対する修正と評価するものとして，藤岡康宏「損害の意義」星野英一ほか編『民法判例百選Ⅱ (第五版新法対応補正版)』(有斐閣，2005) 187頁等。
4 水野謙「事故の被害者が後に別の事故で死亡した場合の損害額の算定」星野ほか・前掲注 (3) 188頁 。
5 窪田充見「損害概念の変遷」㈶日弁連交通事故相談センター『交通賠償論の新次元』(判例タイムズ社，2007) 75頁は，本判決によって「差額説は，もはやわが国の損害賠償法において，その積極的な位置を失っているということになる可能性がある。」と指摘する。
6 「貝採事件判決と介護費用判決における損害論上の問題点」東京三弁護士会交通事故処理委員会編『新しい交通賠償論の胎動』(ぎょうせい，第3版，2003) 225頁は，本判決は差額説か労働能力喪失説なのかといった学説を論拠に結論を出したのではなく，衡平の理念を実質的論拠にしたのではないかと指摘する。
7 貝採判決は消極損害が問題となった事例であり，差額説の妥当性が正面から問題となった事案だった。これに対し，その後，積極損害について，貝採判決と矛盾するとも思われる判決が出されている (最判平11・12・20判タ1021号123頁)。同判決及び貝採判決に関しては，因果関係に関する「切断説」，「継続説」も絡めてさらに議論が重ねられているが (窪田・前掲注 (5) 等)，本稿のテーマから離れるため，この点の議論は割愛する。
8 後述の評価段階説 (淡路説) は，無職者に対して平均賃金ベースの逸失利益を認めた本判決を，「生活保障レベル」という概念の基礎の表れとして評価する。
9 横浜地判平4・3・5判タ89号213頁。
10 判例タイムズ884号173頁の解説参照。
11 例えば，二木雄策「逸失利益は正しく計算されているか─経済学的視点からの検討─」ジュリスト1039号72頁。
12 学説の沿革，対立の構造については，山田卓生編『新・現代損害賠償法講座6』(日本評論社・1998) 所収の高橋眞「損害概念」，岡木詔治「人身損害賠償のあり方」，山口成樹「人身損害賠償と逸失利益 (総論)」が詳細な分析を行っている。
13 山口・前掲注 (12) 162頁は，平等の観点から被害者間の収入格差が賠償額に反映することを避けようとする解釈論は，わが国以外ではさほど有力には論じられていないと指摘する。以下に紹介した理論を展開する上で，他国の裁判例や運用実体などを援用をするこ

14　西原道雄「損害賠償の法理」ジュリスト381号148頁。
15　森島昭夫『不法行為法講義』(有斐閣, 1996) 338頁。
16　新潟地判昭46・9・29判タ267号99頁。「裁判所が慰藉料を算定するにあたっては、水俣病の治癒、改善の困難さはもちろんのこと、後記各認定患者等の症状、入院およびリハビリテーションの期間の長短に加えて、特にこれら患者の年令、稼働可能年数、収入および生活状況等諸般の事情をも参酌すべきものと考える。」と指摘し、慰謝料という枠組みの中ではあるが、一律請求された逸失利益もあわせて判断している。
17　淡路剛久「差額説から解放された損害評価と経済的損害―独禁法違反の入札談合事件における損害額を例として―」山田卓生編『新・現代損害賠償法講座6』(日本評論社, 1998) 231頁。
18　淡路剛久「損害論の新しい動向(3)」ジュリスト774号116頁,「損害論の新しい動向(4)」ジュリスト776号121頁。淡路教授は、平均賃金をもって「生活保障レベル」として、平均賃金以下であったとの相手方の主張立証を許さず、ここにすべての人の逸失利益の下限を置こうとする。
19　淡路剛久「損害論の新しい動向(7)」ジュリスト785号108頁。
20　淡路教授は、民事訴訟法248条の「損害が生じたことが認められる場合において、損害の性質上その額を立証することが極めて困難であるときは、裁判所は、口頭弁論の全趣旨及び証拠調べの結果に基づき、相当な損害額を認定することができる。」との規定は、評価段階説に近い解決を裁判官に許容していると説く。
21　瀬戸久夫「障害者に対する賠償問題―逸失利益論を中心に―」九州弁護士会連合会・大分県弁護士会編『犯罪被害者の権利と救済』(現代人文社, 1999) 162頁。瀬戸弁護士は、盲学校の生徒が左眼球を殴打されて失明したという事案において、失明に関する逸失利益を獲得するための法律構成としてこの見解を展開した。同事案は最終的に裁判上の和解にて決着をみたが、瀬戸弁護士の問題意識と訴訟活動に臨む姿勢は、非常に示唆に富むものと思われる。
22　山口・前掲注(12) 160頁以下。
23　第2は、第1の4項で紹介した「実体経済損害説」を主張する瀬戸久夫弁護士による論稿である。
24　最判昭39・6・24民集18巻5号874頁。

第4章 成年後見制度の現状と課題

第1 成年後見制度の役割

　知的障害，精神障害，認知症等により判断能力が不十分である場合には，自己の財産を管理したり，あるいは自己の生活に必要な契約を締結したりすることについて，困難が生じ得る。また，消費者として物の購入やサービスの提供を受ける局面では，かかる契約によるメリット・デメリットを十分に理解できず，不利益な契約を締結させられるおそれがある。

　こうした問題に対処するために用意されている法的枠組みが，成年後見制度である[1]。

　周知のとおり，従前は，禁治産・準禁治産の2類型の制度が存在していたが，様々な問題点の指摘を受けて，2000年(平成12年)4月に現在の成年後見制度が導入された[2]。同制度は，「保護と自立・自己決定との調和」を理念として制度設計されたものであり[3]，現状の法的枠組みの中で，判断能力の不十分な者を援助する制度として，極めて重要な位置づけがなされている[4]。

　特に，第1部で検討した障害者自立支援法との関係でいえば，制度の運用のために，成年後見制度が十分機能することが不可欠である。

　即ち，障害者自立支援法は，障害者等が自立した日常生活または社会生活を営むことができるように必要な障害福祉サービスに係る給付その他の支援を行うこと等を規定している[5]。ところが，サービスの利用に際しては，契約が前提となることから，判断能力が不十分な障害者のサービス利用が制約されているという指摘もある[6]。障害者に対するサービスが契約を媒介として行われるのであれば，契約締結のための法定代理権を有する成年後見人等が必要となるのは当然である[7]。

　障害者福祉の分野において，措置制度から利用制度（契約）への転換が図られ，障害者自立支援法が施行となった今日，成年後見制度は，障害者福祉

の充実のためにも重要な役割を担っているといえる。
　このような点を踏まえ，本章では，成年後見制度の現状を把握するとともに，その課題を考察する。

第2　アンケート調査の結果等を中心として

1　序論
　成年後見事件については，最高裁判所事務総局家庭局による各年度ごとの「成年後見関係事件の概況」に，申立件数はもちろん，申立人の属性，申立人と後見人の関係等にとどまらず，審理期間や鑑定費用に至るまで，詳細な統計資料が掲載されているため，運用実態を把握するためには欠かすことができない。
　本稿では，さらに，本書作成のために大分県弁護士会が2008年（平成20年）4月から5月にかけて実施した，福岡高等裁判所管内の家庭裁判所，九弁連を構成する各単位会所属の弁護士，地元大分県の司法書士や各種施設等に対する成年後見制度の実情に関するアンケート調査の結果も踏まえ，成年後見制度の現状と課題について考察することとする。

2　最高裁の統計及び福岡高裁管内の家庭裁判所に対するアンケートの分析
(1)　申立件数
　申立件数については，漸次増加している。
　そのなかでも，とりわけ，2006年（平成18年）4月から2007年（平成19年）3月までの統計において，申立件数が急増しているのが特徴的である。

	平成17年（件）	平成18年（件）	増加比（倍）
福岡家裁本庁	362	500	1.38
同支部	286	584	2.04
佐賀家裁本庁	113	358	3.16
同支部	31	78	2.51
長崎家裁本庁	46	483	10.5
同支部	81	127	1.56

大分家裁本庁	98	357	3.64
同支部	59	111	1.88
熊本家裁本庁	171	623	3.64
同支部	86	123	1.43
宮崎家裁本庁	126	236	1.87
同支部	86	198	2.30
鹿児島家裁本庁	150	227	1.51
同支部	152	392	2.57
那覇家裁本庁	108	262	2.42
同支部	95	229	2.41
全国	17,910	29,380	1.64

(a) 申立件数の漸次的増加について

 2000年（平成12年）における社会福祉事業法等の改正により，障害福祉サービスは，精神障害者へのサービスを除いて，行政がサービスの受け手を特定し，サービスの内容を決定する「措置制度」から，障害者の自己決定を尊重し，障害者自らがサービスを選択し，事業者との対等な契約関係に基づいて，契約によりサービスを利用する「支援費制度」に移行した。支援費制度とは，身体障害者（児）及び知的障害者（児）が，その必要に応じて市町村から各種の情報提供や適切なサービス選択の為の相談支援を受け，利用するサービスの種類ごとに支援費の支給を受け，事業者との契約に基づいてサービスを利用できる制度であり，2003年（平成15年）4月に施行され，さらに，2006年（平成18年）4月には障害者自立支援法へと移行した。

 そして，かかる制度においては，契約が重要な要素となることから，本人の意思能力に問題がある場合，成年後見制度の利用は欠かせないものとなるのであり，成年後見の申立件数が増加している根本的原因はここにある。

 なお，2000年（平成12年）の民法改正において，成年後見等の制度を利用しやすいようするべく整備したのは，上記支援費制度に対応するためである。

(b) 2006年度（平成18年度）における後見申立件数の急増について

・介護保険法の改正（2005年〔平成17年〕6月改正，2006年〔平成18年〕

4月施行)

　改正介護保険法により，65歳以上の高齢者を対象に包括的支援事業を行う機関として，全国の市区町村で地域包括支援センターが発足し，包括的支援事業（介護保険法115条の39第1項）を行うようになった。

　包括支援事業とは，①総合相談・支援，②介護予防マネジメント，③包括的・継続的マネジメント，④権利擁護であり，運営主体は，市町村，在宅介護支援センターの運営法人，その他市町村が委託する法人であり，職員体制は，保健師，経験ある看護師等，主任ケアマネ，社会福祉士等からなり，多職種連携によるネットワーク形成機能が働くよう設計された。

　そして，成年後見制度に関して，地域包括支援センターの職員は，地域からの通報，相談，実態調査などから制度利用が必要と思われる方々にかかわり，市町村長申立て等につなぐ役割を果たす。

　関連業務として，①成年後見制度普及のための広報等，②成年後見制度の利用に関する選別判断（スクリーニング），③成年後見制度の利用が必要な場合の申立支援，④診断書の作成や鑑定に関する地域の医療機関との連携，⑤成年後見人等となるべき者を推薦できる団体等との連携を行う。

　なお，市町村申立そのものについては，自治体がするものであり，地域包括支援センターは対象者に成年後見制度の利用が適当であるという判断をし，自治体にその旨を伝え，情報を伝達する役割を果たすにとどまる。

　また，改正介護保険法により，高齢者等に対する虐待の防止及びその早期発見その他権利擁護のため必要な援助等の事業が市町村の必須事業とされるようになった（介護保険法115条の38第1項4号）。

　この事業の内容として成年後見制度を円滑に利用できるよう制度に関する情報提供を行い，成年後見制度に関わる団体等の紹介を行うことが挙げられている。

　以上のように，改正介護保険法により，市町村を軸とした成年後見申立支援の仕組みが確立されたことが成年後見申立の急増の一因であると考えられる。

・障害者自立支援法

　障害者自立支援法は，従来，身体障害，知的障害，精神障害と障害別に組み立てられてきた障害行政を，種別を越えて一元化するものである。特に，これまで都道府県と市町村に分かれていた行政の実施主体も市町村に一元化

し,市町村の責任を明確にするとともに,これまでの支援費制度では対象とされてこなかった精神障害者も対象とした。なお,費用については,それまでの応能負担に基づく支援費制度に代わり,原則的に利用者負担を1割とする応益負担に基づく制度になっている。

この法律においても,介護給付費や訓練等給付費などの個別給付制度に加え,地域生活支援事業を制度化し,相談支援事業の強化を図っている。地域生活支援事業の中で,市町村は権利擁護事業を実施しなければならないこととされた。

そして,障害者自立支援法の全面施行(2006年〔平成18年〕10月)を契機とする施設入所者(重症心身障害児が主)からの集団申立てが増加したことが,2007年度(平成19年度)の後見申立件数の急増の最大の原因であると考えられる。

・高齢者虐待防止法の施行

2006年(平成18年)4月1日から高齢者虐待防止法が施行された。

この法律は9条2項で虐待の通報等があった場合,市町村長は養護者による虐待の防止及び高齢者の保護を図るため適切に老人福祉法32条による審判の請求(市町村長による成年後見等開始申立)をするものと規定した。

27条2項では,財産上の不当取引被害を受け,また受ける可能性のある高齢者について適切に老人福祉法32条の規定により審判の請求をするものと規定した。

さらに,28条では,国及び地方公共団体は成年後見制度の周知のための措置,成年後見制度の利用にかかる経済的負担の軽減のための措置等を講ずることにより,成年後見制度が広く利用されるようにしなければならない旨定めている。

(2) 審理期間

審理期間については,概ね短縮傾向にある。

審理が4ヵ月以内に終局した事件の割合は次のとおりである。

平成12年	61%
平成13年	50%
平成14年	56%
平成15年	62%
平成16年	67%

平成17年	72%
平成18年	83%

(3) 申立人と本人の関係及び本人の男女別・年齢別割合

(a) 申立人と本人との関係については，2006年（平成18年）3月までの統計では，本人の子が1番多く，次いで，本人の兄弟姉妹が続き，本人の配偶者及び親のいずれかが，3番目及び4番目であったが，2006年（平成18年）4月から2007年（平成19年）3月までの統計では，本人の親，本人の子，本人の兄弟姉妹，本人の配偶者の順となっているのが特徴的である。

申立人	子	兄弟姉妹	配偶者	親
平成12年	40%	17%	19%	10%
平成13年	39%	19%	16%	9%
平成14年	37%	19%	14%	11%
平成15年	36%	19%	12%	13%
平成16年	36%	19%	11%	13%
平成17年	37%	18%	11%	12%
平成18年	26%	19%	7%	31%

(b) 本人の男女別・年齢別割合については，2006年（平成18年）3月までの男性の統計では70歳代及び80歳代の高齢者が上位を占めていたのに対し，2006年（平成18年）4月から2007年（平成19年）3月までの統計では，30歳代及び40歳代が上位を占めているのが注目される。

男性	20歳未満及び20歳代	30歳代及び40歳代	50歳代及び60歳代	70歳代及び80歳代
平成12年	7%	20%	41%	32%
平成13年	6%	20%	38%	36%
平成14年	7%	21%	36%	36%
平成15年	8%	28%	33%	36%
平成16年	7%	23%	34%	36%
平成17年	7%	22%	30%	41%
平成18年	13%	35%	24%	29%

(c) このような，2006年度（平成18年度）における本人と申立人との関係，本人の男女別・年齢別割合の変化は，障害者自立支援法において，新たに精神障害者も支援の対象となり，施設との契約の必要が生じたことで，施設単位による集団申立が特に中年の精神障害者の親によって多数なされたことに起因すると考えられる。

(4) 申立人と本人の関係

申立人と本人との関係について，市町村長申立の件数が，わずかずつではあるが，年々増加している。

増加原因として，①成年後見制度利用支援事業（地域生活支援業），②地域包括支援センターの発足，③改正介護保険法，障害者自立支援法，高齢者虐待防止法などの法が整備されたことが挙げられる。

	市町村申立の割合	市町村申立件数
平成12年	0.5%	23件
平成13年	1.1%	115件
平成14年	1.9%	258件
平成15年	2.5%	437件
平成16年	3.0%	509件
平成17年	3.3%	669件
平成18年	3.1%	1,033件

3 九弁連管内の各単位会所属の弁護士及び大分県内の司法書士へのアンケート

(1) はじめに

弁護士は法律の専門家として，成年後見事件に，申立人代理人・後見人のいずれの立場からも関与するし，現に申立人代理人や後見人に就任せずとも，これらの者から相談を受けることは決して少なくない。

また，司法書士は，弁護士と同様に法律の専門家であるし，「社団法人成年後見センター・リーガルサポート」が設置されており，積極的に成年後見事件に関与している。

このように，日々の業務において，成年後見事件に法的な側面から携わっている弁護士や司法書士が，成年後見制度の実態をどのように受け止めてい

るのかを調査・検討することによって，身上監護等を中心に成年後見事件に携わる者とは異なった視点から，成年後見制度の現状に迫ることができるといえる。

(2) アンケートの実施

2008年（平成20年）4月から5月頃にかけて，九弁連管内の弁護士及び大分県司法書士会の司法書士を対象にアンケートを行った。弁護士に対しても司法書士に対してもいずれも同じ内容である。アンケートは，申立人，申立書作成代理人等といった申立時に関するアンケートと，後見人・保佐人・補助人（以下「後見人等」という）に就任している方に対するアンケートの2種類のアンケートを行った。申立時に関するアンケートは，事件ごとではなく回答者ごとに1通のアンケート形式とし，後見人等に対するアンケートは担当事件ごとに1通のアンケートを行った。申立時に関するアンケート138通，後見人等に対するアンケート150通を回収したが，後見人等に対するアンケートも，1通にまとめて回答をしているものもあり，回答数の合計が必ずしも150にはならず，回答数は延べ数となっている。

今回のアンケートは，弁護士のみならず司法書士も対象にしたため，弁護士の取り扱い案件と司法書士の取り扱い案件につき総合的に比較検討することも検討した。しかしながら，アンケートに回答した司法書士が大分県司法書士会の会員だけであり弁護士のアンケート母数に比較して僅少であって，比較対象とするのに適した回答数を得られているわけではないと考えられる。また，弁護士の回答についても弁護士会によっても回答にばらつきがあるように見受けられるので司法書士との回答を比較検討するのに適切ではないと考えられる。そこで，弁護士と司法書士の回答全般にわたって比較検討することはしなかった。もっとも，いくつかのポイントにつき，弁護士と司法書士との間で顕著な差が生じている箇所もあったため，その箇所については適宜紹介することとした。

(3) アンケート結果—申立人・申立作成代理人向けアンケート—

(a)　あなたが成年後見制度の申立を選択すべきと判断するに至ったのはどういった理由からですか（複数回答可）。
　①入所している施設と契約を締結するため
　②点検商法や訪問販売による被害を防止するため

```
③サラ金等からの借金を防止するため
④親族もしくは被申立人の身の回りに申立人の資産を浪費・隠匿・
  横領等する（おそれのある）者がいるため
⑤その他（　　　　　　　　　　　　　　　　）
```

【弁護士・司法書士回答合計】(回答数211)
　①14%（回答数29）　②11%（回答数24）　③9%（回答数18）
　④37%（回答数79）　⑤29%（回答数61）
　なお，⑤に「これから入所する施設と契約するため」という回答が2つあったが，これは上記①に含めた。
［自由回答欄（⑤）の主な回答］
　遺産分割の必要5%（回答数12）　訴訟・調停の必要7%（回答数17）
　交通事故等の損害賠償請求の必要2%（回答数4）
【司法書士回答】(回答数31)
　①23%（回答数7）　　②16%（回答数5）　　③7%（回答数2）
　④19%（回答数6）　　⑤35%（回答数11）
［自由回答欄（⑤）の主な回答］
　遺産分割の必要10%（回答数3）　　訴訟・調停の必要0%（回答数0）
　登記意思確認・不動産売却の必要性19%（回答数6）

(b)
```
後見人・保佐人・補助人は誰が選任されましたか。
①配偶者　②子　③親
④配偶者以外の親族（具体的な続柄　　　　）
⑤弁護士　⑥司法書士　⑦社会福祉士
⑧その他（　　　　　　　　　　　　　　　）
```

【弁護士・司法書士回答合計】(回答数216)
　①10%（回答数23）　②27%（回答数58）　③7%（回答数15）
　④14%（回答数30）　⑤28%（回答数61）　⑥10%（回答数21）
　⑦1%（回答数2）　　⑧3%（回答数6）
【司法書士回答】(回答数32)
　①13%（回答数4）　　②31%（回答数10）　③9%（回答数3）
　④25%（回答数8）　　⑥22%（回答数7）　　⑤⑦⑧0%（回答数0）

(c)
> 専門家ではない親族等が後見人等に選任された場合において，後見人等において後見人等の職務において大変である，煩わしいと感じていると相談を受けたことがありますか。あれば具体的に教えてください。
> ①ない
> ②ある(　　　　　　　　　　　　　　　　　　　　)

【回答】
　①65%(回答数88)　　②25%(回答数33)　　無回答10%(数14)

(d)
> 専門家が後見人等に選任された場合は，その専門職は何ですか。また専門家が選任されたのはどういった理由からですか。
> ア　専門職の別
> 　①弁護士　　②司法書士　　③社会福祉士
> 　④その他(　　　　　)

【回答】(回答数99)
　①73%(回答数72)　　②24%(回答数24)　　③3%(回答数3)
　④0%(回答数0)

> イ　専門職が選任された理由
> 　①親族間で財産関係に関する争いがある
> 　　(争いの具体的内容　　　　　　　　　　　　　　　　　)
> 　②親族間での争い以外の法的紛争が存在する
> 　　(争いの具体的内容　　　　　　　　　　　　　　　　　)
> 　③配偶者や子など，血縁の近い親族がいない
> 　④血縁の近い親族はいるが，後見人として適任といえる者がいない(親族を後見人にできない理由　　　　　　　　　　　)
> 　⑤その他(　　　　　　　　　　　　　　　　　　　　　　)

【回答】(回答数120)
　①52%(回答数63)　　②8%(回答数10)　　③14%(回答数17)
　④18%(回答数21)　　⑤8%(回答数9)

(4) アンケート結果―後見人等向けアンケート―

(a)
> あなたが就いている後見人・保佐人・補助人等の別を教えてください。
> ①後見人　②保佐人　③補助人

【回答】(回答数157)
　①80%(回答数126)　②11%(回答数18)　③8％(回答数13)

(b)
> ア　被後見人等の本人はどこで生活をしていますか。
> ①自宅
> ②病院
> ③施設（具体的にはどのような施設か　　　　　　　　　　）

【回答】(回答数166)
　①16%(回答数27)　②39%(回答数65)　③45%(回答数74)

> イ（上記アで①自宅と回答した方は回答してください）
> 　自宅で生活しているのに，どうして親族等が後見人等に選任されていないのですか。
> ①療養監護のできる同居の親族はいるが，重要な法律行為をすることができる能力が欠けている。
> ②被後見人等の本人は，日常生活を送ることができるだけの判断能力はあり，自宅で単身生活を送っている。
> ③その他（　　　　　　　　　　　　　　　　　　　　　　）

【回答】(対象回答27)
　①37%(回答数10)　②15%(回答数4)　③30%(回答数8)
　無回答18%(数5)

(c)
> ア　後見人等はあなたは単独で選任されていますか，それとも複数選任されていますか。複数選任されている場合は，あなた以外の方の専門職名，親族等の場合は本人との続柄を教えてください。
> ①単独選任
> ②共同選任（共同選任者の専門職名・続柄　　　　　　　　）

第4章　成年後見制度の現状と課題

【回答】(回答数148)
　　①82%(回答数122)　　②18%(回答数26)
［共同選任者の内訳］(対象回答26)
　　社会福祉士23%(回答数6)　　親族65%(回答数17)
　　弁護士(弁護士の複数選任)8%(回答数2)　　無回答4%(数1)

> イ　共同選任されたのはどうしてですか。
> 　（　　　　　　　　　　　　　　　　　　　　　）

監護の必要性について記載した回答　13
事件の紛争性による専門家後見の必要性について記載した回答　11

> ウ　共同選任者はどのように仕事の分担をしていますか。
> 　（　　　　　　　　　　　　　　　　　　　　　）

【回答】(対象回答26)
　　法律問題と監護65%(回答数17)　　決めていない4%(回答数1)
　　複数弁護士による共同受任事案4%(回答数1)　　無回答27%(回答数7)

(d)
> （親族等が共同選任者となっていない場合）親族が後見人等に選任されなかったのはどうしてですか。
> 　①親族間で財産関係に関する争いがある
> 　　（争いの具体的内容　　　　　　　　　　　　）
> 　②親族間での争い以外の法的紛争が存在する
> 　　（争いの具体的内容　　　　　　　　　　　　）
> 　③配偶者や子など，血縁の近い親族がいない
> 　④血縁の近い親族はいるが，後見人として適任といえる者がいない
> 　　（親族が適任でない理由　　　　　　　　　　）
> 　⑤その他
> 　　（　　　　　　　　　　　　　　　　　　　　）

【回答】(回答数139)
　　①41%(回答数57)　　②11%(回答数15)　　③19%(回答数27)
　　④20%(回答数28)　　⑤9%(回答数12)

(e)
> 被後見人等の本人の身上監護はどのようにして行われていますか。
> ①病院・施設に任せている。
> ②同居の親族に任せている。
> ③共同選任の社会福祉士に任せている。
> ④共同選任の親族に任せている。
> ⑤その他（　　　　　　　　　　　　　　　　　　　　　　　）

【回答】(回答数162)
　①41%(回答数115)　　②11%(回答数19)　　③19%(回答数6)
　④20%(回答数11)　　⑤9%(回答数11)
［⑤の内訳］
　別居の親族(回答数7)　　後見人等の関与(回答数3)　　無回答(数1)

(f)
> 後見人等の報酬はどの程度ですか。以下にあてはまるものすべてについて回答してください。
> ①1月あたりなど一定期間単位で報酬を定めている場合
> 　1月あたり（　　　　　　　　）円
> ②特定の紛争のみを処理して，その後は親族等に引きつぐなど事件あたりで報酬を定めた場合
> 　事件あたり（　　　　　　　　）円
> ③その他
> 　どのような事件，どのような処理をするのを目的としていたか
> 　（　　　　　　　　　　　　　　　　　　　　　　　　　　）
> 　具体的金額（　　　　　　　　　　）円

【回答】(回答数111)
　①34%(回答数38)　　②6%(回答数7)　　③60%(回答数66)
　①の平均　　　1月あたり30,814円
　①の最高額　　1月あたり70,000円
　①の最低額　　1月あたり1,500円
　②,③平均　　　1件あたり1,398,333円
　②,③最高額　　1件で11,000,000円

②,③最低額　　　　1件で100,000円

(g)
> 報酬の主たる原資はどのようなものですか (複数回答可)。
> ①年金(分かれば年金の種別を記載してください　　　　　　　　)
> ②遺産等, 被後見人等自らが築き上げた財産ではない財産
> ③被後見人等が稼働するなどして自ら築き上げていた財産
> ④その他(　　　　　　　　　　　　　　　　　　　　　　　)

【回答】(回答数163)
　①44%(回答数71)　　②22%(回答数36)　　③23%(回答数38)
　④11%(回答数18)

(h)
> 後見人等の仕事については，利益が上がる，もしくは少なくとも採算がとれるよい仕事だと考えていますか，それとも利益にはならない仕事だと考えていますか。少なくとも採算のとれる仕事だと考えている方はアにつき，利益にはならない仕事だと考えている方はイにつき回答してください。
> ア　採算のとれる仕事である
> イ　採算をとるのは困難な仕事である
>
> ア　採算がとれると考えている方はその理由 (複数回答可)
> 　①親族等の適当な候補者がいなかったから選任されただけであり，特段困難な問題に直面したことはなく，安定した収入源となる。
> 　②忙しいのは受任した直後だけで，その後はあまり忙しいこともないので安定した収入源になる。
> 　③困難な法的問題は存在するが，その問題を解決するための費用は通常の弁護士費用等と同程度の報酬が認められており，決して全く採算のとれない仕事ではない。
> 　④その他(　　　　　　　　　　　　　　　　　　　　　　　)
> イ　採算がとれない仕事だと考えている方はその理由(複数回答可)
> 　①特段の蓄え等もない上年金しか収入がないので報酬の原資に乏しい。

> ②解決すべき法的紛争が数多くありすぎる。
> ③日常の身上監護をしなければならず，仕事量の割に報酬が合わない。
> ④その他(　　　　　　　　　　　　　　　　　　　　　　　　)

【弁護士・司法書士合計のア・イの別に関する回答】(対象回答132)
　ア45％(回答数60)　　　イ51％(回答数67)
　無効回答4％(数5)(ア・イいずれにも回答した者は無効回答とした)
【弁護士のア・イの別に関する回答】(対象回答118)
　ア50％(回答数59)　　　イ47％(回答数55)
　無効回答3％(数4)(ア・イいずれにも回答した者は無効回答とした)
【司法書士のア・イの別に関する回答】(対象回答132)
　ア7％(回答数1)　　　　イ86％(回答数11)
　無効回答7％(数1)(ア・イいずれにも回答した者は無効回答とした)
［アの回答の内訳］(回答数82)
　①41％(回答数14)　　②11％(回答数26)　　③19％(回答数30)
　④20％(回答数12)
［④その他の自由記載欄の回答内容］
- 案件によっては採算はとれるが，大半は採算がとれない。
- 月に一度病院への支払と医療補助の申請に市役所へ行く。
- 後見終了時点で裁判所の決定で相応の報酬がもらえるものと期待している。
- 報酬の基準がよく分からないが，破産管財事件よりはやや採算は低い。弁護士が選任される場合は，法律問題があるので，それなりの報酬が必要。
- 仕事に応じた額を裁判所が決定してくれると思います。
- ケースバイケースではあるが，ある程度資産のあるケースは費用倒れにはならないと思われる。身上監護については福祉ネットワークをどう活用するかの工夫が求められる。死亡に際しての預金の取り扱い，治療行為等についての権限が建前上ないとされているなど，制度面の改正が必要である。(心理的負担となるが，経済的負担ではない)
- 現段階で報酬を受けてないので判断できない。

・あまり採算ベースで考える仕事ではないように思う。
・就任したばかりで報酬請求はしていない。
・まだ報酬をもらってないがさして手間はない。

［イの回答の内訳］（回答数109）

　①38%（回答数41）　　②27%（回答数30）　　③14%（回答数15）
　④21%（回答数23）

［④その他の自由記載欄の回答内容］
・生活保護を申請する場合には報酬が出ないのではと思う。
・関係者の意見の調整が困難。
・後見人報酬額が低い。
・月に一度半日つぶしていくので報酬が高いかどうか不明。裁判官からおだてられてなったようなもので奉仕。
・被後見人が親族であったので引き受けた。採算については分からない。
・報酬の基準が不明確で請求しにくい。
・報酬の請求はしにくい。ボランティアとして遂行するしかない。
・日常の雑務が結構多く，割と時間をとられる。
・法定相続人の主張に対する対応，賃貸物件の管理等が非常に煩雑だった。
・兄弟からの様々なトラブルに巻き込まれる。
・私自身が担当している事件が，採算という点で報酬が少額であるということだけである。
・弁護士登録をして間もない頃，訳も分からず受任させられ，今に至っており，割に合うも何も報酬の話を一切しておらず，完全に赤字です。(被後見人が亡くなったときに報酬の請求を考えています。)
・後見人の権限が弱すぎて，弁護士が独自に動き回らなければならないことが多い。
・財産の調査や積立金の満期処理，金融機関との交渉など煩わしい。後見人に選任されることは一種のボランティアだと思う。
・身上監護以外の雑務があり，労力と時間をとられる。採算がとれないわけではないが，事務量と比し，わずかというところか。
・紛争性の強い事案では対立している親族の双方から後見人である当職になんだかんだと執拗に電話で不平不満をぶちまけられる。これを全く無

視することもできず，まともにきいているとあれやこれやといろんな要求をぶつけてくる。あげくは後見人解任申立までされて，いちいち書類を作って反論・説明しなければならなくなるなど，とてもやりきれない感がある。
- 採算を考えて後見人になるわけではなく，すべてを裁判所の意見に従っている。
- まだ報酬をもらっていないので具体的に採算がとれるかどうか分からないが，他の弁護士の事例をきくと極めて低額の報酬しかもらえていない。
- 事案によるが，親族からのクレーム対応に追われる。
- 年金を支払っていないので年金受給権もなく，現在の預金が底をつけば，生活保護に切り替える予定。そのような人からどうやって報酬をもらえというのか分からない。
- 施設が監護するので報酬はもらっていない。

(5) アンケート分析結果―申立人・申立作成代理人向けアンケート―
(a) 制度の利用目的

　後見開始申立・保佐開始申立・補助開始申立（以下「後見等開始申立」という）を行った理由としては，親族等の財産の使い込みが37％と最も多く，点検商法等（11％）やサラ金（9％）の消費者被害防止が20％と続く。施設等との契約のためというケースは14％となっていて，全体に占める割合は決して多くない。

　これに対し，司法書士の回答においては登記意思確認・不動産売却という法律行為目的というものの数が19％をも占め，契約を行うために成年後見制度を利用しているケースが多いことが明らかとなった。反対に，訴訟等の手続のために成年後見制度を利用するというケースは，全体では7％も占めているのに，司法書士では1件もなかった。

　弁護士が親族等の財産の使い込みや消費者被害などといった具体的問題を処理するために訴訟活動も視野に入れ成年後見制度を利用していることが多いのに対し，司法書士は登記手続を行うために成年後見制度を利用していることが多いためであろうと考えられる。弁護士と司法書士のそれぞれの仕事の違いが端的に現れている。

(b) 後見人等に選任された者

選任者は配偶者・子・親・その他親族を含めると，親族が58％を超えた。専門家には，弁護士が28％，司法書士が10％，社会福祉士が2％という数字であった。

このうち，司法書士が手続に関与した場合については，78％が配偶者・子・親・その他親族が78％を占め，残りの22％すべてが司法書士であって，弁護士が選任されたケースがなかった。これは，前記(1)に記載のとおり，司法書士が成年後見制度を利用する目的として登記意思確認のため等が大きな理由を占めるということにも由来していると考えられる。

(c) 後見人等の職務についての相談事例

専門家ではない者が後見人等に選任された場合の後見人等の職務に関し，相談を受けたことがあるという者が25％もあった。その内容として，報告書の作成等について相談を受けるというものが多かった。実に4人に1人が後見人等の事務について弁護士や司法書士に相談をしていることになるが，後見人等の報告書の作成自体については決して難しい内容となっていないことからすると，申立時や後見開始決定時に相談を受けている専門家や家裁が今後の後見人等の事務について十分に説明をしていなかったケースもあるのではないかと考えられる。

(d) 専門職の選任について

後見人等に選任される専門家としては，弁護士が73％，司法書士が24％，社会福祉士が3％という割合であった。

専門職が選任された理由として，家族間の紛争がある場合が52％と最も多く，親族間の争い以外の法的紛争についても8％もあった。また血縁の近い親族がいない（14％），血縁の近い親族はいるが後見人として適任といえるものがいない（18％）といったように適当な近親者がいないというものもが32％を占めた。

(6) アンケート分析結果－後見人等向けアンケート

(a) 後見人等の別

成年後見制度において，弁護士や司法書士が選任されている職務としては，後見人が80％と大半を占め，続いて保佐人12％，補助人8％となった。

(b) 身上監護

被後見人，被保佐人，被補助人（以下「被後見人等」という）については39％が病院に，45％が施設に入院・入所しており，自宅にて生活している

ケースは16％にとどまる。それ故，身上監護については病院・施設に任せているというケースが全体の41％にものぼる。

また全体の18％程度ではあるが後見人等が共同選任され，その共同選任者は親族が65％，社会福祉士が23％と占めて，共同選任者に身上監護を任せているケースもある。

以上のように，弁護士等が後見人等に選任された場合，その多くが身上監護は病院や施設に任せるか，共同選任者である親族や社会福祉士に任せるか，もしくは共同選任はされていないけれども親族に任せるかしているケースが大半を占め，弁護士等が身上監護を行わなければならないケースは非常に少ないことが明らかになっている。

もっとも，回答数162のうちの3件，全体の約1.9％だけという少ない数ではあるが，身上監護について弁護士等が行わなければならない事案も存在する。

(c) 報酬

報酬については，今回のアンケートで特に問題点が浮き彫りとなったといえる。即ち，全体の51％もの後見人等が採算がとれないと考えているということである。事件によっては，紛争を解決し，財産を回復したことにより，その財産を源資として相応の報酬が認められた事案も存在する。しかし，基礎年金しか収入がない高齢者・障害者や生活保護受給者について，専門家の後見人等への報酬を支払うべき源資がなく，まったく報酬が見込めない事案が多数存在する。報酬に関する自由記載欄を見ると，「弁護士登録をして間もない頃，訳も分からず受任させられ，今に至っており，割に合うも何も報酬の話を一切しておらず，完全に赤字です。(被後見人が亡くなったときに報酬の請求を考えています。)」だとか，「年金を支払っていないので年金受給権もなく，現在の預金が底をつけば，生活保護に切り替える予定。そのような人からどうやって報酬をもらえというのか分からない。」だとかいった，悲痛な意見もあった。「あまり採算ベースで考える仕事ではないように思う」，「報酬の請求はしにくい。ボランティアとして遂行するしかない」，「後見人に選任されることは一種のボランティアだと思う」と割り切った回答もいくつかあった。

4　各種施設へのアンケート結果

(1)　アンケート調査の実施

　本書作成に当たり，2008年（平成20年）4月から5月にかけて，大分県下の，老人施設，身体障害者施設，精神障害者施設，知的障害者施設，地域包括支援センター（合計174団体）に対し，後掲するようなアンケート調査を実施した。

　自由記載欄への回答を除くアンケート調査の結果については，別表1，2にまとめているとおりである。

(2)　成年後見制度利用割合，申立人・代理人・後見人の内訳等

(a)　成年後見制度利用件数

　別表1には，成年後見事務を取り扱っていない地域包括支援センターを除き，各種施設を老人，知的障害，身体障害に分類し，回答のあったすべてのアンケート調査の結果を掲載している（精神障害者施設からは回答がなかった）。

　同結果によれば，知的障害者施設が他の施設に比べて，比較的成年後見制度の利用割合が高いものの，それでも，入所者の1割にも満たない施設がほとんどであった。

　この数字に加え，後述のとおり，多くの施設等が，成年後見制度利用の必要性を感じる場合に利用できていないと回答していることからして，成年後見制度の利用件数は，本来利用されるべき件数からは大きくかけ離れた，僅少な件数にとどまっていることが窺われる。

(b)　弁護士の関与について

　成年後見制度における弁護士の関与については，各種施設に対するアンケート調査の結果によれば，後見人として関与するよりも申立段階で関与する事例の方が圧倒的に多いようである。

(3)　成年被後見人の生活場所について

　今回実施したアンケートが，施設を対象としたものであったため，当然ながら施設入所者が多く見られた。

　なお，最高裁判所事務総局家庭局による「成年後見関係事件の概況」（平成16年4月から平成17年3月）によれば，後見開始，補佐開始，補助開始及び任意後見監督人選任事件の終局事件のうち，本人が病院に入院している割合が約34％，老人ホームに入所している割合が約22％，家族等と同居が約21％，一人暮らしが約7％，その他が約16％であった。

(4) 成年後見制度利用の必要性について
(a) 必要性を感じる場合について
　各施設において，成年後見制度利用の必要性を感じる場合としては，やはり，「施設と契約するため」というものが多いが，老人施設の場合，「親族もしくは本人の身の回りに申立人の資産を浪費・隠匿・横領等する（おそれのある）者がいるため」というものが最も多かった。
　成年後見制度の利用をめぐっては，遺産相続の前哨戦という側面が指摘されることもあるが，アンケート調査の結果からも，高齢者の財産をめぐって親族間において紛争が発生するケースは，少なくないことが裏づけられている。
　選択肢には含まれていない，その他欄に記載があった事情としては，
　・（選択肢のような特段の事情がない場合でも）一般的に財産を管理して欲しい場合（通帳の解約等）
というものが多かったが，中には，現状の制度の射程外ではあるものの，かねてから賛否両論渦巻く，
　・治療について，判断能力を有しない本人に代わって判断して欲しい場合
というものもあり，今後の検討課題であるといえる。

(b) 必要性を感じる場合に利用できているかについて
　半数以上の施設等が，成年後見制度の利用が必要であると感じていても，利用できていないと回答している。特に，回答があった地域包括支援センターの多くがこのような感想を抱いていることからして，日々接している各地域の高齢者や障害者に，成年後見制度利用の必要性を感じても，適切に申立てまでたどり着かせることができていない実情が浮かび上がってくる。
　このように，成年後見制度の必要性を感じつつ利用ができない原因としては，
　・本人が認知症である自覚がないために拒否をする。
　・親族間に軋轢が生じているために話が進まない。
といった個別の事例における事情も指摘されていたが，多くの意見は，
　・市町村長申立の予算枠が少ない。
　・費用も時間もかかる。
　・成年後見制度が周知されていないため，受け入れられない。
といった，成年後見制度そのものや，その運用に関わる問題点の指摘であっ

た。

また，

・後見人候補者がいない。

という，一見，個別の事例における事情のように思えるものの，実際には，後見人候補者を支給する仕組みが施設に周知されていないという，制度の運用に関する問題点の指摘もあった。

他方，必要と感じる場合に利用できているとする回答では，具体的に制度を利用しやすいと感じている事情を記載しているものは見受けられなかった。

なお，顧問弁護士や社会福祉士を相談窓口として確保している施設であっても，必要と感じる場合に利用できていないとする回答をしているものが複数あり，多くの施設が直ちに専門家へ相談できる態勢を確保することは必要であるが，それだけでは解決し得ない，成年後見制度やその運用自体に根深い問題があることが窺われる。

(5) 専門職選任について

専門職が選任される場合として，最も多かったのは，「配偶者や子など血縁の近い親族が（身近に）いない」というものであり，この場合に選任される専門職は，ほとんどが社会福祉士であった。

他方，その他の選択肢も含め，いずれのケースについても，弁護士が選任されているものは極めて少なく，司法書士が選任されているものが若干数認められた。

専門職に相談する必要性を感じた場合の相談先として，最も多かったのは顧問弁護士であり，他には地域包括支援センターに相談するという施設も複数見られた。

(6) 市町村長申立てについて

アンケート調査の結果では，ほとんどの施設が市町村長申立制度自体は認識しており，その経緯としては，研修の際に知ったというものが多かった。

その他，当該制度を知った経緯として，パンフレット，インターネット，市の担当者からの説明，私的勉強会といったものが挙げられていた。

このように，制度自体は周知されているものの，市町村長申立の件数についての印象に関して，回答があった施設においては，「多い」とする回答はなく，「少ない」との回答が「妥当」とする回答よりも若干多かったが，「無回答」

が半数以上を占めており，制度自体に馴染みがないというのが実態であると思われる。
　このことを裏づけるように，前述のとおり，市町村長申立件数は，ここ数年，微増傾向にあるものの，全申立件数に占める割合は，わずか３％前後で推移しているし，福岡高等裁判所管内ではほとんどの県で，成年後見関係事件全体で一桁台の申立件数にとどまっている。
　今回のアンケート調査において，市町村長申立てが少ないと感じている施設からは，「広報の不足」，「申請してから自治体が受理するまでに時間がかかる」，「制度の整備や予算の確保が不十分である」などといった指摘がなされていた。
(7)　法人後見について
　法人後見についても，回答があった施設において「多い」とする回答はなく，「少ない」との回答が「妥当」とする回答よりも多かったものの，「無回答」が半数近くを占めており，やはり，制度自体に馴染みがないというのが実態であると思われる。
　このことは，成年後見関係事件において，法人が後見人等に就任する割合が，全認容事件数に対して，2004年（平成16年）４月から2005年（平成17年）３月までが0.7％，2005年（平成17年）４月から2006年（平成18年）３月までが1.0％，2006年（平成18年）４月から2007年（平成19年）３月までが1.2％と，極めて僅少な数値で推移していることからも窺われる。
　今回のアンケート調査においては，法人が成年後見人となることについて，「その方が安定すると思われる」とか，「法人（施設）の方が専門性が高い」などと肯定的にとらえる意見の一方で，「施設入所者の場合には，入所先が後見人になることは利害関係の観点から避けるべきであり，利用できない」旨の指摘も複数寄せられており，前述のように，成年後見関係事件において，半数以上の本人が病院や老人ホームで生活している現状では，施設側が利害関係等の観点から，当該施設自身が後見人となることを避けざるを得ず，そうであるからといって，身上監護については同施設において分担できるため，他の施設（法人）を後見人として選任する必要性までは到底見出し難いのではないかと推測される。
(8)　成年被後見人の参政権ついて
　公職選挙法第11条１項柱書は，「次に掲げる者は，選挙権及び被選挙権を

第４章　成年後見制度の現状と課題　　269

有しない。」と定め，同条同項1号には，「成年被後見人」が挙げられている[8]。

　この点，各施設から寄せられた意見では，「判断能力が低下している以上，選挙権が制限されることも問題ない」というものが複数ある一方で，「参政権は国民の権利であり障害の程度によって制限されるべきではない」とか，「成年被後見人であっても判断はできるし，本人の落胆する顔を見たくない」などといった意見が多数寄せられた。

　また，「選挙権を制限することの当否は個々のケースによるため，一律に判断することはできない」との意見も複数認められた。

5　社会福祉士へのアンケート結果からみる成年後見制度の現状
(1)　社会福祉士アンケート分析

　有効回答者（成年後見人・保佐人・補助人を現在1件でも担当している者）は6名であった。

　全有効回答者の各アンケート項目ごとの総計は以下のとおりである。

(2)　「貴職が現在担当されている内訳を御回答下さい。」

　　成年後見人（27）件

　　保佐人（4）件

　　補助人（2）件

【分析結果】

　成年後見人が圧倒的に多い。本人の自立・自己決定の支援も成年後見制度の理念であることからすれば，本人保護の理念が重視される成年後見人選任に比肩する保佐人選任及び補助人選任件数があってしかるべきである。

　それもかかわらず，保佐人選任及び補助人選任件数が少ないのは，後述の具体例紹介にも挙げられているように，成年後見制度が時間的にも費用的にも使い勝手が必ずしも良いものではなく，成年後見制度を利用する必要性が極めて高くなった時点になって，やむなく成年後見人制度が利用されるという実態が背景にあるといえる。

(3)　「申立人の内訳はどのような状況ですか。」

　　本人（4）件

　　子（4）件

　　親（6）件

　　兄弟姉妹（1）件

その他の親族（2）件
　　市町村長（10）件
　　弁護士が関与（2）件
　　司法書士が関与（2）件
　　社会福祉士が関与（3）件
　　その他専門家が関与（専門家：施設職員）（4）件
【分析結果】
　本人申立てが4件あるが，いずれも保佐ないし補助の申立てと推測される。
　配偶者申立てが1件もなかったのが印象的である。
　親による申立てが6件と比較的多い。これは，知的障害者及び精神障害者に成年後見制度の需要があることを示すものといえる。
　市町村長申立てが10件と最も多いが，これは市町村申立てが広く利用されているというよりも，後述の具体例紹介でも挙げられているように，親族による申立てが逆に少ないのであって，本来成年後見制度を利用すべき人が利用できていない実態を示すといえる。

(4)　「共同受任している成年後見人の内訳はどのような状況ですか。」
　　子（2）件
　　親（4）件
　　その他の親族（2）件
　　弁護士（1）件
　　司法書士（1）件
　　社会福祉士（2）件
【分析結果】
　親との共同受任が最も多いが，いずれも，成人した知的障害者について親と共同受任するケースであると推測される。
　弁護士との共同受任が1件と少ないが，これは，社会福祉士が成年後見人に選任されるケースは，成年後見制度が，本人の財産管理・処分のため，というよりも，本人に対する身上面での支援のために利用されていることを示すものといえる。

(5)　「被後見人はどこで生活していますか。」
　　病院（5）件

施設（25）件
その他（3）件
【分析結果】
　自宅が1件もなかったことが印象的であるが，これは施設に所属する社会福祉士がアンケート母体であったことによるものと推測される。
(6)　「具体事例紹介等」
(a)　「これまで貴職が担当された成年後見人の事案で，弁護士の協力が必要である，あるいは実際に共同受任したといった事案がございましたら，ご紹介ください。」
　（保佐の事案であるが）本人が触法精神障害者で，弁護士と保佐人の共同受任をした。
(b)　「これまで貴職が担当された成年後見人の事案で，親族ではなく，貴職が選任された事情について，ご紹介下さい。」
　本人（後の被成年後見人）が受給する年金を，本人の親族が自己の利益のために費消していたことが発覚した。そこで，本人の財産保護のために成年後見人に就任した。
　本人の親族が高齢等のため，成年後見人の職務を全うできず，本人の親族が第三者後見を希望していた。そこで，後見人不在による本人の財産散逸を防止するために成年後見人に就任した。
　（保佐の事案であるが）本人が精神障害者で，精神病院に入院して問題行動を起こすことがあり，親族では対処が困難であった。
(c)　「これまで貴職が担当された成年後見人の事案で，制度の不備や職務遂行上困難を伴う事情等を感じられたことがございましたら，ご紹介下さい。」
　本人（後の被成年後見人）に収入がなく，成年後見人の報酬が見込まれない場合があった。
　市町村長申立てを求めたところ，求めた時点から成年後見人選任まで4年間もかかった。
　成年後見人を必要とする人やその親族に，成年後見制度が知られておらず，そのため成年後見人が必要な人に成年後見制度が利用されていない。
　本人（後の被成年後見人）の親族間の人間関係が悪く，ある親族に成年後見制度の利用をもちかけると，他の親族がそれに反対した。また，ある親族に成年後見制度の利用をもちかけたことで，親族間の人間関係が悪化した。

成年後見人の選任申立ての費用，そして選任申立てから選任までの時間がかかりすぎる。

被成年後見人の死後の事務に成年後見人がどこまでかかわることができるのか，その線引きに困った。

第3　成年後見制度の課題をどう乗り越えるか

1　課題のまとめ

今回行った各種アンケート結果により以下のような問題点が浮き彫りとなった。

(1) 後見等の開始に至るまで時間を要すること

成年後見事件については，一般に，審理に時間がかかるといわれており，今回のアンケート調査においてもかかる指摘が多数なされていた。

前述のとおり，「成年後見関係事件の概況」によれば，成年後見関係事件（後見開始，保佐開始，補助開始及び任意後見監督人選任事件）のうち，3ヵ月以内に終結した割合は，2003年（平成15年）4月から2004年（平成16年）3月までが約46%，2004年（平成16年）4月から2005年（平成17年）3月までが約51%，2005年（平成17年）4月から2006年（平成18年）3月までが約57%，2006年（平成18年）4月から2007年（平成19年）3月までが約73%と，全体的には，年々短縮傾向にある。

もっとも，当該統計は，鑑定を要しない補助開始事件等も含まれていることから，直ちに，原則として鑑定が要求される成年後見開始事件についても審理期間が年々短縮傾向にあることには結びつかないといえる。

そこで，次に鑑定の期間に注目すると，鑑定が実施された事件のうち，鑑定に要した期間が1ヵ月以内であった割合は，2003年（平成15年）4月から2004年（平成16年）3月までが約42%，2004年（平成16年）4月から2005年（平成17年）3月までが約41%，2005年（平成17年）4月から2006年（平成18年）3月までが約44%，2006年（平成18年）4月から2007年（平成19年）3月までが約48%であり，同じく1ヵ月超2ヵ月以内であった割合は，2003年（平成15年）4月から2004年（平成16年）3月までが約37%，2004年（平成16年）4月から2005年（平成17年）3月までが約39%，2005年（平成17年）4月から2006年（平成18年）3月までが約38%，2006年（平成18年）

4月から2007年（平成19年）3月までが約34％と，ほぼ横ばいであった。

このように，鑑定が実施された場合，依然としておよそ6割の事件が1ヵ月以上の鑑定期間を要しており，2003年（平成15年）当時から改善されていない。

(2) 市町村長申立

市町村長申立についてはその活用が久しく叫ばれている。これまでみてきたように，市町村長申立の件数は増加の傾向にあることは認められるものの，2004年（平成16年）以降，申立事件総数に占める割合は3％代前半にとどまる。各施設へのアンケート結果をみても，「市町村申立の予算の枠が小さい」，「申請してから自治体が受理するまでに時間がかかる」，「制度の整備や予算の確保が不十分である」，「市町村長申立てを求めたところ，求めた時点から成年後見人選任まで4年間もかかった」と従来から指摘されてきた問題点が相変わらず改善されていないことが浮き彫りとなっている。

(3) 医療行為

今回のアンケート調査においても，成年後見制度の問題点について，「本人が医療行為を受けるに際し，成年後見人が医療機関から同意を求められているのに，判断できないとして同意しない」旨の指摘がなされており，現場におけるもどかしさが窺われた。

(4) 本人死後の問題

具体的な調査項目に挙げていなかったものの，自由記載欄等で，社会福祉士向けアンケートでも弁護士向けアンケートでも，被成年後見人の死後の事務に成年後見人がどこまでかかわることができるのかという問題について対応に苦慮したとの回答が複数件あった。

(5) 第三者後見，特に専門家後見における報酬の問題

今回行った弁護士・司法書士向けアンケートで，後見人等に選任された半数近くの割合の方が採算がとれないと回答している。採算がとれないと回答している半分以上の事件で報酬の源資は年金であるとしている。報酬を予算化している自治体においては成年後見制度利用支援事業として，自治体から成年後見人に対して報酬相当額を補助するという制度もないわけではない。しかし，利用できる事件は市町村申立事件に限られているし，市町村申立事件であっても各自治体において予算化していなければこの制度を利用することもできないため，この制度を利用することができるケースは非常に限られ

ているといわざるを得ない。実際に今回行ったアンケート調査において，この制度によって報酬を得たとの回答は1件もなかった。つまりは，現行の制度上，被後見人等の資力が報酬を支払うに足りるだけ存在しなければ，実際上，後見人等には報酬は支払われない取扱いになっているといわざるを得ない。

(6) 身上監護

今回行った弁護士等へのアンケート結果により，九弁連管内の弁護士においては，社会福祉士や親族が共同選任となっていない場合であっても，実際上，身上監護は入所・入院している施設や病院，親族等に任せているという実態が明らかとなった。裁判所が，身上監護よりむしろ法律上の問題があるケースに関して弁護士の選任をしているということも指摘できよう。

しかし，必ずしも身上監護をあまり行わないでよいケースばかりとは限らない。民法上も療養監護に関する事務を行うこととされており（858条，861条），身上監護についても成年後見人はその責務を負っていることは明らかである。

(7) 参政権

前述のとおり，成年被後見人に選挙権を認めるか否かについては，施設に対するアンケート結果においても，賛否両論があるものの，少なくとも，成年被後見人であることを理由として，例外なく一律に選挙権を制限する現行法に疑問を感じている施設が相当数に上ることは間違いないといえる。

2 各課題への対応

(1) 従来から指摘されている問題

申立から後見開始までに時間を要すること，市町村申立の問題，医療行為の同意の問題，死後の処理の問題，報酬の問題，参政権の問題などは，既に成年後見制度開始当初から指摘されて続けている問題である。

これら問題については，日本弁護士連合会が2005年（平成17年）5月6日に「成年後見制度に関する改善提言」[9]を発表し，あるべき制度改正の方向性を明らかにしているところである。それから既に3年間経過しても，なお，何ら問題が改善されていない。早急に各関係者において検討が進められなければならない課題である。

(2) 身上監護の問題

九弁連管内の弁護士が選任されている成年後見事案においては，病院や施設に入所したり，親族や社会福祉士を共同選任とするなどして，あまり身上監護面に労力を割かなくて良い事件が多いことが明らかとなっている。
　そのような実態を踏まえると，身上監護面についての対応が困難であることを理由に成年後見の受任をためらっていた弁護士においては，考えを改め，ぜひ積極的に受任して，障害者の権利擁護の場における活躍を促したいと考える。
　もっとも，民法上身上監護も後見人が行うべき事務とされており，弁護士においてまったく身上監護に配慮しなくて良いわけはない。ケースによっては，積極的に身上監護に向き合わなければならない事件もある。実際に，少数ではあるが，今回のアンケートでも後見人等が身上監護に積極的にかかわっているという回答があったことは事実である。
　身上監護面に労力を割かなければならない事件については，弁護士の業務内容や，多くの弁護士が多忙であることに照らすと，実際上は弁護士による取り扱いが困難な事件が生じることも容易に想像し得るところである。
　ところで，アンケート結果によると，弁護士等が単独で選任されているケースが8割を超え，親族や社会福祉士が共同選任となっているケースは2割を切っている。報酬の問題がないわけではないが，共同選任とすることをもっと活用しても良いのではないかと考えられる。特に，裁判所の調査により法律問題の処理が中心であるとの説明を前提に後見人を引き受けたところ，実際の事件処理に当たっては身上監護面に大きな労力を割かねばならず，かつ当該弁護士においてそれを処理するだけの時間や能力が不足している場合においては，裁判所に申し入れて親族や社会福祉士による共同選任をするよう促すことも検討されて良い。

〈参考文献〉
- 中山福二「高齢者虐待防止法の概要と問題点」実践成年後見16号
- 中村秀一「介護保険法改正と障害者自立支援法の制定」実践成年後見17号
- 厚生労働省社会・援護局障害保健福祉部企画課「障害者自立支援法による改革」実践成年後見17号
- 加藤正泰「知的障害者施設における成年後見制度について」月報司法書士387号
- 大塚昭男「『成年後見関係事件の概況』を読む」月報司法書士428号

- 赤沼康弘, 鬼丸かおる編著『成年後見の法律相談』(学陽書房, 改訂版, 2007)

1 厳密にいえば, 「成年後見制度」という語は, 未成年後見制度と対比される語である。また, 成年後見制度という場合には, 法定後見制度(補助, 補佐, 後見の3類型)と任意後見制度の両方を含む場合もある。本章では, 主として, 法定後見制度の問題をとりあげ, その現状と課題を検討していく。したがって, 成年後見制度という語を使用する場合には, 法定後見制度(補助, 補佐, 後見の各制度)を意味している。

2 禁治産・準禁治産制度の問題点としては, 戸籍への記載, 資格制限, 手続きの厳格さ, 鑑定費用の負担等が指摘されていた。例えば, 田山輝明『成年後見読本』(三省堂, 2007) 47〜49頁を参照。

3 例えば, 「成年後見制度と立法過程―星野英一先生に聞く―」ジュリスト1172号2頁以下を参照。

4 なお, 判断能力の不十分な者を援助する制度としては, 他に任意後見制度, 地域福祉権利擁護事業等がある。しかし, これらの制度は, 基本的に契約締結時に本人に十分な判断能力があることが想定されている。

5 第1部第2章第2を参照。

6 第1部第2章第3を参照。

7 田山・前掲注(2) 7頁。

8 大分市選挙管理委員会に問い合わせたところ, 公職選挙法11条に該当する場合, 選挙人名簿には掲載されるものの, 参政権が制限されている旨の表示がなされるとのことであり, 成年被後見人に関していえば, 本籍地からの通知によって, 当該表示をなすとのことであった。したがって, 通常, 成年被後見人には, 投票所への入場券自体送付されない扱いであるため, 成年被後見人に入場券が送付されるのは, 本籍地からの通知漏れや, 入場券の送付手続後に成年後見開始決定を受けたといった限られたケースであろう。

9 日本弁護士連合会ホームページに掲載されている。(http://www.nichibenren.or.jp/ja/opinion/report/data/2005_31.pdf)

別表1　成年後見制度の実態に関するアンケート結果1
（成年後見制度利用割合，申立人・代理人・後見人の内訳等）

＊精神障害者施設からは回答が寄せられなかった。
＊地域包括支援センターは，後見事務を扱っていないため，本表からは除外している。

種類		老　人																
所在		大分	大分	大分	大分	大分	大分	大分	大分	別府	別府	別府	別府	別府	中津	宇佐	杵築	佐伯	小計
入所者数・利用者数（人）		35	43	50	92	100	50	43	54	80	50	50	50	50	71	50	39	56	1013
成年後見利用者数（人）		2	1	3	5	1	0	0	2	3	2	0	2	1	4	0	1	3	31
成年後見利用割合（％）		5.7	2.3	6.0	5.4	1.0	0.0	0.0	3.7	3.8	4.0	0.0	4.0	2.0	5.6	0.0	2.6	5.4	3.1
申立人（人）	本人	0	0	0	0	0	0	0	0	0	0	0	1	0	0	0	0	0	1
	配偶	0	0	0	0	0	0	0	0	0	0	0	0	0	0	0	0	0	0
	子	0	0	1	3	0	0	0	1	0	0	0	0	0	1	0	0	0	6
	親	0	0	0	0	0	0	0	0	0	0	0	0	0	0	0	0	0	0
	兄弟	0	0	1	1	0	0	0	1	0	0	0	0	0	0	0	0	1	4
	他親	0	0	0	0	1	0	0	0	2	0	0	0	0	3	0	1	1	8
	市町	0	0	0	0	0	0	0	1	0	0	0	0	0	1	0	0	1	3
	他専	0	1	1	2	0	0	0	0	0	0	0	2	0	0	0	0	0	8
代理人・関与者（人）	弁護	0	0	0	2	0	0	0	0	3	0	0	1	0	4	0	0	1	11
	司士	0	0	0	2	0	0	0	0	0	0	0	1	0	0	0	1	0	4
	社士	0	0	0	1	0	0	0	0	0	2	0	0	1	1	0	0	0	2	7
	他	0	0	0	0	0	0	0	0	0	0	0	0	0	0	0	0	0	0
成年後見人（人）	配偶	0	0	0	0	0	0	0	0	0	0	0	0	0	0	0	0	0	0
	子	0	0	1	2	0	0	0	1	0	0	0	0	0	1	0	0	0	5
	兄弟	0	0	0	0	0	0	0	0	1	0	0	0	0	0	0	0	1	2
	親	0	0	0	0	0	0	0	0	0	0	0	0	0	0	0	0	0	0
	他親	0	1	0	0	1	0	0	0	2	0	0	0	0	3	0	1	1	9
	法人	0	0	0	0	0	0	0	0	0	0	0	0	0	0	0	0	0	0
	他	0	0	1	0	0	0	0	2	0	0	0	0	0	0	0	0	0	3
	弁護	0	0	1	0	0	0	0	0	0	0	0	1	0	0	0	0	0	2
	司士	0	0	0	1	0	0	0	0	0	0	0	0	0	0	0	0	0	1
	社士	0	0	0	2	0	0	0	1	0	2	0	1	1	1	0	0	0	1	9
	他専	0	0	0	0	0	0	0	0	0	0	0	0	0	0	0	0	0	0

種類		知的障害											身体障害				合計
所在		大分	日田	由布	由布	宇佐	宇佐	宇佐	豊後高田	臼杵	竹田	豊後大野	小計	中津	由布	佐伯	小計	
入所者数・利用者(人)		80	80	55	70	82	29	65	65	70	70	82	30	778	50	79	51	180	1971
成年後見利用者数(人)		10	14	0	6	0	0	5	1	4	44	0	0	84	1	9	0	10	125
成年後見利用割合(%)		12.5	17.5	0.0	8.6	0.0	0.0	7.7	1.5	5.7	62.9	0.0	0.0	10.8	2.0	11.4	0.0	5.6	6.3
申立人(人)	本人	0	0	0	0	0	0	0	0	0	0	0	0	0	0	0	0	0	1
	配偶	0	0	0	0	0	0	0	0	0	0	0	0	0	0	1	0	1	1
	子	0	0	0	0	0	0	0	0	0	0	0	0	0	0	0	0	0	6
	親	4	2	0	2	0	0	3	0	0	33	0	0	44	1	2	0	3	47
	兄弟	1	10	0	1	0	0	1	0	0	6	0	0	19	0	6	0	6	29
	他親	4	1	0	1	0	0	1	1	0	3	0	0	11	0	0	0	0	19
	市町	1	1	0	0	0	0	0	0	0	0	0	0	2	0	0	0	0	5
	他専	0	0	0	2	0	0	0	0	4	2	0	0	8	0	0	0	0	16
代理人・関与者(人)	弁護	0	0	0	0	0	0	0	0	0	0	0	0	0	0	0	0	0	11
	司士	0	0	0	0	0	0	0	1	0	0	0	0	1	0	1	0	1	6
	社士	0	0	0	0	0	0	0	0	0	2	0	0	2	0	0	0	0	9
	他	0	15	0	0	0	0	0	0	0	42	0	0	57	0	8	0	8	65
成年後見人(人)	配偶	0	0	0	0	0	0	0	0	0	0	0	0	0	0	1	0	1	1
	子	0	0	0	0	0	0	0	0	0	0	0	0	0	1	1	0	2	7
	兄弟	1	8	0	3	0	0	2	0	3	6	0	0	23	0	4	0	4	29
	親	4	1	0	0	0	0	2	0	0	33	0	0	40	0	2	0	2	42
	他親	4	3	0	1	0	0	1	1	1	3	0	0	14	0	0	0	0	23
	法人	1	0	0	0	0	0	0	0	0	0	0	0	1	0	0	0	0	1
	他	0	0	0	0	0	0	0	0	0	0	0	0	0	0	0	0	0	3
	弁護	0	0	0	0	0	0	0	0	0	0	0	0	0	0	0	0	0	2
	司士	0	2	0	0	0	0	0	1	0	0	0	0	3	0	1	0	1	5
	社士	0	0	0	2	0	0	0	0	0	2	0	0	4	0	0	0	0	13
	他専	0	0	0	0	0	0	0	0	0	0	0	0	0	0	0	0	0	0

※略語
配偶：配偶者, 兄弟：兄弟姉妹, 他親：その他の親族, 市町：市町村長, 他：その他
弁護：弁護士, 司士：司法書士, 社士：社会福祉士, 他専：その他の専門家

別表2　成年後見制度の実態に関するアンケート結果2
（成年後見制度の運用や実態についての施設・地域包括支援センターの実感について等）

種類		老人	知的障害	身体障害	地域包括	合計
必要性を感じる場合 （複数回答可）	①	9	7	3	6	25
	②	5	0	1	4	10
	③	6	1	1	2	10
	④	13	3	2	6	24
	⑤	3	2	0	1	6
	⑥	5	3	0	0	8
必要性を感じる場合 利用できているか	はい	6	5	0	2	13
	いいえ	11	3	3	5	22
専門職選任の理由 （複数回答可）	ア	4	1	1	0	6
	イ	0	0	0	0	0
	ウ	2	1	0	0	3
	エ	6	3	0	2	11
	オ	0	1	0	0	1
市町村長申立を知っ た経緯	研修	6	3	3	4	16
	文献	2	0	1	1	4
	その他	6	5	0	3	14
	不知	2	1	0	0	3
市町村長申立件数に ついての印象	多い	0	0	0	0	0
	妥当	2	2	0	2	6
	少ない	3	2	1	3	9
	無回答	13	8	2	3	26
法人後見件数につい ての印象	多い	0	0	0	0	0
	妥当	2	0	0	2	4
	少ない	8	4	2	2	16
	無回答	7	8	1	3	19

※各有効回答総数は、老人18、知的障害12、身体障害3、地域包括8、精神障害0、合計41である。
※市町村長申立件数及び法人後見件数についての印象欄の「無回答」には、「分からない」と回答したものを含む。

【選択肢の内容】
［必要性を感じる場合］
① 施設と契約するため。
② 点検商法や訪問販売による被害を防止するため。
③ 消費者金融等からの借金を防止するため。
④ 親族もしくは本人の身の回りに申立人の試算を浪費・隠匿・横領等する（おそれのある）者がいるため。
⑤ 本人が遺産分割協議における相続人である等紛争の当事者となっているため。
⑥ その他
［専門職選任の理由］
ア 親族間で財産関係その他法的紛争（遺産分割協議等含む）がある。
イ 親族間で法的紛争ではないものの感情的な対立等がある。
ウ 親族若しくは被申立人の身の回りに申立人の試算を浪費・隠匿・横領等する（おそれのある）者がいるため。
エ 配偶者や子など血縁の近い親族が（身近に）いない。
オ その他

第5章　障害者の消費者被害とその予防・救済のための法制度

第1　障害者の消費者被害の実態

1　知的障害等により判断能力が乏しいことによる消費者被害

　認知症，知的障害・精神障害等により判断能力が存在せずまたは乏しいことによって，商品や役務の必要性や価値などについて的確な判断ができず，業者の勧誘のままに取引や契約を行い，不要不急の高価品を購入したり，多額の投資を行うなどして損害を被る事例が多発している。

　2005年（平成17年）5月に埼玉県富士見市で，認知症の姉妹が悪質リフォーム業者から度重なるリフォーム工事の勧誘を受けて多額の被害を受けた事件が大きく報じられ，知的障害者に対する消費者被害が注目を浴びることになった。

　その後，高齢者に浄水器や布団などを次々と売りつける「次々販売」や高額の呉服を大量に売りつける「呉服過量販売」などが注目されるようになり，この問題に対する対策の必要性が強く認識されるようになった。

2　国民生活センターによる調査研究

　国民生活センターは，2003年（平成15年）4月23日，「知的障害者，精神障害者，痴呆性高齢者の消費書被害と権利擁護に関する調査研究」を公表した[1]。これによると，知的障害者等が契約当事者である相談件数が，1997年度（平成9年度）から2001年度（平成13年度）にかけて2.6倍に増加したことを受けてのことであった。その概要は，以下のとおりである。

(1)　被害の特徴
　①　70歳代の女性の被害が多い。
　②　業者が障害を知った上で，クレジットカードを作らせ障害基礎年金や障害者手当を狙うケース，サラ金を利用させられて多重債務に陥るケー

スがある。
③ 知的障害者の場合は，障害の軽い人が被害にあう傾向がみられる。
④ 被害を受けたという認識がなく，満足しているようにみえる場合がある。
(2) 年齢別にみた消費者トラブル
① 20歳代：男女とも路上等で誘われるアクセサリーの被害が最も多い。絵画は男性2位，女性3位。
② 30歳代：男女ともローン・サラ金関連被害が最も多い。アクセサリーの被害は男性2位，女性3位。
③ 40・50歳代：男性はローン・サラ金関係が最も多い。男女とも訪問販売による被害が多くなる（布団，浄水器等）。
④ 60歳代：男女とも最も多い被害は布団。2位は，女性は和服，男性は住宅増改築。
⑤ 70歳代：布団，住宅増改築，健康食品，浄水器など訪問販売による被害が男女とも多い。
⑥ 80・90歳代：男性は住宅増改築，女性は布団の被害が最も多い。
(3) 解決について
　消費生活センターでは，障害者手帳や診断書がない場合でも，他機関や家族等と連携・協力して，無条件解約等に応じさせているケースが多数あると報告されている。

3　九弁連を構成する各弁護士会所属の弁護士による被害事例報告

(1) 2008年（平成20年）2月から5月にかけて，九弁連を構成する各弁護士会所属の弁護士に対して，障害者が巻き込まれた消費者被害の実例について，情報提供を求めた。
　提供された情報は，別表「障害者が巻き込まれた消費者被害の概要」のとおりである。情報提供数は19件で，うち認知症の被害事例が9件と最も多く，知的障害5件，精神障害2件，その他の障害3件，という結果であった。
(2) 被害内容をみると，訪問販売等によりクレジット契約を締結させられたケースが最も多い。また，貸金業者からの借入れに際し，自宅に担保を設定した事例，自宅のリフォームに関するトラブル等も多かった。
　解決については，多くの場合，任意交渉や訴訟上の和解で解決している事

案がほとんどであり，判決まで至っている事案は2件だけであった（事例③及び⑤）。

第2　障害者による消費者被害の救済

1　判断能力不存在を理由とする契約の不存在または無効

(1)　成年後見制度未利用者の法的救済方法

　認知症，知的障害・精神障害を有する者で成年後見制度を利用している者の割合は非常に低い。そこで，実際には認知症，知的障害または精神障害で判断能力を有しないか乏しい者が，様々な取引や契約の過程で不利益な立場に立たされたとしても，成年後見制度を利用していない場合には，形式的には取引や契約が成立しているものとされるので，その効力を争い，被害を回復するためには，判断能力が存在しないか著しく乏しいことを理由に，契約の不成立または無効を主張して争う以外に方法はない（意思能力がない者がした行為は無効とされる〔大審判明38・5・11民録11-706〕）。

(2)　訴訟における主張・立証上の困難

(a)　事実関係についての主張・立証

　契約の成立または効力を業者が争った場合には，訴訟上抗争せざるを得ないが，当事者に判断能力が存在しないか乏しいため，事実関係について聴き取りを行い，正確に再現すること自体が困難である。そのため，事実関係の確定については，取引または契約の場面に近親者等が立ち会っていたような場合でない限りは，契約書類や業者側の記録・証言に対する弾劾に偏らざるを得ない。

　なお，業者が判断能力を争われるような勧誘や取引を行う傾向が強いことを証明するためには，国民生活センターに対して全国消費生活相談ネットワークに寄せられた相談件数や具体的内容に関する報告書を弁護士会照会や裁判所を通じての調査嘱託によって取り寄せることが効果的である（当該都道府県における件数や内容だけであれば，都道府県消費生活センターへの照会で足る）。

(b)　判断能力の立証

　判断能力の立証については，当事者が医療機関に入通院していたり，福祉施設に入所しているような場合には，入通院診療録や介護記録等によって判

断能力の立証は比較的行いやすい。但し，医師や医療・福祉施設職員の協力を得ることは容易ではない。

当事者が入通院や入所をまったくしていない場合には，事後的に直ちに医師の診断を受けさせて判断能力についての診断を得，その時点における判断能力を明らかにした上で，認知症や障害の類型，当事者の年齢や心身の状況を踏まえて，取引や契約の当時における判断能力についての推定に関する医師の意見を求めるという方法で立証せざるを得ない。このような立証については，医師の協力を得ることが相当に困難である。

また，医師の意見書を得て訴訟上で争っても，裁判所によって判断が分かれることもあり，抗争による労力は大きい。最近の事例では，中学卒業後，知的障害者更生施設に入所し，3年間職業訓練を受け，工務店や印刷所などで働いていた28歳の男性がたまたま知り合った者の依頼で消費者金融の連帯保証人となった事案で，地裁では契約が有効とされたが，高裁では無効とされた事例がある（福岡高判平16・7・21判時1878号100頁）。

2 適合性の原則による救済

金融取引の分野においては，投資勧誘や取引における行為規制原理として適合性原則が確立している。この適合性原則は，障害者の取引や契約の効力を争う場面においても活用することができる。

(1) 適合性原則違反の判断枠組みについて

(a) 適合性原則は，もともとアメリカ合衆国において成立した概念で，「ブローカー・ディーラーが，顧客の知識・経験，財産状況及び投資目的に適合していない証券の取引を勧誘してはならない」との原則をいう。SEC（合衆国証券取引委員会）規則15b-10-3は，「ブローカー・ディーラーは，顧客に対して証券の買付け，売付け，または交換の勧誘をする場合，その顧客の投資目的，財政状況と必要性についての合理的な調査をした後に得られた情報，およびその他の知り得た情報とを基礎としてその勧誘が当該顧客にとって不適合でないということの合理的根拠を有しなければならない」と規定していた。そして，NASD（全米証券業協会）も，1991年以降，顧客の調査義務を認めるようになった。

(b) わが国においても，2000年（平成12年）頃から下級審判例において適合性原則違反が取引の違法要素とする判例が多数出されるようになり，最判

平17・7・14判時1909号30頁は，証券取引について，「証券会社の担当者が，顧客の意向と実情に反して，明らかに過大な危険を伴う取引を積極的に勧誘するなど，適合性の原則から著しく逸脱した証券取引の勧誘をしてこれを行わせたときは，当該行為は不法行為法上も違法となる。」として，適合性原則を承認した。同判決では，「証券会社の担当者によるオプションの売り取引の勧誘が適合性の原則から著しく逸脱していることを理由とする不法行為の成否に関し，顧客の適合性を判断するに当たっては，単にオプションの不利取引という取引類型における一般的抽象的なリスクのみを考慮するのではなく，当該オプションの基礎商品が何か，当該オプションは上場商品とされているかどうかなどの具体的な商品特性を踏まえて，これとの相関関係において，顧客の投資経験，証券取引の知識，投資意向，財産状態等の諸要素を総合的に考慮する必要があるというべきである」として，判断枠組みを示した。

(2) 障害者について適合性の原則によって救済した判例

(a) 東京地判平17・9・16（平成17年(ワ)第3715号）

外国為替証拠金取引で1000万円を投資して損失を被った統合失調症の患者について，勧誘を行った勧誘員は，家が荒れ放題であり，会話をしていく中で具体的な病名はともかく，外国為替証拠金取引のような複雑でハイリスク・ハイリターンの取引の意義，危険性を理解する能力がない状況にあることは十分認識していたはずであるとして，投資をさせたこと自体が，適合性原則に反する不法行為であるといわざるを得ないとした。

(b) 東京地判平18・4・11（平成17年(ワ)第9491号）

外国為替証拠金取引で1800万円を投資し約1240万円の損失を被った81歳の主婦について，アルツハイマー型認知症であったと十分窺われるとし，3年位前に先物取引をした経験があるが，当該取引の内容を理解するだけの知識，経験，判断力はなかったと認められ，年金生活者で十分な資力があったとはいえないことなどからすれば，当該外国為替証拠金取引について適合性に欠ける者と評価することが相当であるとして，不法行為の成立を認めた。

(3) 適合性原則は，現在のところ金融取引の分野においてのみ妥当する原則として確立しているが[2]，同様の理論構成は，広く消費者と事業者との取引において押し広げることが可能と思われる（地方自治体の消費生活条例において適合性原則違反を禁止行為として掲げるものもある（兵庫県，名古屋市な

ど))。今後の理論的研究や判例の展開が注目される。

3　不招請勧誘禁止による救済
　事業者と消費者との間における勧誘行為の規制として，不招請勧誘の禁止原則が確立しつつあり，これが障害者の消費者被害を予防し，また障害者の求めない取引や契約の効力を否定する理論としても用いられるようになっている。
(1)　現行法における不招請勧誘禁止規定
　現在は，金融取引の分野においてのみ法定されており（旧金融先物取引法で規定され，現在の金融商品取引法38条3号に引き継がれている。そこでは，金融商品取引業者等またはその役員・使用人の禁止事項として，「金融商品取引契約の締結の勧誘の要請をしていない顧客に対し，訪問し又は電話をかけて，金融商品取引契約の締結の勧誘をする行為」が掲げられている。），適合性原則と同様，勧誘の違法性判断の一要素として理解されている。
(2)　消費生活条例による不招請勧誘禁止
(a)　特に高齢者に対する訪問販売による消費者被害の防止を図る目的で，地方自治体の消費生活条例において，不招請勧誘禁止が規定されるようになっている。
　① 　秋田県条例
　知事が指定する不当な取引方法
　　1-⑳　不招請再勧誘：消費者が取引をしない旨の意思を表示したにもかかわらず，引き続き電話をかけ又は訪問等をすることにより消費者を誘引すること
　② 　神奈川県条例
　事業者が禁止される不当な行為として別表第1に掲げる行為
　　1　消費者が拒絶の意思を示したことに反して，目的を偽り若しくは秘匿して，又は迷惑を覚えさせるような方法で，消費者の住居，勤務先その他の場所を訪問すること。
　　2　道路その他公共の場所において，消費者が拒絶の意思を示したことに反して，若しくは目的を偽り若しくは秘匿して消費者に接し，又は消費者につきまとうこと。
　　3　消費者が拒絶の意思を示したことに反して，若しくはその意思表示の

機会を与えることなく，目的を偽り若しくは秘匿して，又は迷惑を覚えさせるような方法で，電話その他の電気通信端末機器で連絡すること。
　③　大阪府規則
　大阪府では，規則（16条1号のト）において不招請勧誘が規定されており，大阪府の逐条解説では，「訪問販売お断り」等のステッカーを貼ることが「拒絶の意思の表明」に当たるとされている。これを受けて，消費者団体による「訪問販売お断りシール」の貼付運動によって，高齢者を守ろうとする取り組みがなされている[3]。
(b)　なお，端的に高齢者の判断力の不足に乗じた勧誘行為を禁止行為とする消費生活条例も見られる（北海道，愛知県，神戸市など）。兵庫県条例では，「年齢その他の要因による消費者の判断力の不足に乗じて，契約の締結を勧誘し，又は契約を締結させること」を禁止行為としており，最も幅広い規定の仕方をしており，立法に当たって参考になる[4]。
(c)　消費生活条例においては，罰則が定められている例はなく，指導・勧告や公表という方法で実効性を確保している。なお，違法性判断の一要素として用いることもできる。

4　悪質業者と提携するクレジット会社の規制による被害の防止

(1)　認知症，知的障害・精神障害等によって判断能力が不存在または乏しい者に対して不要不急の高額商品を売りつけたり，リフォーム工事を行うなどの悪質な業者が後を絶たないのは，これらの業者と提携するクレジット会社がルーズな審査で業者と提携し，返済能力を考慮しない与信を行ってきたことに根本的な原因があったことが認識されるようになり，広く割賦販売法改正運動が繰り広げられた結果，2008年（平成20年）6月11日に割賦販売法改正法が成立した。主な内容は，以下のとおりである。
　　①　クレジット業者に購入者の支払能力可能見込額の調査義務を課し，それを超えるクレジット契約を禁止し，違反行為には行政処分を科す。
　　②　訪問販売などで通常必要とする分量を著しく超える商品購入契約を解除できることとなった（特定商取引法）。
　　③　クレジット会社に，加盟店の不当な勧誘行為がないかの調査を義務づけ，不当行為があった場合のクレジット契約を禁止し，違反行為には行政処分を科す。

④　不当な勧誘行為などで販売契約を取り消すことができる場合には，クレジット会社の過失を問わず，クレジット契約も取り消し，既払い金の返還請求もできる。
(2)　割賦販売法の改正によって，高齢者や障害者を狙う悪質業者が多数廃業しているといわれ，高齢者・障害者の消費者被害の防止に大きな役割を果たしたといえる。

第3　今後の課題―障害者の消費者被害の予防と救済のための法制度の整備―

1　「福祉・介護の契約時代」に見合うセーフティネット作りの必要性

　本章第1，2で引用した国民生活センターの「知的障害者，精神障害者，痴呆性高齢者の消費者被害と権利擁護に関する調査研究」では，被害の予防のために，消費生活センターや社会福祉協議会に加え，「地域の支援者とも連携し，福祉・介護サービスを選択し，契約する時代に見合った消費者被害未然防止・救済のためのセーフティネット作りが求められる。」と提唱している。
　前章でも検討した利用しやすい成年後見制度の確立，市町村長による成年後見申立制度の活用などとともに，弁護士会，司法書士会，社会福祉士会，精神保健福祉士会，日本司法支援センター，消費生活センター，社会福祉協議会，地域包括支援センターなどが連携して被害の防止のためのセーフティーネット作りに取り組む必要がある。

2　知的障害等により判断能力を争う場合の訴訟上の立証責任の軽減

　判断能力を業者が争う場合に，訴訟上の立証が困難であるために，訴訟上争うことを断念したり，不十分な内容で和解せざるを得ないことが多いので，知的障害等により判断能力を争う場合に，認知症や障害の類型・程度に応じて，立証責任を軽減する仕組みを確立するべきである。

3　適合性原則，不招請勧誘の禁止等の一般化

　現在金融取引の分野で確立している適合性原則や，消費生活条例において多く制定されている不招請勧誘の禁止原則や判断力の不足に乗じた勧誘の禁止原則を消費者保護一般法である消費者契約法に規定することを検討すべきである。

4 消費者行政の一元化・強化

消費者行政を一元化して「消費者庁」を設置し，これに強大な権限を付与して，高齢者や障害者を標的に消費者被害を繰り返し起こしている業者に対して，厳しい監督や行政処分，刑事訴追などもなし得る体制を整えることが望しい[5]。

---

[1] 国民生活センターのホームページより（http://www.kokusen.go.jp/news/data/n-20030423_2.html）。

[2] 金融商品取引法40条1号に適合性原則が規定され，これが銀行法13条の4，保険業法300条の2，商品取引所法215条で準用されている。

[3] 全大阪消費者団体連絡会による報告書「訪問販売お断りシール」の取り組み。

[4] 全国の消費生活条例については，『消費生活条例活用ガイドブック』（消費者法ニュース発行会議, 2006）が詳しい。

[5] 日弁連では，消費者庁の創設について，以下の意見書及び会長談話を発表している。
   ① 消費者庁の創設を求める意見書（2008年2月15日）
   ② 消費者庁（仮称）創設に関する会長談話（2008年4月23日）
   ③ 「消費者庁」が所管すべき法律等についての意見書（2008年5月8日）

別紙　障害者が巻き込まれた消費者被害の概要

	障害等の内容	被害の概要	対応
事例①	認知症	訪問販売により，2回にわたり高額な布団（計110万円）の購入をさせられた。	従前から消費者金融との取引があったため，過払金を回収の上，残額を減額させて支払いを行った。
事例②	認知症	訪問販売の被害（点検商法，高級布団購入など多数の被害により被害額は560万円以上）。	後見開始を申立て。後見開始後，クーリングオフ及び意思無能力を理由とする無効を主張。その結果，未払金は全て免除もしくは支払拒絶とし，既払金の約4割を回収した。
事例③	認知症	知人からの依頼を受け，貸金業者から140万円を借入れ，さらに，当該貸金業者から，所有不動産につき，所有権移転の仮登記を設定させられた。	債務不存在，及び仮登記の抹消登記手続きを求めて，訴え提起。判決により，債務不存在及び抹消登記手続きが認められた。
事例④	認知症	長男の借入（470万円）の連帯保証人とさせられ，所有不動産に根抵当権を設定させられた。	債務不存在，根抵当権の抹消登記手続き，及び損害賠償（弁護士費用）を求めて訴え提起。第1回口頭弁論期日において，被告（貸金業者）は，諾諾した。
事例⑤	認知症	訪問販売によって，高額な布団（約64万円）の購入（クレジット契約締結）をさせられた。	クレジット会社に対し，債務不存在確認を求めて訴え提起（クレジット会社は，クレジット代金の支払を求めて反訴。）。判決により，クレジット会社の反訴請求について，「立替払契約は不成立」と判断された。
事例⑥	認知症	多数の訪問販売業者による訪問販売の被害（リフォーム，浄水器，健康食品等）。合計71件，総額26,935,928円のクレジット契約を締結させられた。	被害発覚当初は，自治体の消費生活センターが対応し，保佐開始の決定を受けるとともに，解約，返金等を斡旋。斡旋に応じないものについて弁護士が受任。訪問販売業者及び信販会社に対し，既払金の返還とクレジット債務の不存在確認を求めて訴え提起。訪問販売業者が倒産したため，各信販会社との間で，残債務の免除と既払金の一部返還の内容で和解した。
事例⑦	認知症	訪問販売の被害（リフォーム，浄水器，布団等）。通帳のクレジット引き落としの総額は，約1800万円に及んだ。	司法書士が代理人となって，リフォーム工事代金のクレジット契約につき，既払金返還請求訴訟を提起し，一審で勝訴。控訴審から弁護士が代理人となり，クレジット会社が既払金を返還する内容で和解。リフォーム以外の案件については，司法書士が，未払代金の支払拒絶及び既払金返還交渉等を行っている。

事例⑧	認知症	虚偽の説明により，土地（合計約1300万円）を購入させられた。	既払金の返還を求めて訴え提起。被告会社の従業員に対する尋問等をへて，既払金全額を返還する内容で和解した。
事例⑨	認知症	被害者の娘が，被害者の年金担保貸付を利用し，計6,825,887円を借入れ。	年金担保貸付について取り消したものの，その後も年金担保事業団が担保を実行したため，同事業団に対し，不当利得の返還を求めて提訴し，訴訟上の和解が成立した。
事例⑩	知的障害	アポイント商法により，言葉巧みにアクセサリー（約30万円）を購入させられた。	弁護士が介入通知を出し，交渉の上，現品を返還し，少額の支払いを行う内容で和解した。
事例⑪	知的障害	金融先物取引会社の担当者から電話勧誘を受け，さらに，自宅への訪問によって取引の勧誘を受け，先物取引の仕組み等を知らないままに，計700万円を預託させられた。	先物取引会社が破産申立したことを契機に弁護士に相談。被害額全額を破産債権として届出し，配当を受領した。
事例⑫	知的障害	アポイント商法により，自己啓発の教材を購入させられた（クレジット契約締結。）。	クレジット債務以外の債務（借入）もあったこと等を考慮し，自己破産を申立てた。
事例⑬	知的障害	親しい知人と称する者から，計300万円を貸し付けたので，その返還を求めるという内容で提訴された。	被告代理人として対応し，消費貸借を否認し，判断能力欠如につけ込んだ行為である旨を主張したところ，原告は，訴えを取り下げた。
事例⑭	知的障害	住所不定の人物が仲介する形で，必要性がないにもかかわらず，自宅のリフォーム工事の契約を締結させられた（クレジット契約締結。）。また，本人名義の借入も判明した。	リフォーム工事，借入のいずれについても，取消しによって，支払を拒絶した。
事例⑮	精神障害	L&Gの被害（被害額2300万円）。	出資直後に関係者から相談を受けて，任意交渉を行い，全額の返還を受けた。
事例⑯	精神障害	訪問販売の被害（健康食品，購入額107万円）。その他にも，家に入り込んだ他人に遺言書を書くよう要求されたり，自宅に遊びに来る者に数万円の現金を小遣いとして渡したりしていた。	補助開始の申立てを行ったほか，勝手に自宅に入り込んで来る者には，警告の連絡をした。また，支払う必要のない請求と思料されるものについては，支払拒絶を通知し，支払う必要のあると思料される請求については，分割払いにより支払いを行った。
事例⑰	視覚障害	必要性がないにもかかわらず，自宅の瓦取付工事の契約を締結させられた（約130万円のクレジット契約締結。）。	業者及びクレジット会社と交渉。残債務については，業者の負担とした。もっとも，既払金返還については，本人の意向もあって断念した。

第5章　障害者の消費者被害とその予防・救済のための法制度

事例⑱	視覚障害 聴覚障害	親族が貸金業者から借入れ（200万円）をするにあたって、所有不動産（自宅）に根抵当権（極度額320万円）を設定させられた。	根抵当権の抹消登記手続き、及び損害賠償（慰謝料、弁護士費用）を求めて訴え提起。抹消登記手続きについては認諾、損害賠償請求については和解した。
事例⑲	聴覚障害	親族（聴覚障害者）が貸金業者から借入れをするにあたって、被害者所有の不動産に根抵当権を設定させられた。なお、被害者らは、根抵当権及び担保の意味を理解していなかった。	主債務者と貸金業者との取引経過について、利息制限法に基づき、引き直し計算を行ったところ、過払いとなっていることが判明した。

第6章 福祉サービス契約の諸問題

第1 契約方式の導入と福祉契約論

1 はじめに

　支援費制度さらには障害者自立支援法の施行によって，障害者の社会福祉サービスに関する法律関係は「措置」から「契約」へと大きく変化した。これに伴って，利用者とサービス提供者が直接に契約を締結する社会福祉サービス利用契約（福祉サービス契約）の重要性も大きく増加することになった。

　そして，このような「福祉契約」あるいは「福祉サービス契約」における問題点を指摘し，その特性に応じた解釈論・立法論を展開する「福祉契約論」が，様々な内容，異なるレベルで主張されるようになっている[1]。したがって，既になされている議論にさらに詳細な検討を加えたり新たな提言をすることは，本稿では到底なし得ない。

　そこで，以下では，福祉契約論から指摘されている福祉サービス契約の問題等の議論を素描することにとどめる。

2 契約方式の導入と課題

(1)　契約方式とは，①利用者が，自らのニーズに応じた福祉サービスを提供する事業者（施設や在宅サービス提供者の経営主体）を選択する，②利用者は，福祉サービス事業者と締結する契約に基づいて福祉サービスを購入する，③行政は，福祉サービス事業者と契約を締結してサービスを購入した利用者に対し，その費用負担にかかる部分を除いて利用費用相当額を支給する，というシステムである[2]。

(2)　このような契約方式について，支援費制度を導入する際には，契約方式を採用することにより，①福祉サービス提供者と利用者との関係が明確になり，両者が対等の関係に立つ，②契約に先立って，利用者が自らのニーズに

適合した福祉サービス提供者を選択できる，③この選択によって福祉サービス提供者間の競争が生まれる，等の効果が期待されると論じられていた。即ち，こうした議論は，利用者にとっての契約方式による「選択の自由」に焦点が当てられていたといえる[3]。

そのため，選択の自由に関する事項（契約締結の勧誘である広告，契約締結時の重要事項説明書提示等に関する規制）についてはそれなりの整備がなされたが，契約内容の適正化や履行の確保等に関する法制度には必ずしも十分な関心が向けられていないと指摘されている。特に，障害者自立支援法では，特定費用（食事の提供に関する費用，光熱水費及び日用品費等）は給付には含まれないが，こうした法定外サービスについては問題が多いとされている[4]。

第2　福祉サービス契約の特徴

1　消費者契約の側面

福祉サービス契約におけるサービスの利用者は，消費者契約法における「消費者」に該当し，他方，福祉サービス事業者は，サービスの販売を行うことが想定されていることから事業者性が認められる。したがって，利用者と福祉サービス事業者とのサービス利用契約は「消費者契約」としての性質を持つ[5]。

2　消費者契約と異なる側面

一方で，福祉サービス契約には，商取引や消費者契約一般にはみられない特徴が認められることも指摘されている。

例えば，障害者自立支援法に基づく厚生労働省令において，指定事業者は正当な理由なくサービスの提供を拒んではならないと規定され（障害者自立支援法に基づく指定障害福祉サービスの事業等の人員，設備及び運営に関する基準〔平成18年厚生労働省令171号〕11条など），契約締結強制が義務づけられている。また，指定事業者の指定を取消されれば事業を廃止せざるを得なくなるといった制約があること，成年後見制度を含め契約締結を支援する必要性があること等も消費者契約とは異なった特徴として挙げられている[6]。

さらには，利用者が要支援の状態にある障害者であること，サービス提供過程において人権侵害が生じやすいこと等を挙げ，福祉的視点からの利用者保護という側面がより強く存在するとの指摘もなされている。そして，こうした観点からは，①十分な情報提供，②利用者の援助，③迅速な苦情処理，④利用者の権利擁護が，それぞれ必要であることが特徴であると指摘されている[7]。

3 福祉契約論の展開

こうした福祉サービス契約の特徴から，福祉サービス契約の問題点等を検討する方向についても，この2の側面からの議論がなされている。

まず，消費者契約としての性質を持つことから，消費者契約法の見地からの検討が必要であるとされる。即ち，当事者が対等であるとの前提に立って契約をそのまま適用すると，契約の一方当事者である消費者の利益が不当に損なわれるおそれが高いという問題が福祉サービス契約でも消費者契約と同様に生じ得ることから，こうした結果を防止し，契約方式への転換が想定する成果を期待するためには，消費者契約法の見地から福祉サービス利用の契約関係を検討する必要があるとされている[8]。

他方で，消費者保護の視点を上回る要素があるとの観点からは，消費者契約とは異なる面からの規制や，より強い規制が必要であるとか[9]，特別法の必要性なども指摘されている[10]。

第3 福祉サービス契約における利用者保護

1 福祉サービス契約の特質と利用者保護の方策

(1) 福祉サービス契約は，消費者契約としての属性を備えていることから，消費者契約で論じられているところと同様に，契約締結において以下のような特質を挙げることができる[11]。

第1に，事業者と利用者との間では情報の非対称性がある。事業者は自らの提供するサービス内容を熟知しているが，他方，利用者は，当該事業者のサービス内容について事業者ほど情報を持っているわけではなく，この情報の非対称性が契約締結時の利用者の判断を誤らせる原因となり得る。

第2に，福祉サービス契約の具体的内容が，実際には，事業者が予め作成

した不動文字による書面によって定められるという附合契約の性格を持つことである。

　第3に，契約締結のための交渉の場で，事業者と素人である利用者との間には交渉力に差があることである。その結果，利用者は，事業者の言説，その場の雰囲気等に影響され，必要のないサービスまで購入したり，不当に高い対価を払わされるといった事態が起こり得る。

(2)　このような福祉サービス契約が持つ特質を前提として，利用者に対する事業者の優位性を解消し，利用者を保護する手法としては，①契約締結前に，適正な内容の契約が締結されることを確保する方法，②契約締結後に，事業者に一方的に有利な契約内容の改定や，利用者の契約の拘束力からの解放を行い，あるいは，一方的条項によって利用者が被った損害の賠償を事業者に命じる等の法的救済の方法が考えられる。

　しかし，事後的救済については，利用者が積極的に行動することが必要とされるところ，それには有形・無形のコストがかかるものであり，それによって利用者が行動を断念することが稀ではないとされている。特に，福祉サービス契約では，利用者の事業者に対する継続的な依存関係が作り出されることから，利用者が，事後的な法的救済を求めて行動を起こすことは困難であるとされている[12]。

2　福祉サービス契約における情報提供

(1)　福祉サービス契約における事業者の情報提供は，①契約締結に至る前段階において利用者が事業者を選択するための情報提供，②利用者が事業者を選択した後に契約締結段階において，適正な内容の契約を締結するための情報提供の2種類が考えられる。このうち，前者は，主として，事業者の広告の問題である。

(2)　事業者選択のための情報提供

　契約方式では，事業者選択の情報提供という観点からしても事業者の広告が認められることになるが，他方で，広告は，適正でない顧客誘引の手段ともなり得るものであり，利用者の利益を害するおそれもある。したがって，事業者の広告が認められるとしても，利用者の利益が害されることのないように規制を加える必要がある。

　この点につき，社会福祉法79条は誇大広告の禁止を規定し，また，前記の

事業運営基準が虚偽広告・誇大広告を禁止しているが，福祉サービスにおいて，広告規制を虚偽広告・誇大広告の禁止に限ることは規制の範囲が狭すぎるとの指摘がある。その上で，不当な誘引となる広告全般を視野に入れて規制のあり方を検討すべきとされている[13]。

また，広告規制に対する違反があった場合の法的効果が明確でないとの指摘もなされている。即ち，こうした違反があっても利用者の損害回復には直ちに結びつかないということである。

障害者自立支援法上，事業運営基準に従った適正な事業運営ができなくなった場合には，勧告，命令及び指定取消等の行政指導がなされるが，このような手段は，将来の利用者の保護は図れるものの既に存在している利用者に直接的な救済を与えるわけではなく，結局，被害者の救済は一般の民事責任法理によって処理されることになる。しかし，こうした処理で十分かは問題があり，事業者の広告の監視や，違反広告があった場合の被害防止のための迅速な対応の面で，行政の適切な監督権限の行使が要請されると指摘されている[14]。

(3) 契約締結段階における情報提供義務

(a) 消費者契約法は，重要事項の不実告知，断定的判断の提供，不利益事実の不告知の場合に消費者に契約取消権を与え（消費者契約法4条），さらに，事業者に対し，契約の締結について勧誘をする場合には，消費者の権利義務等の契約内容についての必要な情報を提供する努力義務を課している（消費者契約法3条）。

福祉サービス契約についても，これと同様に，事業者に情報提供義務を課すことが求められる。

この点，社会福祉法76条は，事業者に利用希望者からの契約申込があった場合に，契約内容等を説明する努力義務を課している。また，障害者自立支援法に基づく事業運営基準では，サービス選択に有益な重要事項を事業所内に掲示すること，及びサービス提供前に重要事項を記載した文書を交付し説明することを定めて，事業者に情報提供義務を課している（例えば，前記厚生労働省令171号の事業運営基準では9条，35条等）。

(b) こうした規定についての問題としては，以下のような指摘がなされている。

第1に，社会福祉法が定める情報提供の義務が努力義務にとどめられてい

第6章 福祉サービス契約の諸問題　297

るという点である。
　第2に，情報提供すべき重要事項の内容が運営規程の概要等以外にはあまり具体化されていないという点である。そのため，指針等で情報提供すべき重要事項を具体的に示すことを検討することが必要であり，また，これとの関連で，いわゆる不意打ち条項は契約内容とはならないといった考え方の導入も提言されている。
　第3に，情報提供義務の履行確保に問題があるという点である。即ち，広告の場合と同様，行政の監督だけでは利用者の法的救済としては不十分なものにとどまる可能性があり，そのため，立法論として消費者契約法のような規定を盛り込むべきであるとか，解釈論としても，事業運営基準を手がかりに，サービス利用契約の締結過程で事業者に情報提供義務を認め，私法上の救済（損害賠償）を与えることも可能であるとの見解がある[15]。

3　契約の適正化

(1)　附合契約性のある福祉サービス契約は，事業者が自らに一方的に有利な条件を定めた条項を挿入する可能性がある。他方，利用者は，文書提示や説明で情報提供を受けていても，専門知識の不足や交渉力の格差のために，当該条項の不利益性に気づかなかったり，不利益性の有無を熟慮する間もなく契約させられてしまう等の事態が起こり得る。そこで，契約内容に介入して，いわゆる不当条項を排除する必要が生じる。

(2)　この点，障害者自立支援法では，こうした不当条項の排除について触れていないが，事業運営基準が，事業の人員や設備，各種サービスの提供方法の基本的指針等を定め，契約内容の根幹にかかわる部分について詳細な規制を規定し，特に，サービスの具体的内容にかかわる事項を定める運営規程の作成と掲示，苦情処理，事故発生時の対応等を義務づけている。そのため，福祉サービス契約の根幹であるサービス内容と対価に関しては，不当条項が問題となることはあまり考えられないとされている[16]。

　もっとも，障害者自立支援法では，特定費用（食事の提供に要する費用，光熱水費及び日用品費等）は給付の対象外であることから，これらの利用料には事業運営基準の規制は及ばない。また，それ以外にも事業運営基準が言及していないもので，利用者に不当な不利益を及ぼす条項が少なからず存在する可能性があるとされている[17]。

(3) こうしたことから，福祉サービス契約について，事業運営基準が定めるよりもさらに踏み込んで，利用者に不当な不利益を及ぼす不当条項を一般的に排除する規制，及び排除されるべき不当条項を具体的に例示列挙するリストを導入する必要があると指摘されている[18]。

また，公序良俗の観点から，消費者契約法上の不当条項に当らない場合であっても，福祉契約においては公正正義に反する不公正な条項を無効とすべきとする見解もあり[19]，さらには，福祉サービス契約というよりも消費者契約法自体の解釈として，知的障害者などの判断能力が不十分な者に対しては，健常者を想定している消費者契約法を適用するに当たっては，解釈上要件の緩和を検討すべきとの見解もある[20]。

この点，ドイツでは介護保険法で在宅介護における要介護者との契約について規律を設けており，①契約書面の交付を義務づけて契約締結手続の要式性を求め，②クーリング・オフの規定を導入し，③また，給付の範囲を超えたサービス提供に関する請求ルールについて要介護者の保護という観点から規定が設けられている[21]。

(4) なお，厚生労働省は，全国社会福祉協議会が取りまとめるモデル契約書・重要事項説明書をサービス提供者や市町村に周知するなどして積極的な活用を図るように指示しており，障害者自立支援法における福祉サービス契約に関しても，全国社会福祉協議会が用意したモデル契約書・重要事項説明書を参考に契約書等が作成されているといわれているが，このモデル契約書には，サービス利用料金について，「経済状況の著しい変化その他やむを得ない事由がある場合，事業者は，契約者に対して，変更を行う2ヵ月前までに説明をした上で，当該サービス利用料金を相当な額に変更することができる」旨の事業者による一方的変更条項がある。

しかし，この条項に関しては，事業者によって安易に変更が行われる手段となるおそれが懸念されている。特に，障害者自立支援法では，特定費用が給付対象外となっていることから，新規にこれらの利用料等を請求する場合はもちろん，その後に利用料等を変更する場合にも法的問題を引き起こす可能性は高く，したがって，契約内容の変更に関するルール作りと紛争解決のあり方の検討が必要であると指摘されている[22]。

4　契約の履行過程

契約の履行の局面では，消費者としての福祉サービス利用をめぐる法的問題として，契約内容の確定，契約不履行時の契約の拘束力からの解放や履行請求，契約内容改訂請求などが挙げられる。

この履行過程においては，契約の締結過程以上に，利用者である障害者の側が積極的に契約の履行確保のための法的手段に訴えることが必要となる。そのため，障害者をサポートする成年後見制度や福祉サービス利用援助事業が大きな役割を担うことになる[23]。

第4　小括

福祉サービス契約には，消費者契約とは異なった側面があり，消費者契約法のみでは解決できない問題が生じることは明らかである。

そのため，そうした事態に対処しつつ利用者保護を図るには，立法や解釈による私法的規制と行政規制・監督との両面を適切に組み合わせて対応することが必要である。

---

[1] 丸山絵美子「ホーム契約規制論と福祉契約論」岩村正彦編『福祉サービス契約の法的研究』（信山社，2007）55頁。

[2] 岩村正彦「社会福祉サービス利用契約の締結過程をめぐる法的論点」岩村正彦編『福祉サービス契約の法的研究』（信山社，2007）18頁。

[3] 岩村正彦「社会福祉サービス利用契約をめぐる法制度と課題」岩村正彦編『福祉サービス契約の法的研究』（信山社，2007）5頁。

[4] 岩村・前掲注(3) 7頁。

[5] 岩村・前掲注(2) 19頁。

[6] 丸山・前掲注(1) 63頁。

[7] 新井誠「社会福祉法と福祉サービス利用者の権利擁護」ジュリスト1204号16頁。

[8] 岩村・前掲注(2) 20頁。

[9] 額田洋一「福祉契約論序説」自由と正義52巻7号16頁。ここでは福祉契約の特性として，①福祉サービスが利用者の生命・健康と生活を支えるものであり高い公共性を持つこと，②継続的契約であること，③一般の消費者に比べ交渉力・情報力格差が大きいこと，④契約という手法が借用であって措置からの転換であること，⑤資本の論理が貫徹しない分野であること，を挙げている。

[10] 日本弁護士連合会編『契約型福祉社会と権利擁護のあり方を考える』（あけび書房，2002）130頁。特別法である「福祉サービス法」の主な内容としては，①契約書の作成義務，

②不当勧誘禁止，不公正契約・不意打ち条項の禁止，解釈準則の設定，③重要事項記載文書交付義務，説明義務，同意を得る義務，④不当条項の無効規定，⑤上乗せ横出し部分の料金の明示，⑥料金の上限・下限，解除解約に関する規定，等が挙げられている。

11　岩村・前掲注(2) 31頁。
12　岩村・前掲注(2) 32頁。
13　岩村・前掲注(2) 25頁。
14　岩村・前掲注(2) 26頁。
15　岩村・前掲注(2) 35頁以下。
16　岩村・前掲注(2) 38頁。
17　例えば，介護保険制度施行前に国民生活センターが行った調査によれば，消費者政策部会が不当条項のリストに掲げるべきものとしている条項として，事業者の損害賠償責任を限定する条項，長い契約期間（1年）を定める条項，即時中途解約を制限する条項，一方的に料金を変更できるとする条項，管轄裁判所の指定条項等の存在が報告されている。この点につき，岩村・前掲注(2) 39頁。
18　岩村・前掲注(2) 39頁。
19　額田・前掲注(9) 20頁。ここでは，サービス提供者に合理性なく契約内容の変更権を与える特約は無効であるとし，また，契約において，サービス提供者の説明が十分ではなく利用者が「上乗せ」，「横出し」サービスが付加されていることの認識がない場合には，サービス提供者は付加部分の報酬を請求できないとする。
20　田山輝明『成年後見読本』（三省堂，2007）239頁。
21　倉田聡「ドイツの介護保険法における介護契約規制」岩村正彦編『福祉サービス契約の法的研究』（信山社，2007）99頁。
22　岩村・前掲注(3) 14頁。
23　岩村・前掲注(2) 41頁。

あとがき

　九州弁護士会連合会では，毎年10月に定期大会を開催し，その際，開催地の単位弁護士会がシンポジウムを企画することが慣例となっている。その第61回定期大会において，開催地の単位弁護士会である大分県弁護士会は，シンポジウムのテーマに「障害者の人権に関する問題」，特に，障害者自立支援法の問題をメインに取り上げることとした。
　しかし，今回のテーマが簡単に決まったというわけではない。テーマ選定について数回の議論を重ねて，ようやく障害者問題を取り上げることになりはしたものの，最近の政治情勢の影響もあって，障害者自立支援法については，自民党からは抜本的見直しに向けた緊急措置が提案され，民主党からは改正法案の提出がなされるなど，その動向にはいまだ不透明感があり，この時期に障害者自立支援法の問題を取り上げることに，どれほどの意味があるのかといった議論もなされた。それでも，こうした状況にかかわらず障害者自立支援法の根本問題は何ら解決していないという障害者問題に詳しい会員の意見に触発されて，とりあえず見切り発車の形で検討を開始したというのが実情である。
　ところが，いざ検討をはじめてみると，今度は内容がなかなか確定せず，原稿作成も遅々として進まないという事態が生じた。大分県弁護士会は，第52回定期大会の際に，「犯罪被害者の救済」をテーマにシンポジウムを企画したが，その時には，わが国の弁護士があまり取り組んでいなかった分野でもあり，比較的自由に議論を展開できた。しかし，今回のテーマに関しては，障害者自立支援法の問題については，既に多くの出版等がなされて問題点も指摘されており，さらには，障害者問題については，この問題に深くかかわっている弁護士が全国に少なからず存している。こうしたなかで，私たちが，どういった議論を加え得るのかさえみえない状態であった。
　結果的にできあがった本書においても，そうした懸念が解消されているかについて不安がないわけではない。
　ところで，社会保障問題は財政問題でもあるといわれる。そして，この財

政問題が議論されると，私たち法律家は，その議論に非常な閉塞感を感じてしまうのではないだろうか。そこで，私たちは，やはり弁護士である以上，法律問題を主眼にして論じることとし，しかも，障害者の人権という憲法の問題に関連づけて議論することとした。それこそが，この問題に対して法律家として意見を述べることに何らかの意義を認めることができると思われたからである。

こうして議論の方向性を確認した上で，内容についても全体で協議を重ねたが，それぞれの内容は，基本的には各執筆担当にまかされている。その内容には弁護士内でも異論があり得るところではあろう。しかし，その点は，約1年に及ぶ検討と議論の成果のひとつであるということで，ご容赦いただきたい。

なお，本書では，「障害者」という表記で統一している。「害」の文字は使用すべきでないとの議論も存することから，「障がい者」という表記を使用することも検討したが，法律では「障害者」という表記が使用され，また，他の出版物等も「障害者」と使用されているものが少なくないことや，法律上の表記と同一の表記で統一した方が読みやすいのではないかといった点を考慮したことによるものである。

最後に，原稿が予定どおりに集まらないなか，私たちの希望どおり，シンポジウム当日までに本書を刊行していただいた現代人文社の成澤壽信氏に改めてお礼申し上げる。

九州弁護士会連合会第61回定期大会
シンポジウム実行委員会
副委員長　千 野 博 之

九州弁護士会連合会第61回定期大会
シンポジウム実行委員会委員一同（大分県弁護士会）

平山秀生（委員長）
千野博之（副委員長）
阿部貴史，安部 茂，今井雄一朗，内田精治，岡村正淳，亀井正照，
河野 悟，北園勝蔵，楠本敏行，河野 聡，河野善一郎，佐藤拓郎，
佐藤達哉，清水弘近，清水立茂，生野誉士，菅野直樹，瀬戸久夫，
瀧田浩二，田中一哉，田中利武，田中朋子，玉木正明，津島成治，
徳田靖之，鳥越 徹，中村多美子，中山知康，西馬良和，根岸秀世，
橋本 剛，濱田英敏，原口祥彦，深田茂人，松尾康利，三井嘉雄，
向井一正，森脇 宏，山下昇悟，山本 寛，吉村一洋，渡辺耕太

障害者の権利と法的諸問題
障害者自立支援法を中心に

2008年11月15日　第1版第1刷

編　者	九州弁護士会連合会・大分県弁護士会
発行人	成澤壽信
発行所	株式会社現代人文社
	〒160-0004 東京都新宿区四谷2-10 八ッ橋ビル7階
	振替00130-3-52366
	電話03-5379-0307／FAX03-5379-5388
	henshu@genjin.jp（編集部）
	hanbai@genjin.jp（販売部）
	http://www.genjin.jp
発売所	株式会社大学図書
印刷所	株式会社シナノ
装　画	押金美和
装　丁	Malpu Design（長谷川有香）

検印省略　　printed in Japan
ISBN978-4-87798-398-7 C3032
©2008　九州弁護士会連合会・大分県弁護士会

本書の一部あるいは全部を無断で複写・転載・転訳載などをすること，または磁気媒体等に入力することは，法律で認められた場合を除き，著作者および出版者の権利の侵害となりますので，これらの行為をする場合には，あらかじめ小社また編集者宛に承諾を求めてください。